教育评价研究丛书

作为德性实践的
学生评价

徐 彬 著

中国社会科学出版社

图书在版编目（CIP）数据

作为德性实践的学生评价 / 徐彬著. -- 北京：中国社会科学出版社，2024.11. -- ISBN 978 - 7 - 5227 - 4295 - 3

Ⅰ. G449.7

中国国家版本馆 CIP 数据核字第 2024V7T458 号

出 版 人	赵剑英
责任编辑	李凯凯
责任校对	胡新芳
责任印制	李寡寡

出　　版	中国社会科学出版社
社　　址	北京鼓楼西大街甲 158 号
邮　　编	100720
网　　址	http://www.csspw.cn
发 行 部	010 - 84083685
门 市 部	010 - 84029450
经　　销	新华书店及其他书店
印　　刷	北京明恒达印务有限公司
装　　订	廊坊市广阳区广增装订厂
版　　次	2024 年 11 月第 1 版
印　　次	2024 年 11 月第 1 次印刷
开　　本	710×1000　1/16
印　　张	18.5
字　　数	246 千字
定　　价	98.00 元

凡购买中国社会科学出版社图书，如有质量问题请与本社营销中心联系调换
电话：010 - 84083683
版权所有　侵权必究

总　　序

教育，乃立国之本、强国之基。在人类历史发展进程中，教育始终发挥着传承文明、塑造未来的重要作用。而教育评价是教育教学工作的指挥棒，是教育体制改革的牛鼻子，是教育事业发展的定盘星，它处于引导教育发展方向、调控教育改革进程、衡量教育质量效果的关键环节，贯穿于教育改革与发展的各个领域、阶段和方面。党的十八大以来，以习近平同志为核心的党中央高度重视教育评价改革工作。关于深化教育体制改革，习近平总书记指出，要"健全立德树人落实机制，扭转不科学的教育评价导向""要坚决克服唯分数、唯升学、唯文凭、唯论文、唯帽子的顽瘴痼疾，从根本上解决教育评价指挥棒问题"[1]，强调要"完善学校管理和教育体系"[2]，"推进育人方式、办学模式、管理体制、保障机制改革"[3]，"要抓好深化新时代教育评价改革总体方案出台和落实落地，构建符合中国实际、具有世界水平的评价体系"[4]。习近平总书记关于教育评价改革的新思想新观点，为深化新时代教育评价改革提供了前进方向和根本遵循。

2020年10月，中共中央、国务院印发了《深化新时代教育评

---

[1] 习近平：《习近平谈治国理政》（第三卷），外文出版社2020年版，第348页。
[2] 《习近平著作选读》（第一卷），人民出版社2023年版，第28页。
[3] 习近平：《习近平谈治国理政》（第三卷），外文出版社2020年版，第348页。
[4] 习近平：《习近平重要讲话单行本》（2020年合订本），人民出版社2021年版，第139页。

价改革总体方案》，对教育评价改革做了系统全面的谋划部署。这是新中国第一个关于教育评价系统改革的文件，也是指导深化新时代教育评价改革的纲领性文件。但教育评价改革是一项复杂的系统工程，涉及教育系统内外因素的相互协调，关涉不同利益主体的相互配合，牵一发而动全身。所以要纵深推进教育评价改革，使教育评价工作得到实质性的发展，不仅需要出台相关的教育评价政策予以指导和规范，还需要探索多样化的教育评价实践提供鲜活的经验支撑，需要研究科学合理的教育评价理论给予坚实的智慧支持。因此，为了贯彻落实党和国家关于教育评价改革的战略性安排，推动教育评价改革的深化发展，实现立德树人的教育根本任务，河南大学教育学部组织部分教师对教育评价的相关问题进行研究，并围绕相关研究成果精心策划和编纂了这套"教育评价研究丛书"。本丛书旨在以教育评价研究领域的最新研究成果与实践经验，为教育理论工作者、一线教师及教育管理者提供一套系统、科学、实用的教育评价指南，进而助力我国形成富有时代特征、彰显中国特色、体现世界水平的教育评价体系。

综观这套"教育评价研究丛书"，我认为有以下五点明显的特征：

其一，发展本位。如果给这套丛书寻出一条串联主线的话，那就是这里面的所有作品都是以促进学生、教师、学校、社会和国家发展为价值旨归的，都昭示着发展本位的教育诉求和时代精神。

其二，理论深邃。一个好的教育评价研究成果一定是具有发人深省的理论品格，能够对人们认识教育评价问题提供深刻的洞见和反思的窗口，本丛书非常注重教育评价研究的理论厚度，从哲学、伦理学、历史学、循证学等多学科理论角度对教育评价问题进行了深刻审视。

其三，实践导向。教育评价问题研究的生命力不仅存在于其理论涵养中，还要依靠实践养分的滋润，本丛书非常注重对解释和指导教育评价实践的关照，提供了大量的教育评价实践案例，以及相关的教育评价实践指南，帮助评价者提高理论知识转化实际操作的能力，进而提升教育评价工作的实效性。

其四，内容多元。本丛书所涉及的学生评价研究内容较为广泛，不仅包括对教育评价理论、政策和实践的研究，包括对教育评价指标、评价过程、评价结果等方面的研究，还涵盖学前教育、基础教育、大学教育、研究生教育、职业教育等领域内的教育评价，努力为人们认识、理解和实践教育评价提供一套完整的知识体系。

其五，创新引领。面对复杂多变的教育环境和社会需求，本丛书对义务教育阶段学生综合素质评价、高中学生创新力评价、中等职业教育质量监测、一流学科建设状态监测等领域进行了积极探索，在探索中，采用了过程性评价、表现性评价、真实性评价等多样的评价方式，力求在评价内容和方式上实现全面创新。

本丛书的设计与出版，一方面是在响应国家关于深化新时代教育评价改革的号召下所取得的点滴成果，另一方面也是彰显河南大学教育学科教育评价研究特色的阶段成果。我们希望通过这套丛书的出版，能够帮助广大教育工作者树立正确的教育评价观念，掌握恰当适切的教育评价方法，践行科学规范的教育评价制度，为教育改革事业的深化发展和教育质量效果的全面提升提供有力支持。同时，教育评价研究是一项复杂而艰巨的任务，需要我们投入更多的人力、物力和精力对其进行探索和实践。我们也希望能够借这套丛书的出版，吸引更多的研究者关注和参与教育评价研究，共同推动教育评价工作的不断完善和发展。相信在大家的共同努力下，我们将会共同见证富有时代特征、彰显中国特色、体现世界水平的教育评价体系在中国大地上开花结果。

刘志军

2024 年 8 月 25 日

序　　言

河南大学校训"明德新民，止于至善"，取自《大学》开篇："大学之道，在明明德，在亲民，在止于至善。"其用意就是启迪学生发扬光明正大的德性，敦品力行，进而成己成物，达到至臻完善之境。这不仅昭示着教育成人的根本方向，也反映了学生评价的基本取向，即德性光明是对学生进行评价的重要标准，也是对学生进行评价的价值追求。这也促使我们反思现实的学生评价实践活动是否合德性、合教育性。在我看来，学生评价必须关注学生的德性自觉及其展开的成己成物意义，关心学生的存在意义与价值世界，成为一种促进学生德性不断彰显和完善的教育性存在，进而提升学生社会生活的存在感、价值感和幸福感。但这样一种学生评价样态究竟是一种什么样的存在，它的合理性论证支撑何在，以及该如何做到这样的学生评价等问题，都有待于研究和回答。

我指导的徐彬博士把这一问题作为了自己的论文选题，在读博士期间对这一问题做了大量细致的论证工作。这本《作为德性实践的学生评价》就是在他的博士论文的基础上修改而成的。该书把握了学生评价的基本价值取向这一关键问题，从厘清学生评价的德性伦理价值取向入手，重新思考学生评价的实践向度，把学生评价问题的研究建立在以德性为取向的实践哲学基础之上，并在此基础之上提出了学生评价作为德性实践的理论观点。

学生评价作为德性实践这一观点的提出无疑是这本书的一个创

新之处，它涉及学生评价何去何从的根本问题探讨。在这一方面，徐彬博士对其做出了一些富有创意的研究。如，对于学生评价的本质问题探讨，提出了学生评价本质上属于人类德性实践活动的范畴；在对现实的学生评价活动认识上，做出了学生评价作为一种功利化实践存在的精辟论述，并对其进行了哲学上的系统批判，从而奠定了学生评价作为德性实践的现实基础；在学生评价的实践向度问题上，综合分析了中西方实践哲学，以及马克思实践哲学的主要精髓，确证了学生评价作为德性实践的合理性；还有对于何为和如何做到作为德性实践的学生评价，该书也对其进行了严谨翔实的论证。这些观点的提出和论证对于我们深化认识学生评价的理论问题，深刻理解学生评价的实践问题，都是有价值的。

当然，学生评价问题是一个需要不断深入研究的论域，该书也主要是从理论上对该问题进行了深入研究，提出了一些新的观点，但仍然存在某些不足之处，希望徐彬博士能够沿着这一问题继续研究下去，取得更多富有创新性的高质量成果。也希望该书的出版能够助推学生评价研究工作，吸引更多教育研究者关注学生评价问题，并在理论上形成更多具有中国特色的学生评价智慧和成果，在实践中形成符合中国特点的学生评价做法和措施，以进一步助力深化新时代教育评价改革，着力构建落实立德树人根本任务新生态新格局。

是为序。

刘志华

2024 年 6 月

前　言

　　育人是教育的历史使命和核心命题。教育领域内的任何工作都要从根本上服务于育人目的的实现。反之，教育领域内任何阻滞育人目的实现的工作都是应该改革或更新的。在教育育人的终极强音召唤下，教育评价如何育人已是这个时代不可回避的研究课题。作为教育评价基础要件的学生评价，如何进行自我革命和助推教育评价育人，更是成为研究教育教学如何育人的关键。学生评价是教育评价改革深度推进的瓶颈已成为共识，学生评价理论与实践之间的撕裂之痛不但没有减轻反而在加剧，以及学生评价实践对人的视而不见及其对人性的遮蔽或泯灭，都在加剧人们对学生评价进行深层改革和深度研究的紧迫性。因此，学生评价改革需要建立一种能够破除学生评价顽瘴痼疾，能够弥合学生评价理论与实践裂痕，能够彰显人的价值与德性，能够促进学生评价实践走向良善的理论体系，以此来有效规约学生评价改革的顺利发展和切实指导学生评价实践的顺利开展，从而形成良善的育人性学生评价生态。学生评价转向实践哲学并作为德性实践就是在追求契合这些希冀和愿景之下而构建的学生评价理论。

　　学生评价是一种人为和为人的实践活动，它具有强烈的实践性特征。作为一种实践活动，学生评价本身在一定程度上或多或少受着实践哲学的影响。但从相关文献的梳理中可以发现，在对学生评价进行理论研究与实践探索的过程中，人们经常忽视或很少从实践哲学的视角对学生评价进行深度研究和考量。通过对学生评价、实践哲学和德性实践等概念的分析，从学理上明确了学生评价与实践哲学之间存在着一定的联结关系，而德性实践就是两者联结和沟通的桥梁。这也为从实践哲学的视角研究学生评价和论述学生评价作为德性实践奠定了概念基础。

目前大多数的学生评价实践，更多地被人们所追求的分数、升学、名利等外在利益裹挟，而呈现出一种功利化实践的存在状态。学生评价作为功利化实践，主要表现为控制逻辑和分数逻辑的学生评价实践样态，它造成了如管理—量化的学生评价范式、功利—无序的学生评价生态、实体—封闭的学生评价语言和异化—迷失的学生评价文化等诸多困境与问题。从根本上来说，学生评价作为功利化实践是与学生评价促进教育教学改进和学生全面发展相悖的，它不仅造成学生评价育人目的的迷失和人的完整发展等德性的遮蔽，还加剧了学生评价实践的合法性危机。对学生评价作为功利化实践进行哲学批判，发现它产生的哲学根源在于本质主义哲学的还原思维、实证主义哲学的量化情结、功利主义哲学的利益至上和情感主义哲学的偏好原则的共同作用。要从根本上扭转学生评价实践的功利化倾向，就要促使学生评价转向实践哲学，并将其作为一种德性实践来看待。

学生评价作为一种德性实践并不是随意抽象和凭空想象的，它是在学生评价转向实践哲学的背景、必要性和可能性前提下才有可能成立和完成的。而中西方实践哲学中，以孔子、孟子、王阳明等为代表的力求"内圣外王"的儒家实践哲学、亚里士多德"德性养成"的实践哲学、康德"自由完整"的实践哲学，以及马克思"全面发展"的实践哲学和其中国化发展的实践哲学，为学生评价作为德性实践提供了理论基础，这更进一步确证了学生评价作为德性实践的合法性和合理性。实践哲学最根本的目的指向和价值诉求在于促进人的实践走向良善，以及人在走向良善实践的活动中不断获得德性增长和发展。因而，实践哲学最基本的价值诉求便是使人的实践活动成为一种德性实践，也即德性实践是实践哲学最核心的实质所在。学生评价作为德性实践的实质在于构建面向德性实践的学生评价理论，构筑富有良善的学生评价实践，以及提供学生评价理论与实践统一的新思路。

在学生评价作为德性实践的理论确证前提下，本书尝试从学生评价的存在样态、理论意涵、价值释解、基本特征等四个部分对学生评价作为德性实践的应然图景进行勾画。本书认为，作为德性实践的学生评价不是一种功利化实践、管理化实践、技术化实践或情感化实践，而是以一种育人逻辑和发展逻辑的实践样态而存在。不是，并不是不要，相反，在作为德性实践的学生评价中，承认合规律、合目的的功利、管理、技术和情感等成分的参与，但反对这些成分的过度参与以及过度参与带来的学生评价实践的异化和功利化。在育人逻辑和发展逻辑的学生评价实践样态之下，作为德性实践的学生评价是发生在一定的德性实践场域之中的，而人在其中是作为一种德性的存在，并且德性内生于追求良善的学生评价实践之中。作为德性实践的学生评价还具有一定的目的性、功能性和理想性的价值意蕴，并且呈现出以下特征，即以德性为中心，强调学生评价主体的德性整全；以实践为中心，着重追求学生评价实践的良善；以人为核心，注重实现人的德性完满和个性发展的学生评价。

作为德性实践的学生评价不止于理论构想，更在于寻求将其付诸实践的方法论意义。总体来看，学生评价作为德性实践的实现，需要人们具备一定的德性智慧，并将德性智慧贯穿于学生评价的价值、主体、标准、方法、结果和话语等层面的更新与创造过程中。学生评价作为德性实践的实现，在价值层面，要充分发扬评价价值的引领作用和做好评价价值的阐释传递工作；在主体层面，要充分彰显评价主体的德性和善于利用评价主体的智慧；在标准层面，要做到在实践中反思评价标准和在发展中建构评价标准；在方法层面，要分析多元的评价方法和选择适切的评价方法；在结果层面，要审慎解释与合理使用评价结果；在话语层面，要在交往中生成评价话语和在交互中转化评价话语。

任何一种学生评价理论都并非尽善尽美，作为德性实践的学生评价也是如此。反思作为德性实践的学生评价，发现其在理论和实践方面均存在一定的限度，而且学生评价作为德性实践的实现是一个复杂的系统工程，仅在学生评价内部的价值、主体、标准、方法和话语等方面做好工作，并不能最大化保障其价值的实现。因而还需要做到强化作为德性实践的学生评价理论研究和实践推进的协同互补，加大作为德性实践的学生评价政策制定和制度建设的协同支持，以及促进作为德性实践的学生评价观念和评价文化的协同培育。只有做到学生评价内外部因素的协同改进和趋近一致的紧密配合，才能最大限度地使作为德性实践的学生评价尽量做到免于功利的诱惑、专制权力的威逼以及技术至上和方法中心对人性的侵蚀，保障学生评价作为德性实践的有效实现和学生评价改革的顺利推进，进而形成一种健康良善的学生评价育人生态。

目　录

绪　论 …………………………………………………………（1）
　一　问题提出 ………………………………………………（1）
　二　研究意义 ………………………………………………（8）
　三　已有研究述评 …………………………………………（11）
　四　研究思路与方法 ………………………………………（42）
　五　研究重难点与创新点 …………………………………（45）

第一章　概念澄明：学生评价与实践哲学的联结 ………（49）
　第一节　学生评价 …………………………………………（49）
　第二节　实践哲学 …………………………………………（53）
　第三节　德性实践 …………………………………………（62）
　第四节　德性实践：学生评价与实践哲学的联结 ………（69）

第二章　德性遮蔽：学生评价作为功利化实践的
　　　　哲学批判 ………………………………………（76）
　第一节　学生评价作为功利化实践的基本认识 …………（77）
　第二节　学生评价作为功利化实践的存在样态 …………（82）
　第三节　学生评价作为功利化实践的现实困境 …………（87）
　第四节　学生评价作为功利化实践的哲学根源 …………（104）

第三章　德性确证：学生评价作为德性实践的理论分析……（120）
第一节　转向实践哲学：祛除学生评价功利化的应然选择……（121）
第二节　中西方实践哲学概观……（130）
第三节　马克思实践哲学及其发展……（144）
第四节　德性实践：学生评价转向实践哲学的实质……（151）

第四章　德性愿景：学生评价作为德性实践的应然勾画……（164）
第一节　学生评价作为德性实践的存在样态……（165）
第二节　学生评价作为德性实践的理论意涵……（176）
第三节　学生评价作为德性实践的价值释解……（187）
第四节　学生评价作为德性实践的基本特征……（193）

第五章　德性智慧：学生评价作为德性实践的实现路径……（198）
第一节　价值层：作为德性实践的学生评价价值引领和阐释……（199）
第二节　主体层：作为德性实践的学生评价主体德性与智慧……（204）
第三节　标准层：作为德性实践的学生评价标准反思与建构……（210）
第四节　方法层：作为德性实践的学生评价方法分析与选择……（215）
第五节　结果层：作为德性实践的学生评价结果解释与使用……（222）
第六节　话语层：作为德性实践的学生评价话语生成与转化……（228）

第六章　德性反思：学生评价作为德性实践的实现限度 …… (234)
　　第一节　学生评价作为德性实践的实现限度 …………… (235)
　　第二节　协同促进学生评价作为德性实践的实现 ………… (243)

结语　构筑富有良善德性的学生评价育人生态 ……………… (252)

参考文献 ………………………………………………………… (256)

后　记 …………………………………………………………… (279)

绪　　论

实践是人类社会存在与发展的基础。人类社会中充斥着各种各样的实践活动，如经济实践、政治实践、文化实践、教育实践、道德实践、技术实践等。在市场经济、信息技术、效率至上思维等对教育全方位过度侵入的背景之下，学生评价作为教育评价实践活动的"硬核"，应该成为何种实践，将直接关系到教育评价改革的成败、教育评价生态的改变和教育评价育人的实现，进而影响教育立德树人的实现程度，以及教育未来发展的方向。

一　问题提出

"教育研究本身上行追问理而达于道，其最终目的是下行运用理，也就是运用道理来规范教育实践，达至实践的良善。"[①] 对于本书而言，如何通过对学生评价的研究，不断叩问学生评价理论的理和道，并通过有道理的学生评价理论，实现学生评价的实践良善，正是对这一问题的疑惑和认识，构成了本书写作的根本缘由所在。当然，这种疑惑是以学生评价理论和实践中存在的问题为起点或基点的。在理论层面，以促进学生发展的评价理念已经成为我国教育评价领域的主流价值观念，以发扬学生主体性和促进学生发展的学生评价理论也为越来越多的人所认同和接受，但为什么是主体性或发展性学生评价理论而非其他评价理论会得到如此广泛的认同，这

---

① 金生鈜：《教育研究的逻辑》，教育科学出版社2015年版，第15页。

一问题似乎尚未得到明确的回答。而且在学生评价实践层面，主体性或发展性的学生评价理论并未得到真正落实，学生评价仍然关注的是学生获得课程知识的多寡，以及依此所进行的甄别选拔和评优奖先，学生评价的育人和发展功能仍然处于搁浅的状态。同时以"五唯"为主要表现的教育评价顽瘴痼疾对学生评价的侵蚀和浸染，以教师为主要组成部分的学生评价主体的评价伦理素养的缺失，都在阻碍着学生评价育人功能的彰显与实现。研究学生评价这一课题，寻求学生评价改革的德性实践路向，既是深化主体性或发展性学生评价理论的必然要求，也是实现学生评价育人功能，扭转学生评价功利化倾向，以及提升学生评价主体伦理素养的现实需要。

（一）完善发展性学生评价的理论诉求

自进入 21 世纪以来，新基础教育课程改革已经轰轰烈烈地开展了二十多年，并在各个方面都取得了长足发展，这是毋庸置疑的，也是值得称赞的。但改革总会难以避免出现一些问题，既有新问题，也有老顽疾。其中最大的问题在于，改革到目前为止，尚未形成健全的教育评价体制，反而是"唯分数、唯升学、唯文凭、唯论文、唯帽子"的功利化评价现象愈演愈烈，并成为教育评价改革亟待破除的顽瘴痼疾。其中，"唯升学、唯文凭、唯论文、唯帽子"一定程度上都是在"唯分数"评价基础上的延展。[①] 正是因为愈演愈烈的"五唯"顽瘴痼疾，严重阻碍了教育评价改革和学生评价改革的顺利推进与健康发展，加剧了教育功利化倾向，使教育在"偏离教育的客观规律、忽视育人的本质"[②] 的道路上渐行渐远。为了彻底扭转不科学的教育评价导向和破除"五唯"顽瘴痼疾，中共中央、国务院印发了《深化新时代教育评价改革总体方案》，从制度和政策层面提出了教育评价改革的实践方向，在改革学生评价方

---

① 刘志军、徐彬：《综合素质评价：破除"唯分数"评价的关键与路径》，《教育研究》2020 年第 2 期。

② 崔保师等：《扭转教育功利化倾向》，《教育研究》2020 年第 8 期。

面，明确提出要树立科学成才观念、完善德育评价、强化体育评价、改进美育评价、加强劳动教育评价、严格学业标准和深化考试招生制度改革，以此促进学生的德智体美劳全面发展。事实上，"唯分数"的弊病早已存在，尤其是学生评价更多地将其局限于对教育结果的评价，关心的更多的是分数，这进一步助长了"唯分数"之风的蔓延。为了解决这一问题，学界早在二十年前就提出发展性学生评价理论，提倡以此代替功利化或工具化的学生评价，其中尤其以主体性或发展性学生评价理论最为代表。发展性学生评价的提出是顺应世界学生评价发展的趋势和契合我国新课程改革的国情的综合结果，它有着一定的教育价值理论、主体性发展理论和交往实践理论的理论基础。只是这些理论是作为解释和说明发展性学生评价而服务的，而对为什么是发展性学生评价理论而非其他评价理论，以及为什么要从功利化或工具化的学生评价走向发展性学生评价，并没有给予更多的理论说明和深层次的理论追问。促进人的发展，不仅是发展性学生评价的最终目的和追求，更是发展性学生评价理论的精神内核，然而有什么理论依据可以确证发展性学生评价就能够促进人的发展，这也没有在理论上进行进一步的解答。在逻辑上，以上所言的理论问题如果没有得到回答，发展性学生评价理论就难以称得上是完善的，用不完善的发展性学生评价理论指导学生评价实践，也很难使其应然的价值功能得到完全实现。从根本上来说，为什么要从功利化或工具化的学生评价走向发展性或主体性的学生评价，就是因为功利化或工具化的学生评价与追求德性的或良善的学生评价是背道而驰的。而且以德性实践为主要价值取向和以实现人的自由发展、幸福良善为主要目的的实践哲学，或许在回答为什么发展性学生评价理论能够成为我国教育评价理论的主流代表，以及为什么发展性评价理论能够促进人的发展等方面能有所解释，从而为确证发展性学生评价理论的合法性和合理性提供理论辩护。

(二) 探求实现学生评价育人的必然要求

育人是教育亘古不变的基本使命和根本属性，也是教育改革发展的内在动力和主要方向。所谓育人就是对受教育者的德智体美劳进行教育和培养，就是立德树人，其目的不仅是使受教育者能够获得适应当下及未来社会变革发展所需的知识和才能，更需要受教育者能够成长为具备德智体美劳等综合素养的整全之人。在我国古代教育中，通过教育培养出以德为本、德才兼备之人就是育人之义的体现。孔子提出人应该成为"志于道，据于德、依于仁，游于艺"的人，他在论述德才关系方面提出："德才兼备者谓之圣人也；无才无德庸人也；德大于才谓之能人也，才大于德小人也。"司马光也曾言："才德全尽谓之圣人，才德兼亡谓之愚人，德胜才谓之君子，才胜德谓之小人。"在他们看来，教育应该最大可能地将每个人培养成德才兼备的圣人。虽说人人皆可以成为圣人，但在现实中却难以实现，退而求其次，那些没能成为圣人的人在经过教育后，也至少能成为德胜于才的能人或君子，而非庸人、愚人和小人。同样的，学生评价作为引导教育育人方向和判断教育育人价值及效果的重要手段，其根本目的也应是服务于培育德智体美劳全面发展的人，德才兼备的人，至少是德胜于才的人。但在现实的学生评价实践中，我国最为常见的学生评价实际上只是围绕知识或才能进行的，其最终是服务于分数和升学的功利化目的，而对分数和升学的过度强调进一步强化了学生评价的知识本位倾向。一般来讲，学生评价围绕知识或才能进行本就无可厚非，因为教育及其评价的基本功能是学生对于知识的获得和文化的传承，而且这种教育倾向为我国改革开放以来的经济快速增长培养了大量的有才能之人。但对于学生评价基本功能的强调，并不能成为我们忽视或无视学生评价育人本质功能的理由，而且对知识获得过于强调，我们的课程教学及评价造就了大量的单向度或片面发展的工具人，这些工具人多是有才能之人，即所谓的才胜于德的"小人"。也许在现代社会中人们谈及"小人"会比较反感，我们可以用钱理群教授所提出的精致的利己主义者来替代"小人"的说法。事实上，不管我们承认与否，我们现行的学生评价大都是在服务于精致的利己主义者的培养，这与立德树人的教育任务和教育育人的本质是相悖的。由此，如何通过学生评价实现育人便成了当下学生评价研究和改革的迫切要求。

（三）祛除学生评价功利化的实践需要

对于教育改革而言，教育评价成为教育系统全面改革的瓶颈已成共识，教育评价不进行彻底变革和创新，教育发展和改革就难以为继。而对于教育评价改革而言，学生评价如若没有得到彻底变革和创新，那么一切改革将是徒劳无功的。造成教育评价成为教育发展和改革主要瓶颈的成因是复杂多样的，有教育的问题，也有社会影响的作用，但从内外因上来讲，学生评价功能发挥的受限和价值彰显的不足是其主要原因，而学生评价存在的现实局限和问题弊端又是造成学生评价正向价值功能发挥不足的缘由所在。在现实的学生评价实践中，存在着诸如过于注重量化评价、结果评价、评价主体单一、评价标准固化等弊端与局限，但这些都只是学生评价实践中存在的表面问题。对此深究，可以发现学生评价的现实局限主要是由工具理性主导的学生评价观和功利化的学生评价实践观构成。其一，工具理性是通过精确计算的方法实现最有效达至目的的理性，是一种以工具崇拜和技术主义为生存目标的价值观。学生评价实践在这种工具理性的评价观念的规约和导引之下，基本会沦为一种工具化或技术化的实践过程，尤其是"科学技术按照自身的线性逻辑快速演进，科学技术的快速发展远远摆脱了反思性交往的规约，不加反思的技术理性最终侵入人们的日常生活中"[①]，在工具理性过度侵入的学生评价实践活动中，沦为技术化的学生评价实践过程更是讲求效率原则的最大化，将学生评价目标更加固化在追求分

---

① 刘健、丁立群：《技术实践论：问题的进路与出路——基于哈贝马斯实践观》，《理论探讨》2020年第4期。

数之上，最终实现将学生塑造成产品、器具的目的。抑或工具理性之下技术化的学生评价实践的本意并非将学生造就为机器或产品的人，但其在实践中将技术理性和工具理性用于对分数成绩的追逐，也导致了学生发展的单向度或片面化。其二，功利化的学生评价实践观与工具理性的学生评价观是紧密相连的，具有工具理性的学生评价观必然导致功利化的学生评价实践观，而功利化的学生评价实践观进一步强化了工具理性的学生评价观，两者都追求分数利益的最大化。功利化的学生评价实践观将学生评价实践的目标更多地锁定在了获取分数、追逐名利等外在利益之上，而对于促进学生反思和发展的目的则置若罔闻。当然即使是功利化的学生评价实践也具有促进学生反思和发展的功能，只是这种反思和发展将重心放在了如何通过对考试内容的分析和训练来获取分数等外在利益上，这也是为什么有教育内容超纲、校外辅导培训机构泛滥、考试测验次数频繁等现象的原因之一。对于促进学生发展而言，功利化的学生评价实践更多的是促进了学生智育的发展和知识的丰富，而对于如德、体、美、劳等对于学生升学少益的能力和素养不予较多的关注与涉猎，这样的发展对于学生而言并算不得真正的发展或全面的发展，而是一种片面化、单向度的发展。为了祛除学生评价的功利化，我们不仅需要用促进人的发展的学生评价观替代工具理性的学生评价观，更要寻求一种合规律、合目的的学生评价实践路向来取代功利化的学生评价实践观，而德性的学生评价实践观，以及将学生评价作为德性实践而非功利化实践，是祛除学生评价功利化的必然抉择。

（四）提升学生评价主体伦理素养的现实需要

学生评价同教育评价一样，是一种基于事实判断的价值判断活动，在这一活动中，进行价值判断的评价主体主要是人或者由人组成的群体、组织。然而，学生评价的主体常常是具体的、特殊的和多元的，对于学生的评价，不同的评价主体便会有不同的结果。换言之，包括学生评价在内的任何评价都不可能做到完全中立和绝对客观，它们都是经过评价主体的认识图式加工和整理的，"在评价中评价者对评价信息的获取和解释，就是经过评价主体的心理背景系统加工和整理的结果"[①]。虽然评价主体的心理背景系统是评价主体获取和整理评价客体和评价对象信息的重要工具与必经渠道，但不同的评价主体因其不同的心理背景系统而具有不同的评价视角、评价结构和评价模式。这对于学生评价而言，则意味着它的实践不仅关系到评价标准的客观性和评价方法的科学性，而且也不可避免地涉及评价主体的心理行为、道德行为和伦理行为。也就是说，在学生评价实践活动中，评价主体自身的知识系统、社会文化背景、价值观念体系、道德规范意识等都或多或少地对学生评价产生着影响，在构成评价主体心理背景系统的这些组成要素中，评价主体的道德观念体系和德性价值立场是居于核心位置和深层结构的，它对于其他组成要素都有一定的规范和规约作用。因而，可以进一步说，评价主体的道德观念系统和德性价值立场之于学生评价实践活动的影响是不可逾越的因素，评价主体基于不同的道德立场和德性观念，便会引致学生评价实践活动导向不同的方向。

从目前我国学生评价的理论研究和实践活动来看，相对于讨论学生评价如何规范化、科学化和客观化的问题而言，人们对于学生评价的伦理问题则关涉较少，尤其是在学生评价实践活动中，学生评价主体的伦理观照和德性彰显更是不足。这主要表现为两个方面：其一，在追求科学性和客观性的学生评价实践中，学生评价主体往往秉持一种价值无涉的技术主义价值取向，摒弃评价主体的道德观念体系影响和参与，这就导致在进行学生评价标准的厘定时，容易陷入一刀切的境地，即不管对于处于何种教育情境、何种教育阶段、何种教育状况进行评价，其评价标准大都是既定的和同质

---

① 冯平：《评价论》，东方出版社1995年版，第67页。

的，其评价标准也更多地关注教育活动的结果，而忽视教育过程中学生多方面的行为表现。在进行学生评价时，由于绝对客观主义和科学技术主义的影响，学生评价主体更加注重成绩和分数的获得，这样一来，"以分数为主的教育评价普遍被人们作为教育活动的目的性追求，造成了促进人全面而有个性发展的教育目的对教育评价的导向力不断式微，教育评价应然性功能发挥不足，尤其是其发展性功能发挥受限"①。其二，即使在兼顾客观性和主观性的学生评价实践活动中，相应的评价伦理规范和德性体系也未能得到建设和发展，甚至出现了一些违背道德规范和德性准则的现象，如评价主体的道德观念和德性立场受制和盲从于行政权威与官僚主义的要求，而无视教育教学活动以及学生评价活动是否合乎规律和合乎目的；评价主体基于个人好恶和功利主义视角，难以公平和平等地对待教育教学活动中的人，典型案例是多数教师更喜欢成绩好又听话的学生，而对于其他学生尤其是后进生缺乏必要的人文关怀和德性观照；在学生评价目标的设定中很少关注到伦理的要求和德性的诉求，脱离了人的全面而有个性的发展目标，更多地关注学习成绩和学习分数。"教师片面地为考试而教，学生为考试而学，学生的分数与其能力不相符合。这对学生今后的生活、发展极为不利。"②

二 研究意义

（一）理论意义

1. 丰富学生评价理论

将实践哲学引入学生评价领域之内，可以促进学生评价理论的进一步发展和完善，拓展学生评价理论研究的视域、论域和问题域。学生评价作为一个实践性较强的活动，人们在对其做理论研究

---

① 刘志军、徐彬：《教育评价：应然性与实然性的博弈与超越》，《教育研究》2019 年第 5 期。

② 陈闻晋、薛玉刚：《教育评价中的伦理问题研究》，《中国教育学刊》2004 年第 3 期。

的时候，总是围绕学生评价目标确立和界定、评价主体多元化、评价标准客观化和科学化以及评价方法混合化等方面做一些理论阐述，当然这对于学生评价的理论研究是必须的，但这些讨论总是未能触及学生评价的本体论、价值论、方法论、实践论等深层次的理论问题。而已有基于哲学视角的学生评价理论研究，如主体性理论、价值哲学、生命哲学等视角，都是提倡在学生评价中将人的价值彰显和高扬出来，这无疑是对以往学生评价见物不见人的进步批判和历史超越。但这种呐喊也多是停留在理论呼吁和话语诠释中，且这些理论研究都忽视了人的价值只能在实践中，才能真正体现和实现的关键问题，因而对于学生评价理论研究的核心应该是将教育价值与人的价值的实现放置于现实的学生评价实践活动中进行把握，并以此建构基于实践的学生评价理论，唯有如此，学生评价才会获得其本体性和根基性的存在价值。而实践哲学则是以实践为核心的哲学理论，这与学生评价理论的建构和研究具有异曲同工之处，从实践哲学的视角切入学生评价理论研究，将有助于丰富和拓展学生评价的理论基础，从而进一步完善主体性或发展性学生评价理论。

2. 为学生评价育人提供理论支持

长期以来，人们多是注重学生评价的可操作性和实用性，将研究的重点放在学生评价标准的制定及实施等问题之上。人们谈及评价，第一时间想到的总是客观化和普遍化标准的构建问题，这种统一化的评价标准总是能够满足人们在时间、效率和利益方面的短期需要，因而人们在学生评价实践中，也总是一定程度上离不开这种统一化标准的建构和运用。但统一化的评价标准在建构中、实施中以及结果影响中存在的诸如片面化、同质化、非人性化等问题越来越显而易见，学生评价越来越偏离评价的育人真义所在，从而难免为社会所诟病和批判，这就需要重申学生评价回归育人本质的价值和意义。学生评价育人一般有两种方式：第一种方式是在学生评价活动中直接达到育人的目的,即在学生评价实践活动中,不仅要关注学生获得了多少知识和才能,更要关注学生所具有的德性素养、情感素养、艺术素养、劳动素养等状况及程度;第二种方式是将学生评价作为教育育人的一种中介或手段,通过学生评价间接达到育人的目的,即发挥学生评价的引导和调节功能,将教育活动引导和保持在正确的育人道路之上,发挥学生评价的诊断和激励功能,判断和提升教育教学活动实现育人的效果。本研究将实践哲学引入对学生评价回归育人的探讨,将学生评价作为一种德性实践视为实现学生评价育人的可能方式,在理论上确证了学生评价育人的合理性,为学生评价育人提供了理论支持。

(二) 实践意义

1. 引领和指导学生评价实践活动

从实践哲学的角度切入和研究学生评价,不仅可以丰富学生评价的理论研究,而且能够更好地指导学生评价实践。实践哲学是一种关于实践和作为实践的哲学,实践是其核心和主线,基于实践哲学的学生评价研究自然绕不过学生评价实践层面。在以往的学生评价实践中,学生评价理论总是与实践处于相互隔离和脱节的状态而各自为政,而且学生评价实践总是基于现实利益和评价委托方的需求来考量学生评价的实践方案及其实践效果,难免使学生评价实践因缺乏一定的德性观照而陷入利益陷阱。造成学生评价实践这一困境的主要原因之一,就在于现代性的学生评价实践缺乏指导意义强大和德性观照充足的学生评价理论的指导,而实践哲学就为之提供了较好的理论视角。基于实践哲学而构建的具有德性意义的学生评价理论是指向实践和以实践为核心的,它本身具有强烈的实践价值和实践观照,它不仅是一种理论性指导,更是连接学生评价理论与实践的中介桥梁,这就决定了此理论既能够更好地指导学生评价实践,也能够在现实中做到更好地与学生评价实践相结合。

2. 提出学生评价育人的实践方向和策略

构建学生评价作为一种德性实践的实施路径，促使学生评价实践更好地向学生评价育人本质和要义回归。学生评价实践长期受制于技术思维、功利思维和简单思维的制约，以及对教育教学效果进行以偏概全的评价惯性影响，越来越偏离不断促进学生反思和全面发展的育人本质。而且在此影响之下，学生评价实践越来越缺乏人的在场，也缺乏评价对人的价值彰显，以及对人与教育活动交互生成的价值关系的评价视而不见，这从某种意义上来讲是一种学生评价德性的根本缺失。加之在学生评价实践中，评价者或评价主体对于学生评价具有至关重要的影响，他们常常缺乏自身德性自律而冷漠无情或明显带有价值偏向地进行学生评价实践，这更是肆无忌惮地对学生评价实践的伦理德性的践踏和伤害，从而影响学生评价实践的合法性和合理性及其科学性和专业性。长此以往，学生评价实践便会因为效果不尽如人意，甚至是阻碍教育教学育人目的达成而变得意义失落和价值无存。因而，将学生评价视为一种德性实践，赋予学生评价实践德性意义和伦理价值，更能切中学生评价实践中存在问题的根本要害。在此基础上，寻求学生评价作为一种德性实践的现实路径和构建策略，对于推动学生评价实践的改进和发展，解决和破除学生评价实践中的顽瘴痼疾提供新的思路和对策。

三　已有研究述评

评价在实际的教育教学活动中早已存在，但规范化和系统化的学生评价则是始于泰勒的八年研究。自此，学生评价发展迅速，逐渐成为一个独立的研究领域。改革开放以来，伴随着教育理论与实践研究的迅速发展，以及学生在教育实践活动中的主体性地位的不断彰显，学生评价在我国也成为教育发展和教育改革的重要研究领域。四十多年来，我国的学生评价研究虽然取得了可观的成就，但也存在学生评价理论研究滞后、学生评价实践缺乏实践理性和实践智慧、学生评价理论与实践脱轨、学生评价偏重智育而忽视德育等诸多亟待解决的问题。因此,回顾和梳理已有学生评价研究的相关文献,总结和评析已有研究成果,对于促进学生评价改革和推动学生评价实践走向良善显得十分必要。根据本书所要研究的内容和核心概念的界定,本书的文献梳理从"实践哲学视域下教育的相关研究""学生评价的相关研究""德性实践的相关研究"三个大的主题展开。

(一) 实践哲学视域下教育的相关研究

1. 实践哲学视域下的教育研究

教育是人类一种特有的且重要的实践活动,它承载着人类生存和发展的重要使命,因而,教育具有很强的实践性特征。实践哲学是一种关于实践的哲学和作为实践的哲学,实践是实践哲学研究的核心问题。从实践的角度看,实践哲学和教育具有千丝万缕的联系,尤其是在教育领域,实践哲学为教育的研究提供了一个新的研究视角,也为教育学的发展开辟了一个新的研究视野。就目前收集的相关文献来看,基于实践哲学视域的教育研究涉及教育的众多方面,通过梳理和分析发现,这些研究多集中于教育学、教育本体、教育理论与实践、教育哲学等方面。

在教育学研究方面,通过对西方亚里士多德、康德、赫尔巴特、杜威等人的实践哲学以及中国实践哲学下的教育学思想的历史演进进行考察和诠释,发现现代教育学正是缺乏对实践哲学思想的支撑和涵养,才会走向合法性的学科危机和迷惘,走出困境,需要教育学的思想重返实践哲学,回归实践,重拾实践伦理智慧。[1] 此外,从现象学派的实践哲学思想进路和主张出发,以意义为单元,以实践的思维方式为线索,把意义这个开放的、没有边界规定的单元组织在一起,从而实现实践哲学视角下的现象教育学理论的构

---

[1] 李长伟:《实践哲学视野中的教育学演进》,湖北科学技术出版社2012年版,第1—17页。

建。其中，意义是实践及其理论形态共同的起点，实践的思维方式既是实践活动中的方式，也是实践理论建构的方式。[①]

在教育本体研究方面，着重探讨实践哲学下的教育究竟是什么的问题。基于亚里士多德实践哲学的审视，教育是一种实践活动。具体而言，从其实践哲学的目的来看，教育是一种追求善的实践活动，但这一活动又分为以自身作为追求目的的活动与以自身之外的产品作为追求目的的活动，从辨析的视角看，教育又是一种以自身为追求目的的自由的实践活动，从人作为人的功能来看教育是使人的灵魂的理性功能完满实现的实践活动。[②] 基于西方实践哲学的历史考察，教育作为一种实践活动从最初的教育作为扩充人的善性，引导人过理性生活的规范性实践，转变为教育作为一种控制自然和社会的工具性实践，随后又转变为教育作为一种寻找生命意义的生命事业的实践。[③]

在教育理论与实践的关系研究方面，主要有四种观点：一是教育理论就是教育实践。从亚里士多德的实践哲学来看，教育理论从本体上说，就是一种实践，但它是一种起引领作用的最高的教育实践。[④] 二是教育理论与教育实践是相互统一的。教育理论与教育实践是先行的参与关系，教育理论总是表现在具体的教育实践中，在参与教育实践，参与人之为人的活动中成就自身。[⑤] 教育理论与教育实践就是在这一参与关系中实现统一的。三是教育理论指导教育实践。教育理论指导教育实践的价值，在于教育实践主体实践前的

[①] 宁虹：《教育的实践哲学——现象学教育学理论建构的一个探索》，《教育研究》2007年第7期。

[②] 李长伟：《作为实践的教育——从亚里士多德实践哲学的角度分析》，《教育理论与实践》2012年第28期。

[③] 杨道宇：《"教育作为实践"的意蕴——基于西方实践哲学的历史考察》，《华东师范大学学报》（教育科学版）2013年第2期。

[④] 王卫华：《论教育的实践性——来自于亚里士多德实践哲学的视角》，《教育学报》2007年第4期。

[⑤] 宁虹、胡萨：《教育理论与实践的本然统一》，《教育研究》2006年第5期。

教育理论与概念系统的启发和实践后基于教育理论的反思,以及教育理论所内蕴的价值观念对实践主体的实践的价值引导。① 四是教育理论与教育实践是相互转化的关系。教育理论与教育实践是基于一定的转化逻辑,实现教育理论与实践之间双向转化的交互生成。这一转化逻辑就是要将对理论与实践关系的哲学分析转变为教育学分析,以及将教育理论与教育实践的关系是什么转变为两者之间关系的意义是什么。②

教育哲学始终坚持从哲学中探讨和研究关于教育的一般原理,以此获得一定的学理支持。从实践哲学的视角研究教育哲学,一般有以下五个方面。其一,教育哲学就是实践哲学。从对实践和实践智慧等词语的释义学角度来看,教育哲学扎根于人类的生活实践和教育实践,发现普遍的问题,以理性的睿智进行价值意义的阐释,它提出的不是操作教育活动的技艺而是教育智慧,它用一系列的追寻、概括、判断、批判等形成对实践原则和行动的理性洞察,从总体和基础上实现对教育实践的规范和指导。③ 从教育价值观的角度来看,教育哲学不仅为好的教育提供合理的价值判断,还是向善教育实践化的基础和教育实践导向的本源。④ 从这三个维度看教育哲学就是实践哲学。其二,从实践哲学和教育哲学融合的视角构建一种新的教育哲学理论形态。教育哲学史演进中的诸种教育实践论话语为我们提供了关于教育实践的善、教育实践的过程形式以及对象属性等问题的各种不同理解,⑤ 正是这些不同的理解和教育实践思

---

① 易森林:《"教育理论指导教育实践"的实践哲学审思》,《当代教育科学》2015 年第 24 期。

② 李政涛:《实践哲学场域内的教育学派之构建——重审"理论与实践关系"的初步构架》,《教育学术月刊》2014 年第 6 期。

③ 金生:《教育哲学是实践哲学》,《教育研究》1995 年第 1 期。

④ 田养邑、樊改霞:《教育哲学是实践哲学——教育价值观的视角》,《教育理论与实践》2013 年第 1 期。

⑤ 夏剑:《实践哲学视域下的教育实践论研究》,博士学位论文,南京师范大学,2017 年,第 156 页。

想构成了教育实践论形成的话语基础。其三，从实践哲学的角度看教育哲学的古今变化，教育由古典时期的善恶论转向了近现代的价值论，在这一转向中，教育哲学在于对人的价值引导意义有所消解，因而作为实践哲学的教育哲学的重要意义在于推动良善教育的形成、好人德性的形成。① 其四，从实践哲学看如今的教育哲学面临着合法性和合目的性的危机，教育哲学走出困境需要民主和宽容的社会氛围，需要回归日常生活世界，需要与教育思想结合，需要与教育科学相贯通，需要实践主体相互合作。② 其五，关于实践哲学的研究还有其他方面，如教育哲学的实践以终极善为目的；教育哲学作为实践哲学，其核心概念即教育性；从面向实践的教育转向面向教育的实践等。③

此外，实践哲学在教育其他方面的研究还有许多。如在教育人性化方面，"抑恶"和"求善"教育人性化的实践哲学渊源，教育要超越人性善恶论和利己利他论的纠缠，而走向追求正义的教育人性化的实践哲学旨向。④ 而且，实践本身的人性意义决定了人性实践论是人性化实践哲学的人性理论基础，其哲学范畴排除信仰、行为/制作等非实践形式，形成了从行动、理解到批判的实践形式，理解教育人性化"德性之善"的价值合理性和"行动之善"的实践合理性，是把握教育人性化的实践哲学意义的基本途径。⑤ 在教育改革方面，教育理想的实践主体是多元的，但也存在谁的教育理想更可能在实践中推行和实现的问题，因而"教育理想只有走向公

---

① 李长伟：《从善恶论到价值论：教育哲学的古今之变——基于实践哲学的视角》，《苏州大学学报》（教育科学版）2015 年第 3 期。

② 李红惠：《实践哲学视域中教育哲学的困境与出路》，《湖南师范大学教育科学学报》2012 年第 4 期。

③ 宋钰、朱晓宏：《实践、实践哲学与教育——全国教育哲学专业委员会第十六届学术年会综述》，《教育研究》2013 年第 3 期。

④ 肖绍明：《教育人性化的实践哲学转向》，《教育导刊》2014 年第 7 期。

⑤ 肖绍明、扈中平：《教育人性化的实践哲学基础、范畴与意义》，《教育研究与实验》2013 年第 3 期。

共教育哲学,通过公共性反思形成重叠共识才能影响教育政策,并推动教育政策机制的完善,从而最终成为教育实践的真正推动力"①。在教育惩戒方面,其本质上是一种教育的实践性哲学,对其进行形而上和精细化的描述和规定是难以可行的,只有教师在实践中提高对惩戒的驾驭技巧和能力才是最为根本的。② 在教育模式研究方面,"教育模式的研究不仅提供了教育理论与实践的相通性,而且也使教育实践获得了可理解性。一个好的教育实践,在经过模式研究的理论概括之后,方能具有理论上的解释力和被理解的可能性"③。在道德教育方面,我国现今道德教育主要存在着缺失对人的关照,以及实践指向唯一的标准答案,因而道德教育要践行、立足生活、实践意味多元等方面进行重建。④ 从实践哲学视角分析教育的研究还表现在音乐教育、中医教育、职业教育等方面,鉴于本书篇幅,这里就不一一叙述。

2. 实践哲学视域下的课程和教学研究

在实践哲学视角下的课程研究主要集中于对课程理论、教师教育课程、学科课程等方面。在课程理论层面,西方实践哲学的课程改革理论来源于亚里士多德的实践哲学、彼得斯的知识伦理学和罗尔斯的社会正义论,主张课程改革不仅应是一种伦理政治实践和在实践理性指导下的集体的审议活动,它还应是就自身的目的、价值作出审议的一种活动,其改革的方式也应该是一种审议的活动。⑤课程理论是一种实践哲学,即课程实践哲学,它是课程改革的时代产物,也是课程专家和一线教师矛盾调和的产物,它通过形式逻辑

---

① 王东:《谁的教育理想推动教育改革——基于一种教育实践哲学的考察》,《当代教育科学》2011年第7期。
② 潘璋荣:《教育惩戒是一门实践哲学》,《江苏教育报》2014年5月9日第4版。
③ 薛晓阳、班华:《模式研究与教育的实践哲学》,《清华大学教育研究》2002年第3期。
④ 王俏华:《从实践哲学的角度解析当前我国道德教育的困境》,《教育科学研究》2013年第8期。
⑤ 胡定荣:《实践哲学视野中的课程改革理论》,《外国教育研究》2004年第7期。

和辩证逻辑的统一、形式和内容的统一完成了自身已然存在的理论确证。① 对于课程的目的而言，不仅仅局限于教会学生认识世界，更在于提升学生的实践智慧从而更好地改造世界。具体而言，课程的目的"在于提升学生的规范性实践智慧以解决做事行为的合法性问题，在于提升学生的效能性实践智慧以解决做事行为的有效性问题，在于提升学生的存在性实践智慧以解决做事行为的意义性问题"②。在教师教育课程建设方面，借鉴实践哲学的实践智慧和思想，幼儿园职前教师教育课程要走向道德实践、审美实践和智慧实践，如此，课程才会真正关注到教学的复杂多变性和多元丰富性，以及顾及不同师范生的风格和特色。③ 在学科课程方面，有研究者基于马克思实践哲学，系统分析了综合实践活动课程的实施问题、内涵及本体表征、目的定位、内在结构、研究和实施的方法论体系以及生成路径等问题，④ 该研究从实践哲学视角较为全面地研究了综合实践活动课程，丰富了综合实践活动课程理论与实践的研究。还有研究者认为从实践哲学的角度看，小学品德课程的核心素养是实践智慧，而"实践智慧的核心能力包括把握总体善的能力、向生活和经验学习的能力、整合能力和随机应变的能力"⑤。

实践哲学视域下的教学研究，主要集中于教师教学、学科教学和教学学术三个方面。在教师教学方面，教师的教学实践智慧关系到教学质量的优劣问题，通过对实践哲学的考察，"教学实践智慧的实质是教师对所教学科的学科素养深刻、完整而具体的理解，以

---

① 李孔文：《课程实践哲学的逻辑分析》，《课程·教材·教法》2017年第12期。

② 杨道宇：《走向实践智慧的课程目的——实践哲学视野下的教育目的观》，《教育理论与实践》2012年第25期。

③ 姜勇、钱琴珍：《实践哲学视域下幼儿园职前教师教育课程的转向》，《学前教育研究》2016年第3期。

④ 杜建群：《实践哲学视野下的综合实践活动课程研究》，博士学位论文，西南大学，2012年。

⑤ 孙彩平：《小学品德课程核心素养刍议——一个实践哲学的视角》，《中小学德育》2016年第9期。

及对学生学科素养形成过程的合理、动态把握"[1]。教师的教学研究在科学实践哲学的视野下应具有情境性、介入性、机会性,这为分析和把握教师教学研究过程中的多因素机制以及各因素间的互动方式提供了一种新的思路。[2] 在学科教学方面,相比于理论哲学而言,实践哲学视域下的思想政治理论课教学,其实践优于理论,理论从属于实践,其内在属性是实践性,教师和学生是平等的交往主体。[3]在教学学术方面,从实践哲学的立场来看,"教学是大学教师对其所处教学世界整体把握的实践活动,具有实践之知,并蕴含学术品性。通过提升教学生命力,改进课程教学行为,走向发展性的教学学术评价是促使大学教学作为学术可能的实现路径"[4]。

3. 实践哲学视域下的教师和学生研究

相对于实践哲学视域下对教育、课程与教学方面的研究而言,对教师和学生的研究则相对较少。在教师方面,教师应持有一种文化关涉式的实践哲学,即教师的教学要与当地社区建立有意义的联系,提倡学生应在接纳和认同自己文化价值的学校中学习,采用多元智能式的教学方式,提供更多的文化选择助于学生文化身份的构建。[5] 基于实践哲学的立场,教师倾听是一种由倾听理性知识和倾听道德性知识构成的实践智慧,关系到教师教育教学的质量,它由实践道德性知识和实践理性知识组成,提升教师的实践智慧不仅需要教学制度和学校文化等外在条件的支持,更需要更新倾听观念、

---

[1] 刘华:《教学实践智慧的养成:实践哲学与现象学的考察》,《教育发展研究》2010 年第 4 期。

[2] 孙自挥:《教师教学研究情境性、介入性与机会性——基于科学实践哲学的解读》,《中国教育学刊》2013 年第 2 期。

[3] 吴亚玲:《实践哲学视阈下论思想政治理论课教学的实践性》,《学校党建与思想教育》2011 年第 23 期。

[4] 黄培森、叶波:《教学作为学术何以可能:实践哲学的立场》,《高等教育研究》2017 年第 11 期。

[5] 程红艳、Jing Lin:《跨越边界的教师实践哲学——从"文化无视型"教育到"文化关涉式"教育》,《教育研究与实验》2012 年第 5 期。

改变不良倾听习惯和完善自身道德等内在因素的促成。[①] 在学生方面，从实践哲学的角度来看，高职学生职业能力的培养不仅需要职业知识的学习和技能的获得，更需要社会实践的磨炼和作用。因而，实施项目化课程改革、创新实训基地建设等是高职院校有效培养学生职业能力的重要途径。[②]

（二）学生评价的相关研究

1. 学生评价的发展研究

学生评价的发展历史源远流长，自从学校教育产生以来，学生评价便客观存在。学生评价的发展是一个不断继承与创新的过程，对于学生评价发展历史和演变轨迹进行研究，有助于我们更好地把握学生评价历史发展的脉络和规律，从而使我们对学生评价获得更加清晰的认识和理解。综合中西方学生评价发展历史来看，学生评价的历史发展大致经历了"考试制度时期、教育测验时期和学生评价时期"[③]。与此类似的划分还有"古代的传统考试阶段、近现代的科学测试阶段和当代的科学评价阶段"[④]。无论是哪种划分，我国在考试制度时期或古代传统考试阶段，学生评价的考试学已经相当完善，并领先世界，而现代意义上学生测验学与评价学由于历史、文化等多方面的原因则在西方国家孕育。这使得我国的学生评价发展在较长时间落后于西方国家，以至于我国的学生评价研究仍然在较大程度上处于引进和借鉴国外研究成果的阶段。如今随着我国经济、文化、教育、科技等综合国力的不断上升，相信未来我国在学生评价方面会有所作为。此外，单从西方学生评价的历史发展来看，学生评价的历史由来大致有三种，包括西方学校

[①] 宋立华：《实践哲学视角下教师倾听智慧及其生成策略》，《教育理论与实践》2019年第4期。

[②] 张颀：《实践哲学视角下高职学生职业能力培养——以常州工程职业技术学院为例》，《常州大学学报》（社会科学版）2013年第6期。

[③] 王斌华：《学生评价的发展轨迹》，《华东师范大学学报》（教育科学版）2012年第1期。

[④] 王凯：《发展性校本学生评价研究》，博士学位论文，华东师范大学，2004年。

教育中的口试与笔试、美国教育测验运动和泰勒的八年研究与教育评价的诞生，①正是经过以上三个阶段的转型与质变，学生评价才会有今天的多元化发展。从测量学的视角来看，西方学生评价的发展阶段大致可以分为早期非正式的测量方法；心理测量与实验的发展；标准化测验的继续研制，大量表评价和学会、测量机构的发展；认知测量的继续发展和情感目标的提出及测量；教育责任制和评定方案的注重。②从塑造人的角度来看，我国学生评价的历史变迁可以分为萌芽时期、测量时期、判断时期、建构时期，萌芽时期的学生评价主要在于设计和生产维护中央集权的专制统治者，测量时期的学生评价将学生更多地看作可肢解、可量化的物化人，判断时期的学生评价所生产的学生更多的是缺乏否定性、判断性、反思性的单向度人，建构时期的学生评价旨在培养能够适应未来社会需要的、有创新能力和意识的人，从而培养真正意义上的全面发展的人。③从改革开放以来，我国的基础教育学生评价大致经历了改革开放初期的学生评价（1978—1985年）、改革开放中期的学生评价（1986—1999年）和新世纪基础教育课程改革以来的学生评价（2000年至今）三个时期。④

从学生评价发展的历史过程来看，学生评价与教育评价的发展历史大致一致，都是经过古代的考试阶段、教育测验和测量阶段及科学化的教育评价阶段，可以说，整个学生评价的发展历史就是一部教育评价发展史的代表，分析学生评价发展的历史可以帮助我们认识教育评价的历史发展轨迹。从学生评价的历史发展过程，我们还可以从中析出学生评价的功能演变，从最初的甄别选拔工具到学业测验和学习结果检验，再到问题诊断和促进

---

① 瞿葆奎：《教育学文集·教育评价》，人民教育出版社1989年版，第59—69页。
② 瞿葆奎：《教育学文集·教育评价》，人民教育出版社1989年版，第3—11页。
③ 沈茜：《我国学生评价的历史变迁及其本质反思》，《上海教育科研》2018年第5期。
④ 许世红：《基础教育学生评价研究：历史沿革、现实状况与未来走向》，广东高等教育出版社2014年版，第1—28页。

学生发展，这使我们更加坚信学生评价的本质在于促进学生的发展，学生评价的根本目的在于育人的实现。从另外一个侧面也反映出学生评价在教育教学中的地位变得越来越重要和越来越不可缺少，即使在一定的非常时期，对学生进行一定的评价也是必需的。如在新冠疫情期间，可以减少一定的学生评价，但不可以缺少学生评价，这个时候更需要学生评价对学生学习相关数据和信息进行一定的收集和评判，"以便为需要这些数据的管理人员和决策者提供可采取行动的信息，进而用来调整分配在疫情期间教育恢复和发展的资源"[①]。此外，从学生评价的历史发展过程，结合当今社会的发展现状，还可以窥见学生评价未来的发展方向，如在新兴技术的影响之下，智能化测评已经在学生评价领域取得一定的进展，"学生能力和知识水平评估突破纸笔测验的局限，转向过程性评价、综合能力评价和动态性评价"[②]，学生人格与心理健康的智能化评价也具备了一定的可行性，这些都揭示了学生评价在智能化技术领域发展的新趋向。需要注意的是，无论科学技术在学生评价领域得到了何种发展，它始终只是学生评价的工具手段，而不可以上升为目的层面，科学技术要在学生评价领域得到发展与突破，它就必然需要与教育学紧密结合，要始终坚持育人的基本立场，否则，学生评价将会陷入技术中心主义的泥沼而失去教育的味道。

2. 学生评价的模式研究

学生评价模式是具有理论与实践双重属性的行为范式，是联系学生评价理论与实践的桥梁。在学生评价的历史发展进程中，已经形成和出现了多种多样的学生评价模式。从学生评价的历史发展轨迹来看，学生评价的每个发展阶段都会有一个或多个比较

---

① Jimenez, L., "Student assessment during COVID - 19", Center for American Progress, 2020, pp. 1 - 7.

② 骆方等：《教育评价新趋向：智能化测评研究综述》，《现代远程教育研究》2021 年第 5 期。

典型和具有代表性的评价模式出现。在古代考试阶段，学生评价模式主要是以考试为主，其目的在于甄别选拔；在教育测验时代，学生评价模式主要是以测量模式为主，如标准化测验模式等，其目的主要是检验学生的学习效果；在学生评价时代或教育评价的科学化时代，又产生了行为目标的评价模式、决策导向的CIPP模式、需求导向的应答模式和基于协商理念的共同建构模式等。根据不同的教育理念和教育价值取向，学生评价模式可分为"选拔性评价、教育性评价和发展性评价"[1]。选拔性评价是一种知识本位和能力本位的评价模式，它主要是依据学生的知识水平和个人能力进行甄别选拔；教育性评价是一种促进学生自我发展的评价模式，它具有浓厚的以人为本的教育思想意蕴，相对于选拔性评价的甄别选拔功能，教育性评价则强调学生评价的教育功能；发展性评价是一种更高水平的学生评价模式，它强调评价者与学生建立相互信任关系，是一种共同建构式的评价模式。相比前两者，发展性评价不仅强调学生评价的甄别选拔功能，也强调学生评价的教育功能。

除了以上对多种学生评价模式的研究，还有专门对某一种学生评价模式进行探讨的研究，如真实性评价模式、描述性评价模式、游戏化评价模式、共情式评价模式等。真实性评价就是评价学生能否运用所学的知识和技能来应对生活或现实情境中的真实性任务，在这一过程中，来展示、证明和提升自身运用知识、技能解决真实任务或问题的策略。[2] 也就是说，真实性学生评价模式，不仅要评价学生的知识与技能的掌握程度，还要评价学生能够运用知识和技能解决什么真实问题；不仅要评价学生学习的结果，还要评价学生学习行为的表现过程。可见真实性学生评价模式具备学习任务的真实性、评价信息的真实性、评价标准的真实性、评价环境的真实

---

[1] 李润洲：《学生评价模式探析》，《中国教育学刊》2003年第5期。
[2] Grant Wiggins：《教育性评价》，项目组译，中国轻工业出版社2005年版，第14页。

性、评价方式的真实性和评价内容的真实性等特征。[1] 真实性评价同发展性评价一样,更多的是一种评价理念,像表现性评价、档案袋评价、基于观察的评价等都是真实性学生评价较为常见的操作模式,它们都体现着真实性的学生评价理念和价值取向。描述性学生评价模式是一种更加人性化的评价模式,它不仅将学生作为学习者看待,更将学生当作一个真实整全的生命人来对待。因此,它所评价的内容不仅指向学生的学习结果,更集中关注学生的思维习惯、兴趣爱好、性格倾向、自我意识、与他人的关系、身体状态等方面。[2] 游戏化学生评价模式是伴随网络技术与多媒体技术快速发展而出现的产物,它首先是一种针对游戏化工具和策略的有效性评价,其次它是一种利用游戏化思想而建构的不同于成绩评价的学生学习的评价策略,像校园虚拟货币体系的建立就是一种游戏化学生评价模式。[3] 共情式学生评价模式是一种运用沟通心理学中共情的技巧,教师在了解学生的学习需求,感受学生的情绪变化,建立师生间心理良性互动关系的评价模式,它以理解学生为前提,需要教师运用一定的教育智慧,同时注重运用目标导向牵引学生进步。[4]

从以上相关研究可以看出,学生评价模式同教育评价发展的历史过程相似,都是一个不断继承、批判和创新的过程。这启示着我们在对学生评价模式进行改造和创新时,一定要对已有的学生评价模式进行系统的梳理和分析。同时,在这些研究中,我们还可以看出我国的学生评价模式仍然受西方国家学生评价模式的影响较大,很多具有代表性的学生评价模式大多是引进和借鉴而来,这对于我国学生评价模式的创新并不是一个好的信号。不过在借鉴和学习国外学生评价模式的同时,我们也根据自身的实际情况对之进行了改

---

[1] 俎媛媛:《真实性学生评价研究》,博士学位论文,华东师范大学,2007年。
[2] 李树培:《珍视不可测量之物》,博士学位论文,华东师范大学,2008年。
[3] 马积良等:《游戏化评价模式下的校园虚拟货币体系》,《教学与管理》2019年第16期。
[4] 王华云:《共情式评价让学生评价更有效》,《中国教育学刊》2021年第7期。

造和创新，提出了许多具有创新性的学生评价模式和方法，如"个性发展教育评价模式"、"层次结构目标教育模式"、"分数+等级+评语"式评价、"成长记录袋"评价等[①]。此外，真实性评价模式、描述性评价模式等更多地属于质性评价的范畴，而考试模式、目标模式等更多地属于量化评价范畴，在分析和选择学生评价模式时，不能将两者割裂看待，更不能夸大质性评价的价值与功能，要根据学生评价的实际情况和需要，选择合理的评价模式。

3. 学生评价的体系研究

学生评价体系主要包含学生评价的目的、内容、类型、标准、方法等。任何一种学生评价，首先是确立评价目的，划定评价内容范围，然后根据评价目的和评价内容选择评价类型、评价标准、评价方法等，最后得出一定的评价结果。在评价目的方面，学生评价除了检验学生获得知识的多少和掌握技能的熟练程度外，还要注重学生的德智体美劳的全面而有个性的发展；除了关注学生学习结果的成效，还要关注学生学习过程的心理状态、情绪态度、行为表现等。除此之外，学生评价还可以被用来改进教学，教师在遵循既定规则的基础上，对学生学习的定量和定性数据做出判断，得出评价结果，然后按照评价结果进行同行或专家咨询，以便设定目标并制订教学改进计划。[②] 在评价内容方面，除了体现学生的智育方面，还要注重学生的德育、体育、美育、劳育等方面。自新课改以来，学生评价就提倡评价不能局限于知识与技能的评价，还要特别关注"过程、方法与能力""情感态度与价值观"的评价，尤其是探究能力、创新能力、合作能力、问题解决能力等学科共同能力的发展。[③]

在评价类型方面，按照不同的分类标准，学生评价可以分为不

---

① 梁红梅、栾慧敏：《改革开放以来我国中小学生评价制度的发展与反思》，中国教育学会基础教育评价专业委员会学术年会论文，2012年。

② Boysen, G. A., "Using student evaluations to improve teaching: Evidence-based recommendations", *Scholarship of Teaching and Learning in Psychology*, No. 4, 2016, pp. 273–284.

③ 赵德成：《中小学生评价改革的思路与建议》，《人民教育》2021年第8期。

同的评价类型。按照评价方法,学生评价可以分为量化评价和质性评价;按照评价内容,学生评价可以分为单项评价和综合评价;按照评价功能,学生评价可以分为诊断性评价、形成性评价和终结性评价;按照评价标准,学生评价可以分为绝对评价、相对评价和个体内差异性评价;按照评价主体,学生评价又可以分为他人评价和自我评价。① 一般来说,自我的评价是严厉的,同伴的评价是慷慨的,而教师的评价既不严厉也不慷慨。② 按照评价在学校教育教学中的作用,学生评价可以分为定位性评价、形成性评价、诊断性评价和总结性评价。③ 基于不同的评价范式,学生评价可以分为测量、程序和调查。测量范式的评价认为知识与学习者相互独立,并且将教师视为知识传递者的角色;程序范式的评价认为,教师越来越关注收集有关学生学习过程方面的信息,评价程序由定量走向定性;调查范式的评价从认识论视角走向知识建构的观点,评价的目的是发现和加深对学习者和学习环境的理解,并使这种理解为教师教学和学生学习服务。④

在评价标准方面,许多国家都颁布了相应的学生评价标准,如美国在 2002 年颁布的《学生评价标准》、日本在 2002 年正式实施的《学习指导要领》、英国在 2018 年更新的《学校督导手册》⑤

---

① 田友谊:《当代学生评价的理论与实践》,华中师范大学出版社 2005 年版,第 8 页。

② Akyol S. S., Karakaya I., "Investigating the Consistency between Students'and Teachers' Ratings for the Assessment of Problem-solving Skills with Many-facet Rasch Measure ment Model", *Eurasian Journal of Educational Research*, 2021, pp. 281 – 300.

③ 胡中锋:《教育评价学》,中国人民大学出版社 2013 年版,第 198—199 页;陈玉琨:《教育评价学》,人民教育出版社 2003 年版,第 56—57 页。

④ Serafini, F., "Three paradigms of assessment: Measurement, procedure and inquiry", *The Reading Teacher*, No. 4, 2000, pp. 384 – 393.

⑤ 英国在 2018 年更新的《学校督导手册》,虽然是对英国公立中小学校的督导和评价,但其对评价的五个维度(整体效能,领导和管理成效,教学、学习与评价,个体发展、行为和福祉,学生发展状况维度)中除了领导和管理成效维度外,其余四个维度是将学生放在评价的中心,可以说大部分是体现在对学生的评价上。参见张文军、谢一凡《英国公立小学学生评价机制探究——以伦敦 H 公立小学为例》,《全球教育展望》2019 年第 3 期。

等。以美国的《学生评价标准》为例,它主要包括适当性标准、应用性标准、可行性标准和精确性标准。① 在我国,促进学生发展的理念已经成为我国教育评价主流的价值观念,与此相符的发展性学生评价也已成为大势所趋,人们对发展性学生评价标准的研究也一直在路上。如有研究者在对发展性学生评价的内涵,及其评价标准的基本要求和要素进行分析的基础之上,建构了包括基础指标(道德素质、公民素养、学习能力、交流合作能力、审美与表现)、学科学习指标(知识与技能、过程与方法、情感态度与价值观)和发展指标(特长、活动成果、个性与情感)在内的发展性学生评价标准。② 还有研究者根据发展性学生评价的内涵,提出了课程标准参照目标、发展常模参照目标和增长参照目标的发展性学生评价参照标准,三种参照目标互为前提和条件,其中,课程标准参照目标是学生学业评价的基础,发展常模参照目标是基本手段和方法,增长参照目标是学生学业评价的终极目的。③ 在具体的学生评价实践方面,也产生了许多比较成功的学生评价标准,如河南省濮阳市第二实验小学的"四维质量评价",四维主要指学业水平评价、公民素养评价、个性发展评价、思维能力评价④。

在长期的教育实践活动中,形成了诸多学生评价方法,最为人们熟知的当属教育测验和考试的方法了,这也是在中小学校最为常见和使用频繁的学生评价方法,如课堂测验、单元测验、期中测验、期末测验等。在对学生评价方法的研究中,人们经常将其分为量化方法和质性方法,量化方法主要有测验法、观察法、调查法、

---

① Gullickson, A. R., "Student evaluationst and ards: Aparadigmshift for theevaluation of students", *Prospects*, No. 2, 2005, pp. 213 – 227.
② 陆雪莲:《发展性学生评价的内涵及标准建构》,《教学与管理》2013 年第 36 期。
③ 王焕霞:《发展性学生评价:内涵、范式与参照标准》,《山东师范大学学报》(人文社会科学版) 2017 年第 1 期。
④ 李慧军:《以"四维质量评价"托举学生"全人成长"》,《中小学管理》2021 年第 4 期。

绪　论　27

实验法等,质性方法主要有表现性评价、成长记录袋评价、作品分析等。① 或是直接对具有代表性或使用较多的评价方法进行介绍说明,如对教育测验法、表现性评价、纪实性评价等评价方法的功能、特点等进行说明。② 评价内容或对象不同,学生评价方法也会有所不同,如在我国各级各类学校现行方案中,中小学品德评价的方法大体有考试考核评价法、操行加减评分评价法、调查评价法、情境评价法、行为观察法、社会关系测量法等③。对学生的答卷进行评价,除了依据简单的赋分方法外,还可以使用模糊值的评价方法。④ 不同的学科,相应的学生评价方法也有一定不同,如小学科学中的学生评价方法主要包括行为表现评价和纸笔测验评价。⑤ 随着现代信息技术的发展,学生评价方法也在不断更新,出现了数字化学生评价方法⑥,以及在区块链技术基础上,融合人工智能、云计算、学习分析、情境感知等新兴技术的数据驱动的精准化学习评价方法⑦。

　　从以上学生评价体系的相关研究中,可以认识到,学生评价的目的除了基本的甄别选拔和检验诊断,还有促进学生的反思和教育教学的改进,无论是哪一种目的,学生评价都应该以促进学生全面而有个性的发展为根本目的,这一点是所有学生评价的基本遵循。依据这一根本的评价目的,学生评价的内容不仅仅局限于对学生的学习效果或学生的智育发展结果评价,更包含学生学习过程或学生的德育等方面的评价,这种综合性的评价将是学生评价未来发展的

---

①　田友谊:《当代学生评价的理论与实践》,华中师范大学出版社2005年版,第188—220页。
②　王斌兴:《新课程学生评价》,开明出版社2004年版,第96—110页。
③　胡中锋:《教育评价学》,中国人民大学出版社2013年版,第242页。
④　Wang, H. Y., Chen, S. M., "Evaluating students'answers cripts using vaguevalues", *Applied Intelligence*, No. 2, 2008, pp. 183 – 193.
⑤　张军霞:《小学科学的学生学习评价方法》,《中国教育学刊》2007年第12期。
⑥　刘长铭:《数字化学生评价的理论框架与操作方法》,《教育研究》2012年第5期。
⑦　黄涛等:《数据驱动的精准化学习评价机制与方法》,《现代远程教育研究》2021年第1期。

重要方向。当然，对学生的单项评价会一直存在，不过无论是对学生的单项评价还是综合评价，都应该服务于实现学生全面而有个性的发展这一根本评价目的。同样地，学生评价类型的选择、评价标准的厘定以及评价方法的选取都应该根据学生评价的目的和内容进行。从以上相关研究中，还可以发现在学生评价标准方面存在一定的问题，如对比西方发达国家的学生标准，我国的学生评价缺乏对品德教育、人文教育和创造力培养的有效评价标准。[1] 在学生评价方法方面，要根据教育教学实际进行优化选择，如在开放性的问题情境下，教师首先应认真倾听，不要过早地做出倾向性的评价，应采取适当延迟的评价策略，抛砖引玉，给学生思维的展开和探究的深入提供更为充分的空间。[2] 此外，还需要多采取和实行形成性的评价方法，如果对此方法运用得当，可以很好地促进学生积极参与评价实践，并自愿在评价实践过程中发挥积极的作用，从而促进自身成为一位自主学习者。[3] 如果将形成性评价和总结性评价结合起来使用，将会更好地提高学生的整体表现。[4]

4. 学生评价的伦理研究

学生评价不仅有科学性和专业性问题，更有伦理性问题。例如，如何克服学生由于性别、种族、社会经济地位、宗教信仰或其他特征而在评价中受到冒犯或不公平的问题，[5] 还有在学生评价中存在性别对待、个人魅力和先验知识等偏见，[6] 都属于学生评价伦

---

[1] 王芳：《浅谈素质评价标准——兼谈美国学生评价标准》，《教育发展研究》2011年第4期。

[2] 刘光霞：《中小学学生评价技巧集粹》，浙江教育出版社2005年版，第80页。

[3] Buyukkarci, K., Sahinkarakas, S., "Theimpact off ormative assessment onstudents' assessment preferences", *Reading Matrix: AnInternational Online Journal*, No. 1, 2021, pp. 142 – 161.

[4] Ahmed F., Ali S., Shah R. A., "Exploring Variationin Summative Assessment: Language Teachers' Knowledge of Students' Formative Assessment and Its Effect on their Summative Assessment", *Bulletin of Education and Research*, No. 2, 2019, pp. 109 – 119.

[5] W. James Pophan, *Classroom Assessment: What Teachers Needto Know*, Boston: Allynand Bacon, 2002, p. 60.

[6] Archer J., "Mccarthy B. Personal biases in student assessment", *Educational Research*, No. 2, 1988, pp. 142 – 145.

理的范畴。那么什么是学生评价伦理呢？学生评价伦理就是运用一定的伦理准则，针对评价对象的特点和发展情况，评判评价过程中评价者行为是否合理，以及评价内容、方法、过程、技术手段及其应用方式的道德合理性和正当性，是学生评价的伦理规范和伦理精神的综合体现。① 它具有一定的人为性和为人性、相对性和绝对性、现实性和理想性特征。② 为什么在学生评价中需要伦理呢？首先，有效的学生评价，不仅追求评价过程的科学性和专业性，而且还要保证评价过程对每一个学生来说是公平的。其次，评价的目的是提高学生的学习和促进学生的发展，那么存在一个公正公平的评价环境就显得尤为重要，像性别、种族歧视等因素在评价过程中必须消除，否则将会使评价歪曲。最后，教育测量与教育评价的量化倾向为学生评价带来了许多问题，而且它们本身就具有片面的局限性，③同时从教育的本质上来说就是一种培养人的伦理道德实践活动，学生评价作为教育活动范畴的重要组成部分，本身就应该具有伦理的属性和特征。学生评价在现实中具体存在哪些伦理问题？笼统说来有评价目的的异化、评价内容的片面化、评价技术的唯量化、评价标准的统一化和评价主体的一元化，④ 具体说来有舞弊、欺骗行为屡禁不止、对学生划分等级、以分取人、负面评价学生引起学生严重的心理问题、漠视学生自尊、不顾学生的心理感受、⑤ 侵犯学生隐私权、违反学生评价的诚信原则、破坏学生评价的公平性、应付性地公布学生评价信息等⑥。造成学生评价伦理失范的原因有许多，既有人为的伦理素养缺失，也有技术层面的不当使用。伦理素养的

---

① 梁红梅：《中小学生评价的伦理问题研究》，博士学位论文，东北师范大学，2014年。
② 王健、邓睿：《简论学生评价的伦理属性和伦理特征》，《南通大学学报》（教育科学版）2007年第4期。
③ 王凯：《发展性校本学生评价研究》，博士学位论文，华东师范大学，2004年。
④ 王健：《学生评价的伦理缺失及价值重塑》，《教育理论与实践》2008年第11期。
⑤ 陈瑞、王巍：《学生评价中的伦理问题及对策研究》，《现代教育科学》2009年第2期。
⑥ 蔡敏：《学生评价应坚守伦理规范》，《教育测量与评价》2017年第10期。

缺失主要是指学生评价主体方面，因此评价主体在进行学生评价时，应秉持"人本"的价值理念，弘扬学生的主体性精神，遵循公正准则，① 坚持合法性、公平和正义的基本原则。② 技术层面的原因，如真正平等的教育测验不应体现性别差异，但在某些或某次物理测验中，女生成绩普遍低于男生成绩，分数的差异就会对女生产生如学习自卑等不可预期的结果，③ 所以"对学生进行教育测验，一要遵守把学生作为人来尊重的原则；二要避免用可能导致给学生贴带贬义的标签、羞辱学生、嘲弄学生之类的方式来使用测验；三要体现真实性，反对舞弊，保护正直诚实的学生，公正无私地对待学生；四要尊重学生的隐私"④。

长期以来，人们在追求学生评价的科学化与专业化的进程中，给予了学生评价的技术、方法、标准等操作层面的过度关注，而对于学生评价中的伦理问题则是视而不见，或者是鲜有兴趣去研究。其实，对于学生评价来说，最大的问题不是技术和方法的问题，更多的是伦理方面的问题，因为现有的学生评价体系与制度，实在难以给予学生基于真实需要的指导和帮助促进学生的真正发展，甚至是在巨大的考试压力和学业负担重压之下，产生了厌学、逃学等问题，学生评价反而失去了它真正要达到的目的和原有的评价初心。如果学生的发展被局限在现行的封闭或半封闭的学生评价体系中，使学生的学习脱离具体现实的社会生活，也会使学生受到负面的局部生境效应的影响。⑤ 而且，学生评价伦理的缺失还直接影响社会

---

① 袁小平：《学生评价的伦理视角》，《当代教育论坛（综合研究）》2010年第5期。
② 潘婉茹、吴欣遥：《小学教师在学生评价中应遵循的伦理原则与实践策略》，《教育探索》2021年第3期。
③ 闫引堂：《学生评价中的伦理问题及对策》，《上海教育科研》2003年第1期。
④ 王本陆：《教育崇善论》，广东教育出版社2001年版，第265页。
⑤ 局部生境效应，又叫花盆效应。花盆是一个半人工、半自然的小生境。首先，它在空间上有很大的局限性。其次，由于人为地创造出非常适宜的环境条件，在一段时间内，作物和花卉可以长得很好。但一离开人的精心照料，经不起温度的变化，更经不起风吹雨打。参见赵博《对于学生评价的生态学思考》，《教学与管理》2012年第5期。

伦理的发展进程，现在的学生是未来社会的公民，他们现在所接受和内化的伦理素养直接关系着未来社会的公平化和民主化进程，所以，学生评价中的伦理问题需要重视起来。因此，在学生评价活动中，还要重视其中的民主问题，防止学生评价中的权力失衡，保护作为被评价者的学生的正当权利，从而达到以评价促进学生自由、平等、全面发展。[①] 此外，还可以通过对学生评价的运用来解决一定的教育伦理问题，如可以通过开发关于学生的威胁评估量表，来减少学校存在的校园欺凌现象，美国弗吉尼亚州就开发了这样的威胁评估指南和量表，并将其运用于实践之中，通过调查发现，使用该量表的学校会有更公平的纪律和出现更低的学生攻击行为。[②]

5. 学生综合素质评价研究

在跨入新世纪前后，随着人们对应试教育的批判和素质教育的兴起，我国开始了学生综合素质评价的探索。确切说来，我国学生综合素质评价的探索始于2004年正式实施的高中课程改革，并在《国家基础教育课程改革实验区2004年初中毕业考试与普通高中招生制度改革的指导意见》的政策文本中，第一次正式提出"综合素质评价"这一概念。经过十年的发展，到2014年，教育部又出台了《关于加强和改进普通高中学生综合素质评价的意见》的政策文件，综合素质评价研究又迈入了新阶段。所以一般来说，在世纪之初的前后几年，是综合素质评价前期酝酿的阶段，这一段时间主要是国家出台一些较为积极的学生评价改革政策，学者们围绕这些政策展开了积极的讨论，这为综合素质评价的提出和探索提供了政策准备和思想准备。从2004年到2014年，是综合素质评价实施探索阶段，在这一阶段，综合素质评价真正从政策文本向实践落地，并且在实施探索中不断改进和完善综合素质评价政策文本，这不仅丰

---

① 苏启敏：《学生评价的民主意蕴》，《教育研究》2010年第2期。

② Nekvasil, E. K., Cornell, D. G., "Student threat assessment associated with safety in middle schools", *Journal of Threat Assessment and Management*, No. 2, 2015, pp. 98 – 113.

富了人们对综合素质评价的认识,也积累了许多宝贵的综合素质评价实践经验。从 2014 年至今,是综合素质评价向深度发展的阶段,在这一阶段,学生综合素质评价的内涵不断得到丰富,之前累积的问题得到进一步反思与改进,综合素质评价改革从高中阶段开始向中小学延伸,总之,人们对于综合素质评价的理论认识和实践探索越来越清晰,越来越自信。也有将学生综合素质评价的发展历程划分为前期酝酿阶段(1999—2004 年)、初步实施阶段(2005—2009 年)和反思深入阶段(2010 年至今)。[1]

从新世纪到现在二十多年的综合素质评价研究,多是围绕综合素质评价的内涵、评价体系(评价原则、评价内容、评价主体、评价方法、评价结果)、实践成效、存在问题、对策等方面开展的,[2]或是围绕综合素质评价的相关组成要素(评价目的、价值、主体、方法、技术、制度、体系、指标等)、存在问题与对策、评价实践与案例等方面进行的。[3] 随着这些综合素质评价理论研究的不断丰富、拓展和深化,人们对于综合素质评价的认识不断加深,但同时也存在着诸如研究方法单一、研究视角不全、研究深度不够、研究热度不够等问题。在理论研究的同时,综合素质评价的实践探索也取得了一些进展,不仅国家出台了一系列的政策文件对实施综合素质评价提供大力度的支持,不少地区和学校也结合自身实际出台了相关的实施方案和规章制度等,建立了专门化的信息平台,在深化招考制度改革的进程中合理使用和参考综合素质评价结果,还有的学校以综合素质评价为契机来带动学校教育变革。[4] 还有不少地区

---

[1] 王小明、丁念金:《历史与嬗变:普通高中学生综合素质评价改革十年》,《现代教育管理》2015 年第 11 期。

[2] 张红霞、侯小妮:《我国高中学生综合素质评价研究述评及展望》,《教育测量与评价》2019 年第 12 期。

[3] 徐彬:《2014 年以来我国综合素质评价的研究现状与前景展望》,《教育测量与评价》2019 年第 2 期。

[4] 卢海弘、张也:《综合素质评价研究:最新进展、主要难点及破解思路》,《现代教育管理》2020 年第 5 期。

和学校在推进综合素质评价的区域化和校本化方面取得了许多成功经验,如长沙市在区域推进学生综合素质评价的十年过程中,经过借鉴与推广阶段、深化与创新阶段和常态实施阶段的不断探索与改进,为健全学生人格与基础学力提供保障,为学校评价文化带来了变革,转变了学生的学习方式。① 不过,在综合素质评价实践的过程中,也存在一些问题,如对综合素质评价内涵的认识不一;重结果评价,轻过程评价;等级评价过程与结果问题突出;评价工作集中突击,走过场现象严重②;实施目的偏向为招生服务;实施过程简单化处理;实施结果呈现与使用存在偏差等问题③。

综合素质评价是近些年学生评价研究中比较具有代表性,在不断的理论研究和实践探索中,人们也逐步认识到综合素质评价在促进学生发展、引领学校教育教学变革、破除"五唯"顽瘴痼疾、推动教育评价改革、推动育人方式变革等方面具有较大的作用和潜力。虽然这些并未在实践中取得革命性的变革,但人们也逐渐达成了一些共识,如综合素质评价具有育人和用于选拔两种目的,其中育人和促进人的发展是其首要目的,助力中高考使用和改革才是其辅助目的。④ 这一点认识不仅符合教育教学的育人本质和基本规律,更是综合素质评价功能定位的应有之义。从评价主体角度看评价功能,可以将综合素质评价的定位划分为"统一的发展性评价、统一的选拔性评价、校本的发展性评价和校本的选拔性评价"⑤。发展性评价主要是促进学生的发展,从而实现育人的目的;选拔性评价则是服务于甄别选拔的需要,发展和育人为本,选拔和甄别为末,在

---

① 缪雅琴等:《长沙市区域推进学生综合素质评价之十年探索》,《教育测量与评价》(理论版)2016 年第 1 期。

② 刘志军、张红霞:《普通高中学生综合素质评价:现状、问题与展望》,《课程·教材·教法》2013 年第 1 期。

③ 陈朝晖:《普通高中学生综合素质评价实施研究》,博士学位论文,河南大学,2016 年。

④ 刘志军、徐彬:《综合素质评价:破除"唯分数"评价的关键与路径》,《教育研究》2020 年第 2 期。

⑤ 柳夕浪:《学生综合素质评价定位研究》,《教育研究》2019 年第 11 期。

综合素质评价的理论与实践进程中，切不可本末倒置。当然，我们还应该认识到综合素质评价的实施是一个不断丰富、深化、发展和创新的过程，在这一过程中难免会出现一些问题，我们在认真面对和解决这些问题的同时，还需要妥善处理好"学术能力"与"非学术能力"的关系、全面性评价与个性化评价的关系、定性评价与定量评价的关系、"注重过程的评价"与"注重结果的评价"的关系。①

6. 国际学生评价研究

学生评价的结果质量直接反映着一个国家或地区的教育质量，所以它也常用来比较国别之间的教育质量高低或差异，因此国际上对学生评价的研究实践便逐渐兴起，并在国际上产生了重要的教育影响。国际学生评价主要是以联合国经济合作与发展组织发起的国际学生评价项目（PISA）、国际教育成就评价协会发起的国际数学与科学成就趋势研究（TIMSS）和美国国家教育测评中心发起的国家教育进展评价项目（NAEP）为代表，其中 PISA 对我国影响较大，很多研究者也对此进行了诸多研究，所以在对国际学生评价研究方面的综述主要是以 PISA 方面的研究文献为主。需要说明的是，PISA 并不是对所有学生以及学生的全部素质或素养进行评价，而是重点对义务教育阶段某些学生的阅读、数学和科学等领域的知识学习和问题解决能力等素养测试。PISA 主要是"测试研究义务教育末期的学生（15 岁学生），即未来社会公民，在个人、工作和社会生活中，运用已学知识和已具备的技能态度去解决问题的能力"②。PISA 主要是围绕怎样提高学生适应社会所必备的素养和提升基础教育质量而开展的，所以它的评价内容也多是指向学生多方面的素养水平，如对学生的全球素养测评，主要包括全球素养测试结构、全球理解认知测试和全球素养问卷调查的测试

---

① 刘志军：《关于综合素质评价若干问题的思考》，《课程·教材·教法》2016 年第 1 期。
② 张民选等：《专业视野中的 PISA》，《教育研究》2011 年第 6 期。

内容;① 学生的创造性思维测评,包括创造性思维认知测试和创造性思维背景调查的测试内容;② 合作问题解决能力测评,包括探究与理解、表征与形成、计划与执行、监控与反馈等解决过程的测试内容。③ PISA 之所以能够产生较大的影响,不仅是因为它能够使我们更清楚地了解其他国家与我们国家学生素养的水平状况,也能使我们通过比较与对评价的深度分析了解我们自身存在的问题。以上海学生的问题解决能力来说,他们非常擅长学科领域中静态问题的解决,但基于计算机的学科问题解决能力、一般问题解决能力,以及学生的学习策略和元认知水平还有待提升。④ 从 PISA 2015 阅读测试结果来看,我国学生阅读素养存在"认知水平不高,阅读方式单一以及阅读意义丧失"⑤ 的问题。

以 PISA 为代表的国际学生评价项目正在成为全球教育治理的重要推动力量,它们不仅帮助我们更好地诊断和分析学生在阅读、数学、科学素养等方面存在的问题,更为教育政策的改进提供了重要的证据。如通过对 PISA 2018 所体现的阅读能力水平的分析,可以发现学生更容易思考给定的文本,而不是理解和推断他们所读文本的意义,而后者不仅可以反映一个国家阅读教育的进步,而且还是学生在这个阅读需求日益复杂的社会所必备的技能之一。⑥ 国际学生评价项目并不是一成不变的,而是每三年进行一次,并以年份进行命名,每一次的评价内容和标准都是根据之前评价项目结果的分析与反思而不断改进和创新。如相比之前的测评,PISA 2018 阅

---

① 占小红、温培娴:《PISA 2018 全球素养测试述评》,《比较教育研究》2018 年第 9 期。
② 张羽、王存宽:《PISA 2021 创造性思维测试述评》,《比较教育研究》2020 年第 1 期。
③ 袁建林、刘红云:《合作问题解决能力的测评:PISA 2015 和 ATC21S 的测量原理透视》,《外国教育研究》2016 年第 12 期。
④ 朱小虎:《基于 PISA 的学生问题解决能力研究》,博士学位论文,华东师范大学,2016 年。
⑤ 余闻婧:《中国学生的阅读素养弱在哪里——基于 PISA 2015 测试结果的分析》,《教育发展研究》2018 年第 10 期。
⑥ Sparks, S. D., "Performance flat, but gaps widen in international assessments: 'program for international student assessment results, 2018'", *Education Week*, No. 16, 2019, p. 6.

读素养的测评呈现了"目标导向的阅读观与基于情境的评估、强化多重文本阅读与导航能力和重视读者的评价及批判性阅读能力"[①]等三个方面的新特征。当然，对于以 PISA 为代表的国际学生评价项目的认识，我们要对此保持审慎和理性的认识，不能盲目地夸大它们存在的价值和开展的作用，要正确认识它们自身存在的局限性，如测评结果可以反映学生发展水平，但不能全面代表一个地区或国家教育整体的质量；一些素养测评存在一定的文化不适，结果不能用来进行简单化的比较；其数据分析并不足以说明复杂要素之间的因果关系，不能直接拿来用作政策改进的证据。[②] 而且，PISA 作为比较卓越的评价工具，它同时也是在全球教育系统中产生边缘化话语的典型工具。[③] 总之，我们要正确看待这些国际学生评价的优缺点，批判性地借鉴和吸收它们好的测评经验，以此推动我国特色的学生评价体系的发展、创新与完善。

（三）德性实践的相关研究

德性实践在其概念的发生史和演变史意义上，更多的是一种伦理学的概念，但却渗透在诸如道德哲学、政治学、社会学、教育学等多学科领域之内，并且作用和影响诸多学科论域的拓展及其概念的发展。德性实践最初发轫于伦理学领域，结合本书主题是教育学领域的论题，所以对德性实践的相关研究主要分为伦理学和教育学两个视角进行系统梳理。

1. 伦理学视角下德性实践的相关研究

伦理学是研究人类的道德问题和道德现象的一门学问，是道

[①] 王晓诚：《PISA 2018 阅读素养评估的特征解读》，《首都师范大学学报》（社会科学版）2019 年第 3 期。

[②] 辛涛、贾瑜：《国际视野与本土探索："国际学生评估项目"的作用及启示》，《教育研究》2019 年第 12 期。

[③] Rogério Gonalves De Freitas, Chaves V. L. J., Nozaki H. T., "Marginalisation in education systems: The Programme for International Student Assessment (PISA) and the failure discourse around the Italian education system", *Education Policy Analysis Archives*, No. 27, 2019, pp. 1–30.

思想观点的理论化和系统化，它构成了中西方哲学史上重要的研究领域之一。对于德性实践而言，中西方的伦理学都对其给予一定的重视和研究。在中国伦理学的语境下，主要关注的德性实践在经典诠释方面的作用，以及德性实践何以可能的前提、条件以及动力等方面的问题。在经典诠释方面，传统经学主要是局限于训诂和义理两个方面，这两种诠释模式总是局限于知性理解的形而上学层面，而大有脱离实践而空谈道德知识之嫌，对于此，北宋二程的经学思想则转向对于德性实践的揭示和诠释，他们的思想不仅是义理之学，更是一种德性之学，其中包含了德性实践和德性之知两个维度，进而，德性实践不仅是理解圣人和诠释经典的出发点，也是达至天理的必经之道。[①] 在德性实践何以可能方面，伦理生活是人生在世所必经的生活维度和方式之一，每个人都生活在伦理生活之下，但伦理生活又必然与德性实践联系在一起，如果使德性实践成为现实的可能，那么就需要认知赋予其自觉的品格，评价给予其价值的意涵，规范规约其秩序，以意义确认为核心的生存感和以义务认同为核心的道德感为其展开提供内在担保，只有这些方面共同相互作用，才能使德性实践得到真正开展。[②] 在德性实践的动力方面，通常认为只有道德情感和道德意志才会成为德性实践的动力源，但通过对东亚性理学的分析来看，作为人的心理意识结构的情感、意志和理性都可以为德性实践提供动力，而且是道德情感、道德意志和道德理性多重因素的共同作用才能更好地推动德性实践的开展。

在西方伦理学语境下，现代性的道德生活面临着激励性道德被约束性规范代替、追求内在善的实践被追求外在物质利益的实践遮蔽的发展窘境，在此境遇之下，麦金太尔选择复兴亚里士多德的德性理论，从而确立追求优秀、卓越等内在善的德性实践的主导地

---

① 徐洪兴、陈华波：《德性实践与德性之知——论二程经学诠释的转向》，《哲学研究》2017 年第 3 期。

② 杨国荣：《伦理生活与道德实践》，《学术月刊》2014 年第 3 期。

位,这对于现代性道德困境的破解无疑是一剂良药,同时这与马克思追求实现人的自由而全面发展的道德理想是相符合的。① 在解决现代性道德危机方面,除了麦金太尔为之付出德性理论建构的努力,以及还原论德性理论和规范性德性理论进路外,范例主义德性理论也是一种新的选择,这一理论旨在破除大多数通过理论描述所进行的道德教育带来的效果低下的弊病,主张应从经验中习得道德概念及进行道德判断的能力,从而在道德共识的基础上更真切地实践德性。② 在马克思看来,作为伦理学的德性实践是与生产实践是不可须臾分离的,两者是相互统一的,生产实践是德性实践的基础,而且生产实践的过程与活动本身都内含德性的内涵,任何一种生产实践都或多或少地渗透着德性的参与,进而,自由构成了生产实践和德性实践沟通和统一的桥梁,劳动构成了生产实践和德性实践的基础。③

综合中西方伦理学语境下德性实践的相关研究来看,德性实践是中西方伦理学及伦理生活都需关注的重要领域,德性实践也是作为一种改变和解决现代性道德问题的方案或途径而被不断重视,而且中西方伦理学不是简单地重视和倡导德性实践,而是认为德性实践蕴藏着德性之知和德性实践的统一、理性实践和德性实践的统一。但中西方伦理学的德性实践还是存在一定差异的,中国伦理学语境下的德性实践更多的是受儒家德性论思想的影响,对于社会生活中人伦的德性强调得要多一些,而西方伦理学语境下的德性实践则是既重视社会生活中人伦的德性,也重视德性实践的生产基础和物质基础。

---

① 郝亿春:《美德与实践——在亚里士多德与麦金泰尔之间》,《哲学动态》2014 年第 11 期。

② 方环非:《范例、德性与道德实践》,《厦门大学学报》(哲学社会科学版)2015 年第 6 期。

③ 王佳:《马克思"生产实践论"研究》,博士学位论文,吉林大学,2009 年。

2. 教育学视角下德性实践的相关研究

教育学视角下德性实践的相关研究主要集中于道德教育和教学两个方面。在道德教育方面，美国当代品格教育的演化、兴起和传承离不开德性理论的支撑和推动，而且这一德性实践是与美国当下品格教育的时代需求相一致的，也是美国道德教育的主流，同时也反映了人性发展的实质。[①] 这对于我国的道德教育有着重要启示，我们同样可以采取德性理论和德性实践的思路和逻辑来改变道德教育的模式和方式，从而有针对性地提高我国道德教育的效果。在教学方面，多是基于麦金太尔德性理论和德性实践的理解，将教学作为一种德性实践，对于这种理解，不仅可以超越教学的技术化倾向，也能促进教学中的知德合一和彰显教学道德的内生性。[②] 从教育哲学的视角来看，发生在人文社会科学领域的实践转向已经波及教育领域，在教学领域中则体现在教学是不是麦金太尔意义上的德性实践的争论，对于麦金太尔而言，它将教学作为一种服务于教育实践的手段，而非一种德性实践，但从教育哲学的视角来看，教学是一种具有内在善的关系性活动，而且从教学追求人的发展的内在善、学校制度和教师德性之间的辩证关系来看，正式教育制度之下的教学是一种德性实践。[③] 此外，教学作为一种德性实践还体现在德性实践是教学生活的价值维度，这是因为真正的教学是使人成为人的教学，其教学生活的价值之维必然蕴含德性实践的内在品质，德性实践的教学生活必然也是经验的生活，它通过教学的德性实践提升教学质量及为教学带来的幸福感，欲至此，则需要从社会主义核心价值观的宏观引领、课程政策本土化条件的中观保障和教学研

---

① 赵伟：《美国当代品格教育的德性实践研究》，《内蒙古师范大学学报》（教育科学版）2014 年第 2 期。

② 王凯：《教学作为德性实践——基于麦金太尔实践概念的教学理解》，《全球教育展望》2007 年第 10 期。

③ 程亮：《教学是麦金泰尔意义上的实践吗?》，《教育研究》2013 年第 5 期。

一体化制度微观建设三个方面进行整合。①

（四）对已有研究的反思

文献综述的目的在于"从前人的研究中寻找可信的证据，建立自己的论据，从而将一个论题推向前进"②。根据前文所做的有关实践哲学下的教育相关研究、学生评价的相关研究以及德性实践的相关研究，可见当前以上这些方面的研究在理论上取得较大进展，但依然存在着一些不足之处。

首先，实践哲学视域下相关教育的研究多集中于对教育宏观层面和理论层面，而对于中观层面的课程与教学研究相对少了一些，对于微观层面的教师和学生的研究更是少之又少，而对于学生评价的关注和讨论更是阙如，这并不是说实践哲学视域下学生评价的研究价值和意义不大，而是鲜有研究者从实践哲学的视角对学生评价进行深入的探讨，这表现为不仅仅是缺乏从这一视角对学生评价理论层面的探讨，更是缺乏基于这一视角对学生评价实践层面的关注。学生评价是一门实践性较强的学问，运用实践哲学对学生评价进行理论分析，具有较强的适切性和合理性，尤其在学生评价理论研究面临难以深化推进的窘境时，从实践哲学的视角切入，可以进一步深化学生评价理论研究。虽然本研究侧重理论研究，但从实践哲学的角度研究学生评价理论，其根本目的是服务于学生评价实践的。尤其是针对祛除学生评价功利化，实现学生评价育人，提出一种德性实践路向，以期改变现行的功利化实践状态。

其次，关于学生评价的相关研究多是集中在学生评价发展、模式、体系以及综合素质评价和 PISA 测试等方面的研究，其中较多涉及学生评价的价值、主体、标准、方法等问题，这些问题在理论层面已经被讨论得相当成熟，但是在实践层面上则是观照不够，尤

---

① 李志超：《德性实践：教学生活的价值之维》，《教育理论与实践》2014 年第 19 期。
② ［美］劳伦斯·马奇·布伦达·麦克伊沃：《怎样做文献综述：六步走向成功》，陈静等译，上海教育出版社 2011 年版，第 3 页。

其是长期以来学生评价面临的最大问题就是学生评价理论与实践的脱节,学生评价服务于育才目的与育德目的的相互脱离,以及在学生评价实践中如何祛除功利化倾向,提升学生评价主体伦理素养,实现学生评价育人的真正价值。我国的学生评价在理论上已经走向发展性学生评价,这与国际上学生评价先进的理念是接轨的,但在实践中由于"唯分数"评价文化的浸润和渗透,造成学生评价实践育人的乏力,学生评价发展功能的式微,学生评价方法的单一。毫不夸张地说,我国的学生评价实践还停留在第一代和第二代学生评价理念之上,远远落后于发展性的学生评价理念。而基于实践哲学,提出学生评价作为一种德性实践,就是对破除学生评价功利化,提升学生评价的德行观照,实现学生评价的育人目的,践行发展性学生评价理论的尝试。

再次,从多重视角来看,我国的学生评价跨学科的研究较少,而且已有的研究也多是关注到学生评价某些方面的问题,如在哲学视角下,研究多注重学生评价的理念、本质、价值、取向等本体论、认识论和价值论的探讨;在历史学视角下,研究多关注学生评价的发展方向和进展预测;在心理学或统计学视角下,研究多注重学生评价的指标厘定、方法操作等方面的讨论。总体来看,跨学科研究具有一定的零散性、表面性,缺乏系统深入的探究。有鉴于此,本研究从实践哲学的视角对学生评价进行深入系统的研究。而且相比于以上视角,实践哲学不仅关注当下学生评价实践面临的主要问题——功利化实践,还将学生评价研究始终面向和指向实践,提出学生评价作为一种德性实践,真正做到对学生评价理论与实践的统一,这是其他研究视角所不可比拟的。

最后,从德性实践的相关研究来看,中西方都比较重视德性实践在人们社会生活中的价值,并倡导人们应该进行指向良善的德性实践活动。在教育学领域,研究者更多的是看到德性实践之于道德教育以及教育性教学的价值,并没有意识到德性实践对于教育评价的重要意义。事实上,自正式化和规范化的学生评价产生和发展以来,人们对追求学生评价的科学性总是乐此不疲,习惯于将丰富多样的教育教学活动作为量化和实证的对象,强调客观化和标准化的评价,重视学生对于知识的获得效果,而忽视教育教学活动中鲜活多样的人,导致越来越多精致利己主义者的产生。虽然学生评价在追求科学性的道路上,也有对人文性学生评价的倡导,但由于功利化倾向已经蔚然成风,学生评价主体又缺乏一定的伦理素养,学生又忽视德性素质和人格品性的价值,以至于人文性的学生评价只是停留于理论层面的探讨,而难以落地结果。这从根本上来说,是学生评价缺乏对德性路向的研究与观照,而过于追求学生评价的科学路向。需要强调的是,学生评价作为人的一种实践活动,其本然的样态是一种德性实践,这是不言自明的,但由于学生评价在功利化的道路上渐行渐远,越来越偏离育人的德性实践活动的本质,学生评价作为德性实践实际上处于一种遮蔽不明的状态。因而,有必要对学生评价作为德性实践进行研究和考察,以此促进学生评价育人价值的实现。

四 研究思路与方法

(一) 研究思路

本书围绕"作为德性实践的学生评价"这一核心命题,按照"逻辑前提—逻辑起始—逻辑展开—逻辑旨归"的逻辑理路,从文献分析、概念解读和对学生评价作为功利化实践的哲学批判入手,分析学生评价转向实践哲学并作为德性实践的立论之基,力图建构并深入分析学生评价作为德性实践的理论体系,进而丰富主体性或发展性学生评价的理论研究,以期为富有良善德性的学生评价育人生态提供一种构筑思路。具体而言,首先,在对学生评价、实践哲学和德性实践的相关文献研究和概念内涵进行分析的基础上,找寻三者之间存在的联结关系,回答学生评价转向实践哲学并作为德性实践的文献与概念基础问题；在展开对学生评价作为功利化实践的哲学批判基础上，检视学生评价存在的实践样态和实践困境，及其背后的哲学根源，为学生评价转向实践哲学并作为德性实践奠定现实基础，这是本书行文的逻辑前提。其次，明确学生评价转向实践哲学是祛除学生评价功利化的应然选择，它有着一定的时代背景、必要性和可能性。并且学生评价转向实践哲学作为德性实践有着丰富的实践哲学思想作为支撑，进一步确证了学生评价作为德性实践的合理性和合法性，这是本书行文的逻辑起始。再次，学生评价作为德性实践这一命题既然是成立的，那么它应然的理论图景和框架结构又是如何存在的，回答这一问题需要从学生评价作为德性实践的存在样态、理论意涵、价值分析、基本特征等方面进行展开和把握，并且寻求学生评价作为德性实践这一理论的实现路径，并在此基础上反思学生评价作为德性实践可能存在的理论限度和实践限度，提出实现学生评价作为德性实践的协同路径，这是本书行文的逻辑展开。最后，学生评价作为德性实践旨在促使一种良性和育人的学生评价生态的形成，这是本书的逻辑旨归。（见图0-1）

（二）研究方法

1. 文献法

文献法是研究中最常用也是最基础的方法。从研究问题的确立及其研究计划的开展，整个研究过程都需要一定文献的支撑。对于本书而言，文献研究法是最为重要的研究方法，它贯穿本书研究的始终。如运用在文献综述中，以及对国内外实践哲学的发展和变化的梳理之上，从文献收集，到文献的整理分类，再到文献的泛读和精读，以至对相关研究和实践哲学理论的变化和演进脉络与逻辑的厘清都离不开文献研究。而且本书从问题的提出、分析到解决也都是基于相关文献的梳理和分析而得。

2. 理论分析法

理论分析法与经验分析法相对，是一种属于理论思维的分析方

逻辑前提 → 逻辑起始 → 逻辑展开 → 逻辑旨归

概念基础｜现实基础

德性实践联通着学生评价与实践哲学 ｜ 学生评价作为功利化实践的哲学批判

学生评价作为德性实践的理论分析

学生评价作为德性实践的应然勾画 ｜ 学生评价作为德性实践的实现路径 ｜ 学生评价作为德性实践的实现限度

构筑良善德性的学生评价育人生态

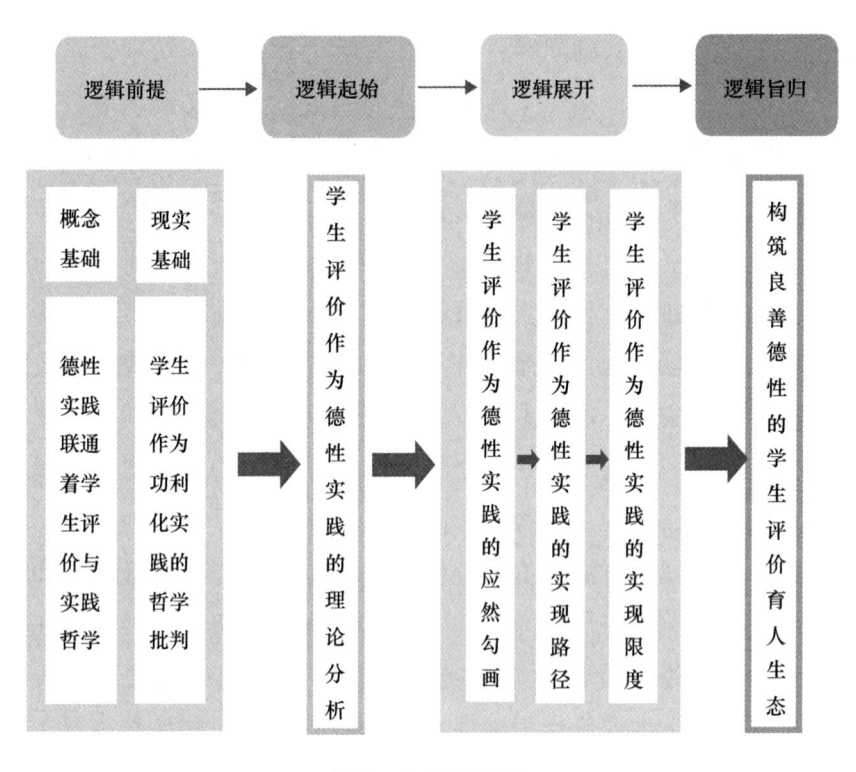

图 0-1 研究思路

法，是一种运用理论思维并依据一定的理论原理分析、研究事物和解决问题的一种方法，或是在感性认识的基础上通过理性思维认识事物的本质及其规律的一种方法。理论分析法是本书着重使用的研究方法，首先，理论分析法是在一定的理论指导下进行的，在本书的研究中主要表现为运用实践哲学的理论，尤其是马克思的实践哲学理论分析学生评价现实中存在的问题，确证学生评价作为德性实践的合理性和合法性。其次，理论分析法还需要借助一定的逻辑方法，在本书的研究中主要表现为运用分析与综合相统一的辩证逻辑的方法对学生评价作为德性实践进行全面分析。分析的方法就是将复杂事物的整体分解为部分或简单要素进行研究和演绎，通过对部分或要素的本质、规律、范畴、特征等进行逐一的认识和理解，从而揭示复杂事物的内在特点和基本规律的一种思维方法。对于本书而言，该方法主要运用于对相关学生评价与实践哲学等话语、文本、词汇等的理解，以及学生评价为什么要转向实践哲学和转向之后将学生评价作为一种德性实践的图景分析和实现路径把握，这些都需要分析的方法对之进行逐一探讨，尤其是学生评价作为德性实践的存在本质、理论意涵、基本价值与特征的分析更是需要分析方法的引入。综合的方法就是把事物的组成部分或组成要素做整体的理解和研究，从而从整体上把握该事物的内在本质和基本属性，进而揭示该事物所遵循的内在规律的一种思维方法。综合的方法在本书中主要体现在整个研究是在整体思维和系统思维的框架下和范畴内进行，而且在学生评价作为一种德性实践的部分分析之后，只有通过综合的方法才能得到进一步厘清。分析事物和问题，是为了进一步清楚地理解该事物或解决该问题，而分析后的综合是为了使该事物更加趋向完善或使该问题更加明确，分析与综合相结合的方法不仅能够从微观上更好地认识作为德性实践的学生评价，也能在宏观上对作为德性实践的学生评价进行整体的把握和概括，这有助于学生评价作为德性实践的全面和全息地理解。

五　研究重难点与创新点

（一）研究重点

1. 从理论上分析学生评价面临的现实困境

学生评价从产生到发展至今，产生过许多理论，也进行过无数次的实践。无论是作为一种理论研究，抑或作为一种实践探索，其背后总有某种或某些哲学观念的影响和制约。在学生评价发展史中，各种各样哲学思想或多或少地内嵌于并作用于学生评价的发展，形成了形形色色的学生评价理论模式和林林总总的学生评价实践方式，这些无疑在一定程度上推动了学生评价的发展，但这些哲学思想为学生评价带来的合法性危机也是不容小觑的。因此，对不同哲学视角下的学生评价面临的现实困境进行分析既是现实必要的，也是本书促使学生评价转向实践哲学的重要前提性分析，故而这一问题便构成了本书研究的重点之一。

2. 从学理上论证学生评价作为德性实践的合理性

学生评价在多种哲学思想影响之下遭遇的合法性危机，亟须学生评价转向实践哲学来寻求化解危机的可能，但这并不能构成学生评价转向实践哲学的充分条件，因而从学理上论证学生评价转向实践哲学的背景、必要性和可能性，就成为学生评价作为德性实践这一命题成立的关键所在。除此之外，学生评价作为德性实践还具有丰富的实践哲学资源涵养作为理论基础，这也进一步确证学生评价作为德性实践的合理性。对学生评价转向实践哲学而作为德性实践进行理论确证是本书研究的主要论题，而且直接关系到本书研究的后续工作和价值意义，自然成为本书研究的重点之一。

(二) 研究难点

1. 从学理上建构学生评价作为德性实践的理论系统

学生评价作为德性实践这一核心命题得到理论确证，那它将必然存在一定的理论系统或框架构成，但在现实之中并没有整全而又系统的学生评价作为德性实践的理论存在。而且构建学生评价作为德性实践的理论系统是一个复杂的工程，又是本书研究的核心与关键内容所在，因而如何能在实践哲学的视域之下合理建构一种学生评价作为德性实践的理论系统就成为本书研究的难点之一。

2. 从实践上探寻实现学生评价作为德性实践的可能性路径

学生评价作为德性实践本身具有一定的理论构想性质，加之任何评价理论的有效实践本身就是一个复杂多面的系统工程，不仅需要从学生评价的内部要素寻求实现方案，也需要具备一定的外部实现条件和保障，而且在学生评价作为德性实践的实现过程中还要克服其自身的理论限度和实践限度，以及一系列可能出现的因素和问题，这些都成为在实践中探寻学生评价作为德性实践的可行性路径的难点所在。但本书研究的目的并非提出一种实现学生评价作为德性实践的万全之策，而是重在指明学生评价作为德性实践的价值意义及其实现的可能路向，以期为学生评价的理论创新和实践改革提供一种新的可能。

(三) 研究创新点

1. 为学生评价理论与实践的研究提供了一种新的分析视角

已有相关的学生评价研究，除了基于一定的哲学、心理学等研究视域外，大多是局限于教育学视域或者学生领域内，基本没有从实践哲学的视角对学生评价进行系统研究的。此外，作为实践性较强的学生评价或多或少地与实践哲学的研究领域存在重叠和交叉，但这种重叠总是以遮蔽实践哲学的研究领域为代价的，人们的关注点大多还是在学生评价如何实践之上，而始终未能抓住学生评价的核心问题，即学生评价实践的育人意义和怎样达到育人的目的。因此，基于这两个方面的考虑，本书选择从实践哲学的视角系统分析学生评价，可算是一种研究视角的创新。

2. 为学生评价理论与实践的发展提供了一些新的解释观点

学生评价作为一种教育实践活动的存在是毋庸置疑的，但其究竟是怎样的一种实践活动，已有研究似乎未给予过多的讨论。在实际的学生评价实践活动之中，人们似乎更多地将其作为一种追求外在利益的功利化实践、一种追求简便控制的管理化实践、一种易于操作的技术化实践或一种凭借个人好恶的情感化实践。正是这些学生评价实践活动的大量存在，发展性或主体性的学生评价理论才会在落地之中不断受阻。从实践哲学的视角分析和考量学生评价这一实践活动，本书在发展性或主体性的学生评价理论基础上，尝试提出学生评价是作为一种德性实践的理论构想，并进而对之进行理论论证。具体而言，学生评价作为一种德性实践，是一种始终服务于育人和发展目的的评价实践，而且学生评价应该发生在一定的德性实践场域之中，人在学生评价实践之中是一种德性的存在，德性也内生于追求良善的学生评价实践活动中，如果这三者得以做到，那么这样的学生评价就是一种德性实践的学生评价。

第一章

概念澄明：学生评价与实践哲学的联结

"概念是我们与世界打交道的重要方式。一方面，概念是外部世界的信息进入心智的一种方式；另一方面，概念是知识的基础，影响着人解决问题的行动。"① 概念的厘定与澄明是研究的基本前提，它影响着研究的深入程度与质量高低。为了更好地明确本研究的基本范畴和指向，有必要在本书的具体语境中对相关概念进行清晰界定，即明确相关概念的基本内涵与基本范畴。根据研究的目的和内容的需要，本章将对"学生评价""实践哲学""德性实践"三个基本概念进行界定。

第一节 学生评价

评价无处不在，无时无刻不存在于人们的实践活动之中，这种实践活动更多的是人们的一种精神活动形式。学生评价是人们对教育领域评价的一种活动形式，它是教育评价的基础环节和核心要件，它不仅直接影响着教师评价、学校评价的发展，也直接用来反映教育教学质量。在认识学生评价之前，需要对评价做一个简单的

---

① 黄子瑶、李平：《概念的功能：表征与概念能力》，《哲学动态》2016年第11期。

理解，以此帮助我们更好地清楚学生评价的含义。

在日常的生活中，评价活动随处可见。人们在对待某一事件或某一人物时，会在不同的时间、地点、情境、心理状态之下做出不一样的态度和行为反应，而人们这时的心理活动就是评价，它象征人们对客观事物价值属性的认识和态度。将人们的评价活动上升到理论层面或哲学的高度，评价就是"一种以揭示客观世界的价值，观念地建构价值世界的认识活动"[1]，是"价值意识朝向客体的对象性精神活动"[2]，它所把握的对象是价值事实，或是"评价主体对由价值主体与价值客体所形成的价值关系的运动变化的状况及其结果的认识"[3]。无论是对评价的何种理解，有一点是共通的，那就是评价作为人们的一种实践活动，它所揭示的不是世界或事件是什么的问题，而是世界或事件对人的价值几何和意义何在的问题。同时，我们还应该认识到人们的评价活动依据不同的层次水平会有不同的评价形式，随着水平的不断上升依次有"本能的生理反应形式、心理水平的评价、理论和观念水平的评价、活动或实践水平的评价"[4]。其中活动或实践水平的评价是对前三种评价形式的综合，它使评价成为一种动态和现实的活动过程，因而它是一种真正彻底和完整的评价形式。而根据评价的价值关系基础可以将其分为规范性评价和超规范性评价，规范性评价是以主客体关系价值为基础的评价，重在根据一定的标准做出价值判断；而超规范性评价是以交往价值关系为基础的评价，它重在对评价的批判和反思。[5] 评价其实是现代社会的一项重要发明与创造。当然这并不是说现代社会以前没有评价活动，而是说自进入

---

[1] 冯平：《评价论》，东方出版社1995年版，第31页。
[2] 李德顺：《价值论——一种主体性的研究》，中国人民大学出版社2013年版，第154页。
[3] 刘志军：《走向理解的课程评价》，中国社会科学出版社2004年版，第48页。
[4] 李德顺：《价值论——一种主体性的研究》，中国人民大学出版社2013年版，第155—156页。
[5] 刘志军：《教育评价的反思和建构》，《教育研究》2004年第2期。

现代社会以来，人们逐渐摒弃了传统社会意识形态和宗教信仰对世界秩序的定义和控制，开始对合理性、科学性和发展性充满了信任和期待，并主动积极地认识到人与社会发展不是一成不变或自发运动的，人们必须通过评价行动来诊断、调控和驾驭人与社会不断地可持续发展。因此，评价作为人们认识世界和改造世界的一种工具，人们不仅可以借助它对社会发展和变革的结果进行分析和评价，也可以利用它为社会发展和变革的过程提供改进的依据。

在对评价这一概念大致了解的基础上，认识学生评价便简单了许多，直白地说，学生评价就是对学生这一对象的评价。但深究来看，学生评价的定义众说纷纭，难以得出一个广泛统一的明确定义。从我国有关学生评价的政策演变与发展来看，学生评价的内涵不断得到丰富与发展。1963年初，中国共产党中央委员会分别颁布了《全日制中学暂行工作条例（草案）》和《全日制小学暂行工作条例（草案）》，其中都规定了学校以教学为主的工作原则，中学教育要"加强基础知识的教学和基本技能的训练"，"小学教育要使学生掌握基本的文化工具和科学知识技能"[1]。2001年，教育部印发《基础教育课程改革纲要》提出，"评价不仅要关注学生的学业成绩，而且要发现和发展学生多方面的潜能，了解学生发展中的需求，帮助学生认识自我，建立自信"[2]。2019年，中共中央、国务院印发《深化新时代教育评价改革总体方案》，其中指出"改革学生评价，促进德智体美劳全面发展""完善德育评价""强化体育评价""改进美育评价""加强劳动教育评价""严格学业标准"[3]。可见，随着政策的不断发展与更新，学生评价从最初多局限于对学生的基础知识和基本技能的评价，到不仅包括学习成绩的评

---

[1] 李国钧、王炳照：《中国教育制度通史》第8卷，山东教育出版社2000版，第315页。
[2] 《教育部关于印发〈基础教育课程改革纲要（试行）〉的通知》，中国政府网，http://www.gov.cn/xinwen/2019-02/23/content_5367987.htm.
[3] 《中共中央国务院印发〈深化新时代教育评价改革总体方案〉》，教育部官网，http://www.moe.gov.cn/jyb_xxgk/moe_1777/moe_1778/202010/t20201013_494381.html.

价，还包括学生多方面发展潜能的评价，再到对学生德智体美劳方面的评价。从课程与教学的关系来看，学生评价又有不同的分属。在过去受苏联影响的大教学和小课程的认识框架下，学生评价不属于课程评价的范畴，而常被作为对教学效果的评价进行理解；在受西方影响的大课程和小教学的认识框架下，教学是课程的实施部分，学生评价隶属于课程评价。① 如果从测量学的角度来看，学生评价是对学生的能力或品质进行定量评价。这些品质主要包括"智力、创造力、拼写能力、科学知识"② 等。但是这种评价是一种不完整、不全面的评价，真正完整的学生评价应该是"评价=测量或非测量+价值判断"③。测量主要是指可以量化的数据部分，非测量主要是指需要进行质性的描述部分，这两者属于一种事实判断，是对学生各方面状况的客观描述，完整的学生评价还需要在此基础上进行一定的价值判定。

　　具体给学生评价下定义，不同研究者有着不同的认识和理解，但都大同小异。有研究者认为，学生评价是对学生个体学习的进展和变化的评价，它包括对学生学业成绩的评定、学生思想品德、个性的评价等方面。④ 与此定义方式相似的还有，学生评价应该包括对学生的学业评价、倾向评价、个性与调整评价、兴趣评价和态度及价值观评价。⑤ 学生评价是以学生为评价对象的教育评价，是评价者依据一定的价值标准对学生的学业成就、个性发展、品德状况、体质体能等方面进行价值判断，并把判断结果反馈于教育实践以改进教学的过程，是对学生学习进展与行为变化的评价。⑥ 还有研究者认为，学生评价是指评价者依据一定的评价标准，对学生个

---

① 柯森、王凯：《学生评价：一种基于新课程改革的探讨》，《当代教育论坛》2004年第8期。
② 瞿葆奎：《教育学文集·教育评价》，人民教育出版社1989年版，第118页。
③ 陈玉琨：《教育评价学》，人民教育出版社2003年版，第8页。
④ 陈玉琨：《教育评价学》，人民教育出版社2003年版，第56页。
⑤ J. N. Anthony, *Educational Assessment of Students*, New Jersey: Merrill Prentice Hall, 2001, p. 15.
⑥ 胡中锋：《教育评价学》，中国人民大学出版社2013年版，第197页。

体学习的进展和变化及其影响因素进行系统分析和价值判断，以期达到教育价值增值的过程。[1] 也有研究者认为，学生评价是在系统地、科学地和全面地收集、整理、处理和分析学生信息的基础上，对学生发展和变化的价值做出判断的过程，目的在于促进教育和教学改革，促进学生全面发展。[2] 以上对学生评价的定义大都认为学生评价是对学生智育、德育等多方面内容的评价，所以根据以上对学生评价的理解，我们认为学生评价是在系统和全面地收集、处理和分析学生信息的基础上，依据一定的价值标准，运用多种科学且可行的方法，对学生的课业、思想品德、身体素质、心理素质和综合能力等方面的发展和变化进行评价，目的在于促进学生的全面发展，提高教师的教学质量。[3]

第二节 实践哲学

在中国哲学史上并没有实践哲学一词，但与实践相近意义的"行"则贯穿于中国哲学的历史长河中。"在中国哲学中，'行'一方面涉及广义上的'赞天地之化育'、'制天命而用之'，另一方面又更多地侧重于成己和成物，尤其是成己（成就人自身）的过程。"[4] "行"与成己和成物中的"成"都是一个动态和变化的概念，具有生成之义，这本身与实践哲学是相通的。此外，内圣外王之道不仅是儒家千年不断追求的政治理想，也构成了中国儒家实践哲学的基本核心内容和基本特质，如孟子"力图将个人修身养性的伦理道德实践和治国平天下的社会政治实践有机地统一起来。不仅要独善其身，更且要兼善天下；不仅要修身见于世，更且要泽加于民"[5]。仅因其

---

[1] 肖远军：《教育评价原理及应用》，浙江大学出版社1999年版，第135页。
[2] 金娣、王刚：《教育评价与测量》，教育科学出版社2002年版，第296页。
[3] 刘志军：《教育评价》，北京师范大学出版社2018年版，第201页。
[4] 杨国荣：《谈实践哲学》，《中华读书报》2013年2月6日第10版。
[5] 郑臣：《内圣外王之道——孟子实践哲学思想初探》，《社会科学家》2012年第10期。

这一主张，便可说孟子的儒家学说在一定程度上是实践哲学。如果说孟子的实践哲学只停留在理论层面而其实践价值被质疑的话，那么王阳明则用一生的个人修养实践和社会政治实践很好地证明了内圣外王之道的可实现性，更证明了中国实践哲学的实践价值。只是受西方实践哲学的输入和影响，中国传统的实践哲学才逐渐式微，但随着中华民族的伟大复兴，中国实践哲学的价值终将会再次彰显。

在西方哲学史上，亚里士多德被视为实践哲学的奠基人，他第一次将实践哲学规范化和体系化。亚里士多德的实践哲学首先建立在对实践概念内涵的分析和解释的基础之上，并着重强调"善"在其实践哲学中的价值，而且"包含了重要的对于具体世界的关怀，从而体现了对于实践智慧的高度重视，也表达了实践哲学对于实践主体的依赖性"①。在亚里士多德这里，"实践哲学关注的是人类正确生活的方式和目的，其任务就是运用现实中流行的善和幸福生活的概念来分析人们的实践行为和日常生活，并指导人们依照伦理之知在具体生活实践处境中进行正确的伦理——政治活动（自由选择生活的可能性）"②。

康德是近代实践哲学的集大成者，实践哲学在他这里发生了一次重要转向，即从客体论的思维方式转向主体论的思维方式，③ 高

---

① 武建敏：《马克思法哲学的当代阐释》，中国检察出版社2013年版，第14页。
② 张能为：《理解的实践——伽达默尔实践哲学研究》，人民出版社2002年版，第97页。
③ 在西方实践哲学史上，亚里士多德、康德和马克思的实践哲学分别代表着实践哲学的三次变革。这主要体现在思维方式之上。亚里士多德将人的活动分为理论的、实践的和创制的，进而将知识分为理论知识、实践知识和技艺知识，并据此构建了自己的实践哲学体系，这种构建思维方式是从客观的活动和知识作为逻辑起点，本质上是一种客体论的思维方式。康德将人的认识能力分为感性、知性和理性，并认为客观或自然规律的认识由人的感性和知性能力的结合就可以完成，而对于人的实践活动——伦理、政治、宗教等活动的认识只能由人的理性能力进行把握，可见康德是从人的主体性出发构建实践哲学体系的，这与亚里士多德的构建思维完全不同，属于一种主体论的思维方式。马克思则是在批判传统西方哲学思维方式的弊端基础上，从人与自然、主观与客观、主观性与客观性等在现实活动中的相互作用关系出发，进而提出包括劳动实践、理论实践、经济实践、政治实践、伦理实践、技术实践、文化实践等在内的庞大实践哲学体系，这种思维方式本质上是一种主客体关系论的思维方式。

扬了人的主体性；从自身意识转向法则意识，突出了实践法则的先验性。康德实践哲学沿袭了亚里士多德的实践哲学思路，将实践仅仅限定在道德和政治活动领域，而且也多从"应当如何"和"应该做到"的角度和概念分析实践，具有一定的理想性。康德对于"应当"概念的强调与他从普遍的准则和法则等方面讨论道德实践得以实现的可能条件的主张是一致的，而且在这些可能的条件中，最根本的是诸如实践理性具有先验意义的普遍条件。"所以他的着眼点是如何用普遍的法则来担保实践的展开，强调实践过程的展开需要有普遍法则的引导。康德对具体行动的展开背景、情景和关联等等，未能做切实的考察。"[①] 而这个普遍的法则则是自由，因为在康德看来，道德实践是从纯粹的道德律开始的实践，在这一实践中，理性自我不是被外在事物所限制和规定的，而是由自己所颁布的绝对命令和普遍法则所规定的，这就是康德所言的自由概念。康德虽然将实践和自由必然地联系在一起，但这个自由并不是马克思哲学强调人类全面自由发展的自由，而是一种自己和个人某些方面的片面自由。这样看来，康德的实践哲学在一定程度上还是一种理论哲学或者形而上学，并未对具体的个人实践和社会实践做具体阐发，其最大的价值在于"为人类的教育、技术活动、经济活动、社会交往和政治生活等具体的实践样式提供了一种价值目标的引导，从而使我们的社会实践活动既受到道德法则的最高约束，也推动它们朝着人类总体道德化这一目标不断取得进展"[②]。

黑格尔在批判康德实践哲学的基础上，极大地推动了实践哲学的发展。"如果说康德剥离出纯粹自我意识，强调了道德意识的自主性、主体性，那么黑格尔则在自我意识理论中确立了互主体性的

---

① 冯琳、宋锡同：《实践哲学的"史"与"思"——杨国荣教授学术访谈》，《江汉论坛》2013年第11期。

② 詹世友、傅适也：《康德的"实践"概念格义》，《华中科技大学学报》（社会科学版）2017年第1期。

原则，强调了理性与历史的综合，并使互主体性成为其实践哲学也是历史哲学的核心观念。"① 具体则体现在两者对于自由概念有着不同的解释，自由在康德的实践哲学中被理解为一种纯粹化的自我规定，它使道德实践的依据仅仅限于纯粹自我，而排除了经验性的他者，而在先验的层面，自我和他者都是一个纯粹的理性者而没有差别。但黑格尔认为自我和他者无论是在经验意义上还是先验层面上都具有本质的差别。因而，"自我规定不仅仅在于自我的纯粹化，不仅仅在于经验自我和纯粹理性自我之间的关系，它更是自我和他者之间的关系；自由并不是摆脱他者的单纯自我，在自由中本质地存在着他者"②。也就是说，自我的自由和他者的自由不仅仅是一种自我规定的自由，也是自我与他者相互承认的自由。此外，黑格尔在对自由理解的基础上，提出了"合理的即是现实的，现实的即是合理的"的论题，这一论题具有思辨和实践的双重意义，尤其是认识到实践哲学对现实劳动实践关注和分析的价值，而并不仅限于在道德实践的形而上学领域。"思辨的意义是指，哲学的智慧在于沉思事物的内在的合理本质，而非停留在他们的偶然表象之上。实践的意义则指，合乎理性的行动并非出于独立于现实的东西确立的那些理想和原则，而是出于对现实东西的合乎理性的把握。"③ 因为黑格尔的实践哲学在根本上是一种唯心主义，所以他言说的现实劳动实践活动也限于精神和观念活动，而不是现实的人类劳动。

马克思在深刻分析和批判前人实践哲学的基础上，通过对个人实践和社会实践的考察，构建了属于自己的实践哲学，并推动了实践哲学的第三次变革。在马克思主义哲学史上，拉布里奥拉在《关于历史唯物主义》中第一次将马克思主义哲学称为实践哲学，深刻

---

① 郁建兴：《实践哲学的复兴与黑格尔哲学的新发现》，《浙江社会科学》1999 年第 5 期。
② 丁三东：《"承认"：黑格尔实践哲学的复兴》，《世界哲学》2007 年第 2 期。
③ [美] 伍德（Allen W. Wood）：《黑格尔的伦理思想》，知识产权出版社 2016 年版，第 23—24 页。

地揭示了马克思实践哲学的本质。他不仅认为实践哲学是马克思历史唯物主义的核心,还主张实践哲学是马克思主义哲学认识论的方法论,即"一切思维都是对实践活动的一种强化,借助于一定的方法论把实践的经验材料加以净化,并对实践活动进行指导,因而,思维不是进行被动的反映,而是一种创造性的环节,其能动性在于能把认识与实践、劳动活动和人们的社会交往紧紧地结合起来,通过实践活动,思想、认识被作为一种成熟的、有价值的东西确定下来,表明获得了科学的认识"[1]。马克思的实践哲学绝不是一种概念演绎、理论推理和逻辑论证的结果,而是基于资本主义工业大生产的现实实践活动,也正因为如此,马克思实践哲学中的实践概念并不属于抽象的形而上学范畴,而是与具体的社会关系一直紧密相连的。而且,马克思是将实践提升到本体意义之上进行认识和考察的,其实践哲学也是在本体论上完成的,这区别于以往的实践哲学。马克思在其《关于费尔巴哈的提纲》中,"进一步把实践界定为人的现实的感性活动,从而使实践概念成为马克思实践哲学有别于以往任何哲学的理论出发点,成为一个本体论范畴"[2]。在马克思的实践哲学中,自由仍然是一个重要的概念,但这个自由相比康德和黑格尔的实践哲学的自由有了飞跃性发展和进步。在马克思看来,人的活动类型是多种多样的,活动内容又是丰富多彩的,诸多活动总归于人类社会的物质和精神两大领域之中。但无论是物质领域的实践活动,还是精神领域的实践活动,人的活动才是实践存在的根本基础和中心原则。这里的人不是指抽象和虚幻的人,更不是形而上学和概念图式中的人,而是生活在社会历史进程中现实感性的活动的人,这个人及其实践活动都承受着来自历史和社会的规约和限制;对于自由而言,现实的人就是要突破来自多样的社会历史实践活动中的自身内外的各种束缚和压迫,从而实现自身全面自由

---

[1] 李淮春:《马克思主义哲学全书》,中国人民大学出版社1996年版,第632页。
[2] 阎孟伟:《马克思的实践哲学及其理论形态》,《哲学研究》2012年第3期。

地发展。也许会有人质疑马克思实践哲学中的自由是一种乌托邦式的自由,一种不切实际的自由,但事实上人确实是在不同的历史阶段、不同的社会情境中不同程度地实现着一定程度的自由,也就是说马克思实践哲学中所言的自由是变化发展的自由,是一种预示社会不断发展和文明的自由,也是一种在具体的社会历史阶段中辩证统一的自由,更是一种推动人类不断走向良善实践活动的自由。所以,马克思的实践哲学"以现实人作为出发点,通过实践实现对于现实的变革,最终目标直指人的解放,这种实践观意味着对于哲学思想的一次根本变革,哲学首次以现实的人为出发点,具备了研究人类本质的真实基础,不再停留于外在理性这种虚幻的空壳上"[①]。

在现代西方哲学中,整个西方哲学发生了一个重要转向,就是从认识论转向实践哲学,不同的哲学流派都或多或少地发展和构建出了体现自身哲学流派思想的实践哲学。总体来看,有如海德格尔等存在主义哲学家基于对存在概念的诠释建立的存在实践哲学;伽达默尔基于解释学的理解建立的解释实践哲学;阿伦特基于其政治哲学中行动的认识构建的行动实践哲学;麦金太尔则基于其伦理学和政治学的观点构建了德性实践哲学,如此等等。而在这些诸多实践哲学中,马克思的实践哲学是西方哲学转向实践哲学最为彻底和成功的典范,因为虽然现代实践哲学都较之以往更多关注实践,但他们所理解、认识和建构的实践还具有较强的思辨意味,理论哲学的味道较为浓厚,而马克思的实践哲学则是以实践为核心基础的实践哲学。

根据对实践哲学的发展历史的梳理,从不同的视角可以对实践哲学的概念做以下理解。

对于与理论哲学和思辨哲学相对的实践哲学而言,西方哲学从柏拉图到黑格尔一直都是偏重思辨和逻辑的理论哲学占据着重要位

---

① 王罕哲:《马克思实践哲学研究》,博士学位论文,黑龙江大学,2016年。

置，总是试图运用逻辑推理和逻辑论证等方法建构概念范畴体系，寻求某种先验实体和终极真理，以此实现对世界和人做出圆满的解释和说明。由此，形而上学、认识论、语言哲学等可归于理论哲学。而实践哲学则"否定思辨哲学的追求目标，反对感觉世界和超感觉世界的划分和对立，尤其反对将超感觉世界看作是真实的存在、真正的实在；它以'意义论'取代'终极论'；强调面向'事物本身'，返回'生活世界'，取代超感知世界；它不再致力于建构大而全的概念范畴体系，而是强调行为、实践的首要性"[1]。在这种意义上伦理学、政治哲学以及各种应用哲学都可算作实践哲学。

作为知识学科的实践哲学则是"西方古典哲学体系中的伦理部分关于行动的原则和规范的学说"[2]。如亚里士多德的《尼各马克伦理学》、斯宾诺莎的《伦理学》、康德的《实践理性批判》、麦金太尔的《德性之后》等。作为一种哲学思潮的理解，实践哲学是"现代资产阶级哲学中反对唯物主义和科学的一种广泛的思潮。如尼采主义、实用主义、柏格森的生命哲学、存在主义及其他与此相近的学派"[3]。在实践基础上形成的实践哲学，亦有不同的含义。一种指有关实践活动的哲学探讨，跟语言哲学、艺术哲学、科学哲学一样的可入门类哲学；另一种则指以实践活动为本原的哲学观，属本体论性质的哲学构建。[4] 在第一层意义上，教育哲学就是一种实践哲学；在第二层意义上，马克思的实践哲学就是一种属于本体论意义的构建。

从研究对象——人的实践行为来考察。狭义的实践哲学"主要研究意识中实践的结构条件和关系，尤其是人的正确行为的原则"[5]。它关心的是人应该做什么和能做什么。"广义的实践哲学不

---

[1] 黄颂杰：《西方哲学论集》，上海人民出版社2016年版，第475—476页。
[2] 李水海：《世界伦理道德辞典》，陕西人民出版社1990年版，第799页。
[3] 李水海：《世界伦理道德辞典》，陕西人民出版社1990年版，第799页。
[4] 《陈伯海文集》第5卷，上海社会科学院出版社2015年版，第391页。
[5] 冯契：《哲学大辞典（下）》，上海辞书出版社2007年版，第1337页。

是具体实践的指南,而是对实践基础性的理论研究,是对现实的,以及可能的实践条件、要求和可能性的反思。亦即是对人的实践行为广泛的哲学批判与反思。"① 或者说从实践主体方面来说,实践哲学既包括实践主体对于实践客体——世界或事件等认识或理解的实践,也包括实践主体与其他实践主体之间交往的实践,认识实践是交往实践的前提和基础,交往实践是认识实践的升华和提高,实践哲学就是在人的认识实践和交往实践的循环往复之中不断得到提炼、改进和发展的。

从思维方式和方法论上理解,马克思实践哲学是一种崭新的不同于旧哲学认识世界和改造世界的抽象的本体论的思维方式,即以社会的、历史的、现实的、总体的人为特征的全新思维方式。"实践哲学并不脱离现实,而要理解这一点,又必须根据历史主义的思维去揭示它的内在性质,才能达到理论和实践的具体统一。"② 同时,实践哲学还需要一种人学的思维方式,只有这种思维方式才能将理论更好地带入和走进人的现实生活,才能推动人不断地在实践中形成冲破限制而实现自由个性发展的自觉意识,并将之践行在社会实践中,从而推动全人类的自由解放和发展。

综上而言,实践哲学是一个较为复杂的概念,不同的层次和视角有着不同的理解,想要给其规定一个具体的定义确实是难以实现的。但总体看来,实践哲学不仅是一种新的思维方式和方法论,也是一种致力于研究人的实践活动的哲学形态,其"功能目标大致有二:一是要通过实践为主体的人营造更为合适的生活环境,二是要在实践中发展和深化人的趋向自由的本性"③。结合实践哲学发展的历史,本研究所理解的实践哲学是在马克思实践哲学的视域和范畴之内的理解,即实践哲学是关于实践的哲学和作为实

---

① 冯契:《哲学大辞典(下)》,上海辞书出版社2007年版,第1337页。
② 李楠明:《实践哲学是一种新的哲学形态和思维方式》,《东岳论丛》2001年第4期。
③ 《陈伯海文集》第5卷,上海社会科学院出版社2015年版,第394页。

践的哲学的统一,① 是理论与实践的统一,是体与用的统一,是认识实践和交往实践的统一,是不断促使人全面自由发展和实践趋于良善的统一。关于实践的哲学是对人的实践活动的理论阐释,这是一种对实践的理论认识,是实践的"体";作为实践的哲学是关于实践的哲学对人的实践活动产生实际的作用和影响,这是一种由实践的哲学理论在实际的生活中实实在在地指导和规约的实践,是实践的"用"。"任何堪称实践哲学的学说总要提供一套关于实践的独到理论见解;任何号称实践哲学的学说也总要依其学说实际地对人们的实践发生影响,从而使关于实践的哲学和作为实践的哲学在特定语境中达成一致,形成不同的实践哲学范式。"② 需要说明的是,从一般意义上来说,人们的任何一种实践活动背后都或多或少地受着某种实践哲学的影响,如技术实践背后就有技术实践哲学的观照、功利实践背后就有功利实践哲学的影响,但本书所说的实践哲学并非包含这些广义上的实践哲学,而是指"关于伦理、政治、经济等人类实践的思辨研究,有别于人类实践进行经验研究的科学"③。而且实践哲学是以促进人的德性增长、社会正义和人的发展为主要目的的,如亚里士多德、康德、黑格尔、马克思、杜威、海德格尔、麦金太尔等人的实践哲学当属此列。

---

① 在这一理解中,实践哲学必然包含两个面向:一是关于实践的哲学,即对实践的理论解释;二是作为实践的哲学,即实际地对人们的实践发生影响。在这一解释系统之下,学生评价理论与实践相互脱节以及学生评价实践活动中德性彰显不足的问题,既需要对这一实践问题的理论诠释和理论解决,也需要在实践中对人们的学生评价实践发生着实际影响,在实践中做到理论与实践相结合,做到德性的彰显,使其既在理论层面,又在实践层面得到根本解决,选择实践哲学这一视角更加契合本研究的主题和需要,也更易于问题的解决。参见徐长福《关于实践的哲学与作为实践的哲学——中国马克思主义实践哲学范式的危机与出路》,《学习与探索》2008 年第 6 期。

② 徐长福:《关于实践的哲学与作为实践的哲学——中国马克思主义实践哲学范式的危机与出路》,《学习与探索》2008 年第 6 期。

③ 徐长福:《实践哲学的术语考释与学科素描》,《天津社会科学》2020 年第 5 期。

第三节　德性实践

德性是中西方伦理学研究不可避免的概念和命题之一，无论是在西方哲学家那里还是在东方哲学家眼里，德性无疑是一个需要重点探究的论题。

从词源学的意义上看，西方语境中的德性主要有古希腊的 ἀρετή（arete）、英语世界的 virtue 和德语世界中的 tugend 或 sittlichkeit。古希腊语 arete 的词源学含义为优越性和强力优胜性之意，在荷马史诗中主要指"人的力量等优秀品质，也可以指任何事物的优良品质，西方一些研究者把它理解为功能、作用"[①]。而且在一定的社会环境中，"判断一个人的德性和恶的依据，在于他在具体环境中所做的具体行为；因为德性就是维持一个充当某种角色的自由人的那些品质，德性就表现在他的角色所要求的行为中"[②]。雅典社会的德性则是依据城邦而存在的，他们认为"德行的实践是在城邦这个环境中进行的，而且依据城邦，德性才可能得到界定"[③]。其中，柏拉图认为"德性即知识"，他在《理想国》中说道："统治者、护卫者和工匠的德性分别是智慧、勇敢和节制，如果它们各自为业并拥有德性，整个城邦就是正义的城邦，而灵魂在智慧的控制下就具有节制、勇敢和正义的德性。"[④] 在亚里士多德的德性概念中，它将这一概念泛化并用于所有生命物及其实现活动，即"德性是使得一个事物状态好并使得其实现活动完成得好的品质"[⑤]。狭义

[①] 叶秀山：《苏格拉底及其哲学思想》，人民出版社 1986 年版，第 129 页。
[②] [美] A. 麦金太尔：《德性之后》，龚群等译，中国社会科学出版社 1995 年版，第 154 页。
[③] [美] A. 麦金太尔：《德性之后》，龚群等译，中国社会科学出版社 1995 年版，第 170 页。
[④] 何祥迪：《柏拉图德性伦理学的基础和原则》，《华中科技大学学报》（社会科学版）2013 年第 2 期。
[⑤] [古希腊] 亚里士多德：《尼各马可伦理学》，廖申白译注，商务印书馆 2019 年版，译注者序第 30 页。

上的德性则是使一个人好并使他的实现活动完成得好的品质，如正义、节制、勇敢等品格。至于古希腊语境的德性从何而来，其本质意义源自何方，也是值得探究的。在古希腊时代，哲学家们都醉心于对世界本原的探索，最具有代表性和流行的观点便是世界的本原物质是逻各斯（λóyos），逻各斯具有普遍性、永恒性、固定性和唯一性的特征，它主宰着一切，也是世界万物产生的本原与根据，柏拉图的理念概念本质上也是一种逻各斯。据此理解，古希腊的德性并不是由人的理性或者其他物质决定和产生的，而是源自逻各斯和理念这种最本原性的东西。如"勇敢之所以能成为古希腊的一个最重要的德性，最重要的原因在于它一方面体现了 logos、人的灵魂的力量，另一方面又很好地凝聚了人的精神品质"[①]。

英语世界的德性（virtue），其基本含义有以下几点："①善，德，德行，美德，善行；②节操，贞操；③优点，长处，价值；④效能，性能，效力，功效；⑤（男子的）力，刚毅，英勇；⑥（复）第七级天使。"[②] 从这一定义中还是可以看出，英语世界的德性同古希腊的德性的相同点在于都包含力量、功能和优秀的品质，其不同则在于英语世界的德性主要指的是人的德行和美德，其中隐含着人的生命性和生命力量的意蕴，而古希腊的德性则包含人和物。在中世纪经院哲学的理解中，所谓的德性（virtue）在《旧约》中突出对热爱上帝并遵其指引的内涵，在《新约》中具体化为"信""希望""爱"三种主导的美德。[③] 休谟则基于经验主义、情感主义和功利主义的理解，认为德性的外在作用才是有效的，如快乐等更多的是来自道德情感。"他认为把德性之外在的或手段的善，理解为具有明显功利意义的'效用'一词来表述是理所当然的

---

① 黎松：《德性的"精神"气质》，博士学位论文，东南大学，2017年。
② 黑龙江大学英语辞书研究室：《英汉科技大词库（第四卷 S‒Z）》，黑龙江人民出版社 1988 年版，第 7589 页。
③ 李乐：《"仁"字英译的哲学诠释》，《浙江外国语学院学报》2015 年第 2 期。

事情，这样可以充分说明德性之'有用的'功能和令人愉悦的效用。"① 近代情感主义伦理便沿着这一理解将德性解释为一种情感。斯宾诺莎则把德性等同为力量，他说"我把德性和力量理解为同一的东西"②，即"德性，就其与人相关联而言，是指人的本质或本性本身，就人具有力量去实现某种从他本真本性的单纯法则中才可理解的东西而言"③。斯宾诺莎对德性的理解更强调了人的理性力量的规约和指引。无论是理性主义传统，还是非理性主义思想，英语世界中的德性（virtue）概念中都包含一种力量、优越和功能的含义，更多指人的某种品质，但是这种力量和功能的发挥或这种品质的彰显不仅需要人的理性进行把握，也需要人的非理性精神去引领和实现，即 virtue 更强调人的精神作用，只有利用某种精神的力量和作用才能将人的德性更好地彰显和表现出来。

德语世界中的 tugend 或 sittlichkeit 是康德伦理学中两个重要的术语和概念，两者都可译作德性，但两者也略有差异。在康德看来，tugend"是一切只要在我们看来可能值得期望的东西，因而也是我们一切谋求幸福的努力的至上条件，因而是至上的善"④。其中对于至上条件的强调，使这一概念更倾向于一种内在品质，一种道德意向或道德力量，从这一点来看是比较符合古希腊意义上的德性。其次，这一概念除了强调个人身上优良和美好的品质，同时也强调德性的经验性和可观察性，即个人可以被观察到和被看到的德性外在行为表现，但这种德性又是人们不可能完全达到至善的，因而对于人们来说，这种德性也是有限理性存在者的品质。相比 tugend，Sittlichkeit"远非经验性的'行事风格'或'生活方式'，而是建立在先天原则之上可以起到移风化俗作用的理性概念……毕竟

---

① 萨·巴特尔：《论休谟的德性效用价值论》，《北京师范大学学报》（社会科学版）2008年第6期。
② ［荷兰］斯宾诺莎：《伦理学》，贺麟译，商务印书馆1983年版，第171页。
③ 邓安庆：《第一哲学作为伦理学——以斯宾诺莎为例》，《道德与文明》2015年第3期。
④ ［德］康德：《实践理性批判》，邓晓芒译，人民出版社2004年版，第151页。

还属于'真正的德性（Tugend）'"①。这一德性概念更强调的是一种道德生活和道德实践，它与实践的关系更为紧密一些，或者说这一概念更具有德性实践的意味，它不过于强调德性的内在品质，而注重人的有道德的实践，译为德行更为妥当一些。但不管是哪一种德性，虽然它们的侧重点不同，但都彼此包含德性品质和德性实践，因为两者离开了谁，德性概念都将会是不完整的和片面的，而且两个德性的概念其中也都包含着理性要素和非理性精神在内。

在中国语境中，德性之义最初是由"德"字所表达的。"德"从词源上来看，是由"走""直""心"构成，是一种典型的会意字，"走"表达了德字是一种活动和实践的意味，也就是说德是人类的一种实践活动；"心"则又隐含地表达了德与人的内心精神和内在品质是紧密相连和不可分离的，人在进行德性实践活动时，也要遵循人的内心和良心；"直"则是表示眼睛向前看，它在一定程度上也表示德性实践活动朝向积极的方向发展，即做对的和好的事情。因此，一个"德"字便具有美好品质、优越性和德性实践多重之义。将德与性连用成为一个词语来诠释是从《中庸》开始的，其中写道"故君子尊德性而道问学，致广大而尽精微，极高明而道中庸"②，其义大致为君子不仅要尊奉和秉持德性，也要注重学问的积累，既要有树立广大精微的道德和学问理想，又要坚持奉行中庸的德性实践。由此可见，这里的德性更多的是遵循我国传统伦理概念的逻辑思路，即"'德性'（理智德性）只是人及其实现活动的一种过程或手段；而'德行'（道德德性）才是人及其实现活动的目的本身"③。综合以上我国语境中的德性概念诠释，可以看出德性是一种德学与德行紧密结合而成的概念，离开道德学问谈论德性实

---

① 张晓明：《康德"德性"概念的三个层次——论Tugend、Sittlichkeit、Moralität三个术语的异同》，《道德与文明》2016年第5期。

② 朱熹：《四书章句集注》，中华书局2015年版，第36页。

③ 萨·巴特尔：《关于德性与德行的一种思考》，《北京师范大学学报》（社会科学版）2007年第5期。

践，是一种不明所以和难以长进的德性实践；离开德性实践谈论道德学问则是一种空洞乏味的道德论证和道德概念，这也说明了德性是内在包含实践的能动性和实质性概念。对于德性的来源问题，中国哲学有着自己的理解，如德性来源于天，德性即天性。孟子有云："恻隐之心，仁之端也；羞恶之心，义之端也；辞让之心，礼之端也；是非之心，智之端也。人之有是四端也，犹其有四体也。"① 仁义礼智是儒家哲学中最重要的德性，孟子认为它们的来源同人的四体一样都是与生俱来和生而有之的。或者德性源于道，老子云："道生之，德畜之，物形之，势成之。是以万物莫不尊道而贵德。"② 道生世间万物，德养世间万物，道是万物本原，德性莫不由道而生，这与古希腊德性由逻各斯这一世界本原产生较为相似。不管德性是由天或道产生，德性之于人的意义都是巨大而不可或缺的。

综合中西方不同语境下的德性概念的理解，可以概括和总结它们的共同点。其一，德性是人的一种内在品质和精神形态，这一品质和精神构成了使人成为人的内在本质规定性。虽然中西方古代的德性在广泛意义上具有万物皆有之意，但是在文化意义上只有人才会具有理智德性和品格德行，这一文化意义上的德性使人成为人而区别于其他物种，而且这一品质具有内在性和稳定性，非他物强加而成，而是人的自觉自愿养成。其二，德性是道德智识和道德行为的统一。道德智识是人的内在道德精神产生的基础，是人进行道德行为的力量来源和动力源泉，而道德行为则是可以反过来涵养和提升道德智识，两者缺少其一，德性都会成为一个不完整的概念。其三，德性具有很强的实践品性。中西方的德性文化传统，大都认为德性与实践是紧密相连的，虽然从本体上来看德性是源于一种本原，但其最终还是要付诸实践活动，并在实践活动中实现德性的彰

---

① 杨伯峻：《孟子译注》，中华书局1960年版，第79—80页。
② 李存山：《老子》，中州古籍出版社2008年版，第111页。

显和提升。其四,德性具有可教性,并具有一定的知识和智慧基础。德性不仅要在实践中涵养,也需要道德教育的参与和道德知识的教化,如柏拉图的美德即知识,以及一部分儒家学者认为德性来自后天的教化,都是强调了德性的教育性和可教性。其五,德性具有一定的生命力量和精神力量,它内嵌于人的生命活动中,需要人们用其生命和精神的力量去支撑和践行。其六,德性具有一定的历史性、传统性和继承性。不同的历史背景之下具有不同的德性解释和德性纲目,但后来的德性总是承接于先前德性的影响,"德性的运用总是需要接受有关社会和道德生活的某些特征的某种先前的论点,并且必须依据这种论点来对德性进行界说和解释"[①]。此外,德性并非一种抽象的概念,而是具有一定的德目表,如西方的智慧、正义、节制和勇敢等,我国的仁、义、礼、智、信等。综上而言,我们将德性定义为每个人通过先天作用、后天教化和习惯性实践综合作用而获得的品质,它是人之所以为人的内在本质规定性,是人在实践活动中获得内在利益和达至良善实践的内在动力和精神支持。在本书中,德性是一个褒义积极的词汇,指的是美好的和高尚的品德,并具有一定的卓越性、优秀性和真善美品性。

从以上对德性概念的考察可以发现,德性与实践是不可分离的概念,两者是相互嵌入和紧密相连的,在某种意义上德性就等同于德性实践。对于德性实践的内涵主要有两种观点:其一,德性内在于实践之中,它有一种实践的目的,即人们认识德性的目的在于通过实践而获得德性。在亚里士多德看来,"人的活动是灵魂的一种合乎逻各斯的实现活动与实践,且一个好人的活动就是良好地、高贵地完善这种活动;如果一种活动在以合乎它特有的德性的方式完成时就是完成得良好的"[②]。也就是说每个人都需要通过实践来获得

[①] [美] A. 麦金太尔:《德性之后》,龚群等译,中国社会科学出版社1995年版,第236页。
[②] [古希腊] 亚里士多德:《尼各马可伦理学》,廖申白译注,商务印书馆2019年版,第20页。

良好而优越的德性和幸福,每个人也在为实现这种德性和幸福而终日实践和活动着。"每个人都在为自己的成德而操劳,努力使自己成为更优秀或更有美德的人。在进行勇敢、慷慨、正义以及友爱这些惠及他者的美德活动中,也同时成就了自己的幸福或美德生活。"①

其二,德性是人在实践活动中获得内在善和内在利益的必要条件,或者是实践活动达至一种良善状态的前提条件和重要保障,即"德性在意向、情感等方面展现为善的定势,同时又蕴含了理性辨析的能力及道德认识的内容,它为道德实践提供了内在的根据"②。麦金太尔意义上的德性实践便是如此,他说:"通过任何一种连贯的、复杂的、有着社会稳定性的人类协作活动方式,在力图达到那些卓越的标准——这些标准既适合于某种特定的活动方式,也对这种活动方式具有部分决定性——的过程中,这种活动方式的内在利益就可以获得,其结果是,与这种活动和追求不可分离的,为实现卓越的人的力量,以及人的目的和利益观念都系统地扩展了。"③ 这种认识承认内在善内在于实践活动之中,并通过实践活动得以实现,只是这种内在善的范围有所拓展,不仅仅指优秀,只要是人们获得如快乐、幸福、道德等内在利益就都属于内在善的范畴。同时,麦金太尔也将实践活动的范围进行了拓展,其不仅仅局限于伦理或政治领域,像球赛、建筑学、绘画、音乐等都可算作实践活动。而且,在这种意义上,人的实践活动的目的不再是获得德性,而是通过富有德性的和相互协作的实践活动获得内在利益和内在善。此种观点比较适合我国德性实践的含义。在我们这里,很少会说德性实践,而是常用道德实践用以表达此种意义,即道德实践必

---

① 郝亿春:《美德与实践——在亚里士多德与麦金泰尔之间》,《哲学动态》2014年第11期。
② 杨国荣:《道德系统中的德性》,《中国社会科学》2000年第3期。
③ [美] A.麦金太尔:《德性之后》,龚群等译,中国社会科学出版社1995年版,第237页。

然要对道德原则或者道德德目进行理解，如对仁、义、礼、智、信的理解，"则意味着把握普遍的价值原则和道德原则，并由此从普遍的层面引导人的行为"①。换言之，像仁义等德性成为人走向良善实践和获得内在善的重要保障和条件，但这种观点并不反对在良善的实践活动中涵养和提升德性。

结合以上两种对德性实践的理解，本研究认为，德性实践是在一定的历史背景和时代境遇下，人们通过关系性和协作性的实践方式，在追求卓越、优秀等标准和服从规则、规范的过程中，能够获得德性增长、达至良善等内在利益的活动。在这一定义之下，"德性实践的意义不仅在于德性可以帮助人们恰当地从事相应的社会活动，更重要的在于德性可以帮助人们正确地面对和处理实践中可能遭遇的各种诱惑和伤害，可以支撑人们始终坚持对善和至善的追求与实践"②。

第四节　德性实践：学生评价与实践哲学的联结

从哲学的范畴角度来看，评价是人的一种认识活动，它区别于一般追问事物是什么和获得知识的认知活动，而是一种"以把握世界的意义或价值为目的的认识活动"③，也就是它的目的不在于追问关于事物的知识，而在于把握事物之于人的价值和意义。它构成了人的认知与实践沟通和联结的中介，这是因为人们的实践总是建立在对事物本身客观规律的认识和对事物之于人的价值意义的把握的基础上，对事物客观规律的认识属于认知范畴，对事物之于人的价

---

① 杨国荣：《伦理生活与道德实践》，《学术月刊》2014年第3期。
② 张夏青：《品格教育的伦理学基础：反思与批判》，《山西大学学报》（哲学社会科学版）2015年第2期。
③ 冯平：《评价论》，东方出版社1995年版，第30页。

值意义的把握则属于评价范畴,人们认识世界和改造世界总是需要把握世界之于人的价值意义,即人们的实践总是建立在合规律和合目的的基础之上。因而,无论是哲学范畴内的评价,抑或实践中的评价,它总是与实践相连,或者从某种意义来说,评价就是一种实践哲学。从教育学范畴来讲,最初教育学是从属于哲学这一母体的,加上教育学强烈的实践性,以至于最初的教育学就是一种实践哲学,亚里士多德便持有此种观点。亚里士多德意义上的"实践哲学是实践的,而非理论的和创制的,那么实践哲学就必然是以'成人'为目的的教育学,就必然是以促进人之德性养成的'实践教育学'"[①]。对于学生评价而言,无论是基于评价的视角,还是从教育学的视域来看,它都与实践哲学存在着千丝万缕的联系,具体说来,主要有着历史联结、内在联结和关系联结三种关系。

一 本原:学生评价与实践哲学的历史联结

学生评价和实践哲学作为两个独立的概念,其产生和发展都是在一定的历史轨道中进行的,都具有一定的历史性。从历史发展的角度来看,两者并不是独立发展的,而是具有一定的关联和纠缠,尤其从本原的意义上来看,学生评价与实践哲学一直存在着历史联结。自学校产生以来,对于学生的评价活动便一直存在。我国最早的教育著作《学记》中对学生评价就有记载:"比年入学,中年考校。一年视离经辨志;三年视敬业乐群;五年视博习亲师;七年视论学取友,谓之小成。九年知类通达,强立而不反,谓之大成。"其中不仅对学生的学业知识、学习志向、学习能力的评价,还包括对学生尊师交友等社会交往关系及实践活动的评价,其中蕴含着丰富的伦理与道德意蕴。可以说,这时的学生评价已经关注学生在从政为官或进入社会之前所应该具备的政治实践和伦理实践能力,以

---

① 李长伟:《实践哲学视野中的教育学演进》,湖北科学技术出版社2012年版,第21页。

及必备的伦理素养和道德素质。可见，这时的学生评价就与实践哲学存在着一定的联结关系。从规范化、系统化的学生评价产生过程来看，学生评价始终与实践哲学发生着联结关系。规范化、系统化的学生评价始于泰勒的目标学生评价理论与模式，而这一理论首要的步骤在于确定教育目标，只有教育目标确定了，学生评价的开展才会有参照和标准，才能确定学生学习效果达成教育目标的程度。在这里，对于教育目标的选择主要来源于对学生的研究、对校外社会生活的研究和学科专家的建议，这些都离不开社会实践和教育实践以及实践哲学方法的参与。对学生的研究主要是"了解学生的现状"和"把学生的现状与公认的常模作比较，以确认差距或需要"①两个部分；许多学程、教科书和课程材料的确立，都是建立在对校外生活分析的基础上，更不要说教育目标的选择来源方面；在学科专家方面，由于他们都谙熟自己的学科领域，"他们应该能够根据这门学科的训练方法和内容等，指出这门学科能对其他人做出哪些可能的贡献"②。由此可见，教育目标的来源和选择都离不开实践和哲学的分析方法，某种程度上也是与实践哲学关联着。在筛查和确定教育目标时就要用哲学，这种哲学一定程度上也是实践哲学，因为它要回答社会实践中一系列重要的问题。"哲学的陈述实质上旨在界说一种良好生活和良好社会的性质。教育哲学中有一部分，就是勾画一种令人满意的和有效的生活不可或缺的价值观。"③可见，从正式的学生评价的产生历史来看，学生评价天然地具有实践性特征，同时携带着实践哲学的历史基因和镌刻着实践哲学的历史印记，即学生评价与实践哲学具有一定的历史联结性。

---

① ［美］拉尔夫·泰勒：《课程与教学的基本原理》，施良方译，人民教育出版社2014年版，第5页。
② ［美］拉尔夫·泰勒：《课程与教学的基本原理》，施良方译，人民教育出版社2014年版，第20页。
③ ［美］拉尔夫·泰勒：《课程与教学的基本原理》，施良方译，人民教育出版社2014年版，第26页。

二 德性：学生评价与实践哲学的内在联结

学生评价与实践哲学不仅存在本原的历史联结，更存在一定的内在联结，而德性是两者之间的内在联结点。首先，作为认识学生和发展学生的学生评价，与作为服务于认识世界和改造世界的实践哲学，两者都是围绕人这一主体所进行的，即两者都是以人为主体的活动和服务于人的需要。而"作为历史过程中的存在，人总是不断地追求自身多方面的完善，德性既表征着人性发展的状况，又在广义上制约着人的发展；既规定着精神的发展方向，又影响着行为的选择"[①]。这说明人在历史的发展进程中天然地具有追求德性和良善的需要，而学生评价和实践哲学都可以作为人追求德性的手段和途径。而且"从生活世界中的交往，到劳动过程的生产实践，德性体现并展开于人的存在的各个方面"[②]。可见德性弥漫和渗透于人的各个实践领域和人生发展的全过程，作为人类教育实践活动之一的学生评价和以实践为核心基点的实践哲学也因此具有德性的痕迹。据此，德性是内在于学生评价与实践哲学之中的，它也是两者能够相互作用和发生联结的内在基础。

其次，从学生评价的目的和实践哲学的旨归来看，德性更是两者内在联结的基点。在抽象逻辑意义上，人类进行评价无非有两个目的，即实践和自我反思，对于学生评价也是如此。"教育是一种追求善的实践，或者说，教育是引导不成熟的人追求善并获得善的实践。"[③] 依循此理，学生评价也是一种追求善的实践，它是通过评价促进课程整体的改进来使人更好地获得善的德性提升的实践，这不仅说明了善的德性内在于学生评价实践之中，也表明了学生评价的目的之一在于追求良善的育人实践。学生评价的另一目的便是促

---

① 杨国荣：《道德系统中的德性》，《中国社会科学》2000年第3期。
② 杨国荣：《道德系统中的德性》，《中国社会科学》2000年第3期。
③ 李长伟：《实践哲学视野中的教育学演进》，湖北科学技术出版社2012年版，第25页。

进自我反思,这主要是相对于学生评价主体来说的,学生评价主体是多元化的,包括专家、教师、学生等,他们都可以通过学生评价来促进自我的反思,从而促进自身的专业成长和发展。无论学生评价用于实践还是自我反思,两者都统一于人的发展的价值和善。在具有代表性的实践哲学领域中,无论是亚里士多德的实践哲学中强调的在实践中获得德性的增长和善的实现,还是马克思的实践哲学强调的在生产实践和道德实践相统一过程中实现人的自由而全面的发展,两者都强调了人的德性增长,只不过马克思的实践哲学更为彻底。因而,促进人的发展和达至良善的实践共同构成了学生评价和实践哲学的共同旨归。

三 实践:学生评价与实践哲学的关系联结

评价与哲学的联结一般存在两种情况,"一是对评价实践中的问题和本质的反思,二是运用哲学的概念和技术对社会项目的评价分析"[1]。依循这种逻辑,学生评价的哲学或理论就是对学生评价实践中的问题和本质进行反思的结果,而学生评价实践反之也需要运用学生评价哲学或理论的概念分析和技术支持。对于实践哲学来说,它是关于实践的哲学和作为实践的哲学的统一,是理论与实践的统一,是认识实践和交往实践的统一。其中实践是实践哲学的基点,理论与实践的关系是实践哲学的核心问题,认识实践和交往实践是实践哲学的来源条件。从实践哲学的这种认识可以看出,实践哲学源于实践中对问题和本质的反思,而又不止于此,它还将其范畴的概念、术语、技术等运用于人们认识世界和改造世界的实践活动之中,从而促进人的发展和社会的进步。由此可见,实践是学生评价和实践哲学共同关注的重点话题,理论与实践的关系是学生评价与实践哲学共同面对和需要解决的现实问题,甚至在一定程度来

---

[1] Caulley, D. N., "Book Review: Philosophy of Evaluation: New Directions for Program Evaluation", By Ernest R. House (ed.), *American Journal of Evaluation*, No. 3, 1985, pp. 56–59.

说，学生评价哲学就属于实践哲学的范畴。因此，我们可以进一步得出，实践是学生评价与实践哲学进行关系联结的基础。

如果依照从理论到实践再到理论的逻辑理路，实践作为学生评价与实践哲学之间的关系联结中介，还体现在理论与实践这一古老又棘手的关系问题之上。主要有两点：其一，运用实践哲学的概念术语、逻辑模型等对学生评价实践进行指导和分析，进而建构起属于学生评价的哲学与理论。这种关系联结主要遵循的是演绎和推理的逻辑，即从一个上位和宏大的哲学与理论框架，通过实践的演绎和推理，建构出下位和中微观的哲学与理论框架，实践在其中是重要的联结地带。其二，运用学生评价哲学和理论对学生评价实践中的问题和本质进行批判和反思，进而丰富和充实实践哲学的研究域和论域，促进实践哲学的发展。这一关系联结主要遵循的是从特殊到一般的归纳逻辑，它旨在将学生评价理论与实践的特殊关系问题的研究进展和实践成果，提炼和升华至实践哲学的宏大理论叙事中，以期为一般和普遍意义上的理论与实践关系问题的解决和发展提供借鉴和反思。因而，无论是从实践哲学到学生评价哲学与理论的建构与发展，还是从学生评价哲学与理论到实践哲学的进步与拓展，实践总是在其中将二者紧密地联结起来。

实践作为学生评价与实践哲学的内在联结还体现在认识实践和交往实践统一的基础上。实践哲学的形成和发展是建立在人的认识实践和交往实践的循环交替发展之上的，这在前文中也有论及。学生评价在评价主体层面也是建立在认识实践和交往实践相互统一的基础上，具体言之，在主客体的评价关系中，学生评价主体与学生评价客体所形成的价值关系就是建立在评价主体的认识实践活动之中的，在这一关系中，"评价主体就是评价者，是发动和开展评价活动的人。评价客体就是价值主体与价值客体形成的价值关系"[①]。

---

① 刘志军：《教育评价的反思与建构》，《教育研究》2004年第2期。

在主体之间的评价关系中,学生评价是通过"评价主体之间的交往实践而开展的评价活动,主要功能不在于进行价值判断,而是把中心转移到批判、反思、理解和创造上来"①。基于认识实践的学生评价重点完成评价基本的价值判断功能,而基于交往实践的学生评价则是重在通过批判、反思、理解和创造等途径来完成和提升学生评价的发展功能和育人意义,两者对于完整而健康的学生评价理论与实践都是必要的。由此,认识实践和交往实践的统一对于学生评价和实践哲学来说都是一种充分而又必要的存在,也都促使着学生评价和实践哲学的形成和发展。因此,在这一意义上,实践也构成了学生评价与实践哲学内在联结的条件。

---

① 刘志军:《教育评价的反思与建构》,《教育研究》2004 年第 2 期。

第二章

德性遮蔽：学生评价作为功利化实践的哲学批判

学生评价存在的价值在于通过对学生的学业成就、思想品德、身体素质、心理素质和综合能力等方面的评判，为更好地促进学生学习、教师开展教育教学活动以及获得更高质量的教育教学水平，提供科学合理的决策、调控、预测和改进依据，从而为实现人的全面而个性的发展和幸福等德性品质的增进提供精准有效的教育干预与支持。也就是说，学生评价的直接目的在于促进学生学习和教师教学，其根本目的在于育人。不管是学生评价的直接目的的实现，还是其根本目的的实现，都需要与之相符的一致性实践，即学生评价实践要始终保持在教学改进和育人的发展方向之上。但就目前的学生评价实践而言，它更多地被人们所追求的分数、升学、名利等外在利益裹挟，越来越向着功利化的方向发展，而呈现出一种功利化实践的存在。从根本上来说，学生评价作为功利化实践是与学生评价促进学生改进和育人相悖的，普遍存在的功利化学生评价实践不仅会加剧人们对外在利益的追逐之风，也会造成学生评价育人目的的迷失和人的完整发展等德性的遮蔽，学生评价由此便遭遇一种合法性的危机。从社会学视角来看，"不能随时用来满足行政系统要求的僵化的社会文化系统，是加剧合法化困境并导致合法化危机的唯一原因"①。而在教育学视域中，功利化的学生评价实践及其所形成的功利化的学生评价文化系统，难以用来满足学生的持续发展和全面发展，而成为导致和加剧学生评价合法性危机的根本原因。

第一节　学生评价作为功利化实践的基本认识

一　功利化实践

功利化实践是一个复合词汇，它由功利化与实践组合而成。因此，对功利化实践的澄明需要首先对功利化和实践两个概念进行解释。功利最初在我国古代是作为两种不同概念而存在，"功作功绩、功效讲，与作为动机的'志'相对应，指人们行为的效果；利和'义'相对应，指人们得到的利益"②。在当代汉语词典中，功利做功效和利益之意讲，与主义等词连用多具有贬义意味。其英文 utility 翻译成汉语，常作有用、实用和效用之意讲。可见功利之词在中西方语境之中具有高度的相似性，都具有效用和效益之意，如果将其置于现实生活领域中拷问的话，功利的"实质就是现实某种事物对于人本身的满足程度，如果满足程度大，它的功利性就强，反之，则弱"③。可见功利一词在词性上并没有褒贬之分，它的褒贬更多地依据人们使用它的情境，如人们在表达对公平正义等善的追求之时，使用功利一词便更多地具有正向性；在表达对金钱、名利等外在利益的过度追求之时，使用功利一词便更多地具有负向性，有急功近利之义；而在表达为了生存、发展等需要而进行的合理利益追求，使用功利一词便更多的是中性的。那么与这三种不同理解相对的，正向性的功利表达更加接近超功利的含义，中性的功利表达

---

①　[德] 尤尔根·哈贝马斯：《合法化危机》，刘北成等译，上海人民出版社 2018 年版，第 80 页。
②　方克立：《中国哲学大辞典》，中国社会科学出版社 1994 年版，第 802 页。
③　徐庆利：《功利主义与中国近代政治思想》，博士学位论文，吉林大学，2005 年。

更加接近功利一词的本然含义,而负向性的功利表达则更加接近功利化的含义。此外,从学理上来讲,功利化是指"彻底地追求功利即最大限度地追求个人利益,着眼于眼前利益而忽视长期利益,它导致社会'效用'至上的原则,导致物质支配的法则,导致人价值观畸形发展"[1]。

实践这一概念无论是在理论话语中还是在日常话语中都是比较常用的词语。在日常性的话语体系中,实践概念较为空洞化和抽象化,即实践是一种不言自明的先在话语,言说这一话语时不必对其概念进行阐发和理解,因为这对于人们来说是一种共识性理解,或者是彼此间心照不宣的共鸣理解。这样一来,人们"似乎可以用'实践'来说明一切,但对其本身却不予以充分的规定,结果使得实践范畴成了一个在任何时间和地方都适用、然而有可能在任何时间和地方都失去解释力的空泛概念"[2]。实践概念在日常使用中被简单化和流俗化,即将实践简单地区别于理论和知识并作"做事""行动"的一种理解,由此,实践"成了一个司空见惯、在日常生活中随处可用的词语。人们习以为常地把实践等同于技术性的、技巧性的、实验的、试验的等具体活动,乃至于衣、食、住、行等日常活动"[3]。在理论性话语中,实践多指社会实践,即人们改造自然界和改造社会的有意识的活动。对实践的这一理解,需要我们把握的是,实践具有一定的指向性,即指向改造自然界和改造社会的目标方向,它也具有意向性,是人们所开展的有意识的活动。对此理解进一步延伸,实践也可以是人们一种有效的学习方法,它不仅是人们获得知识的来源之一,也是人们运用和检验知识的重要方式。

结合以上对功利化和实践的理解,功利化实践就是指人们以强烈欲望与明确意识追逐外在利益为动力和目的,忽视事物发展的客

---

[1] 李剑:《教师功利化批判》,《当代教育科学》2011年第3期。
[2] 贺来:《论马克思实践哲学的政治意蕴》,《哲学研究》2007年第1期。
[3] 丁立群:《实践观念、实践哲学与人类学实践论》,《求是学刊》2000年第2期。

观规律和根本目的,而进行的改造自然界和改造社会的活动。它包含实践的功利化和功利化的实践。实践的功利化是就功利化实践作为人们活动的一种实践取向或实践范式而言的,也就是在人们不断地进行为外在利益所驱使的实践活动,所长期形成和积淀的功利化观念、心理与行为规范、模式、文化等。功利化的实践是人们在实践的功利化取向与范式的指引下所进行的强烈追逐外在利益的实践活动,这更多的是指人们的行为层面。从这一理解中,我们可以看出功利化实践主要表现为人们所进行的实践活动只注重短期利益,而忽视或不管长期利益,即只顾眼前的蝇头小利,而不管长远发展;表现为人们所进行的实践活动只注重局部效益而忽视整体效益,只重视个体利益而忽视集体利益;表现为人们在开展实践活动时,只注重实践结果而忽视实践过程,只看到实践结果的表面信息而忽视实践结果背后深层的信息;还表现为人们在实践活动中对外在利益的过度追求,会产生一定的剧场效应①,他人经过一定的耳濡目染,会随之进行效仿,并养成功利化的心理观念和实践惯习。

二 学生评价作为功利化实践

功利化实践是一个普适性的话语,在人类的任何实践活动中都会有可能出现。例如,它是人类实践活动的一种实践范式和实践模式,如政治的功利化实践、文化的功利化实践、科技的功利化实践、教育的功利化实践等。学生评价作为功利化实践是属于人类的教育作为功利化实践的范畴,它指的是人们以强烈欲望与明确意识

---

① 剧场效应:经济学效应理论,又称踮脚效应。在经济学中是指大家都坐着看话剧,若途中有一人站起来看,他能看清却会受累,那么其他人也会为了看清而站起来,这样大家和坐着看话剧没什么区别,但大家都在站着受累。而且如果发生火灾或者其他突发情况,如果每个人按照个人利益最大化而不考虑他人利益的原则争先跑出去的话,其结果必然是每个人都堵在门口而造成群体悲剧的上演。在教育中,剧场效应普遍存在,如一个学生为了获得分数而机械学习和频繁刷题,那么其他同学也会随之效仿,一个教师为了晋升和金钱奖励而狂抓班级学生的知识成绩,那么其他老师也会随之效仿……如此下去,整个本该育人的教育生态将会被功利化所打乱。比较接近我们今天在教育领域中所说的内卷化的含义。

追逐知识、分数等外在利益为动力和目的，忽视人与教育教学活动发展的客观规律和根本目的，而对学生通过教育教学活动的过程及结果进行价值评判的活动。它包括学生评价实践的功利化和功利化的学生评价实践的两种理解。其一，学生评价实践的功利化是指学生评价实践失去了自己的相对独立性（学生评价实践有其自身规律，而不是被功利化裹挟而与其自身规律相悖），以及对育人根本目的追求的价值性和对自身所遭遇困境的超越性，这更多地表现在学生评价实践的功利化价值取向和规制范式。其二，功利化的学生评价实践指的是学生评价实践以谋取一定的外在利益为主要目的（这种目的并不是基于人与教育教学发展的客观规律之上的善，而是一种外在于人的发展和教育教学活动应然价值的利益，不具有合规律性和合目的性），而进行的学生评价活动，这主要指的是人们付诸行动的学生评价实践活动。

学生评价作为功利化实践主要表现为学生评价目的的功利化和学生评价结果的功利化。学生评价目的的功利化指的是人们在对教育教学活动的过程及产物进行价值判断时，所选择的不是社会尺度或公共尺度，而是根据是否对个人有利或有效的个人尺度，这时学生评价实践的应然目的将会被个人的私欲所蒙蔽，学生评价实践的育人功能被其鉴别功能所挤占；学生评价结果的功利化指的是学生评价结果使用有很强的功利倾向，更多的是将其用于甄别选拔、评优奖先以及提高管理效率等，而不是真正服务于教育教学改进和育人。这里需要强调的是，学生评价结果也用于一定的甄别选拔、评优奖先和提高管理效率，但这种结果的运用并不是学生评价的最终目的，教育教学活动的改进以及学生评价育人才是学生评价的终极目的，一旦人们将更多的精力和工夫过度放在学生评价的一般功能之上，学生评价的最终目的将会因为受到忽视而使学生评价陷入功利化的境地。此外，学生评价目的的功利化极易导致学生评价过程倾向功利化，在学生评价过程中，学生评价主体在功利化的目的指引之下，逐渐对其中立客观立场的放弃，以及对其应具有的评价伦理素养和道德素质的摒弃，而成为一个追名逐利的异化之人；学生评价内容方面在功利化目的的规引之下，学生评价主体只选取与之自身利益需要相符的教育教学活动过程或产物作为评价内容，而且评价内容的选择与确定是随着人们自身利益需要变化而变化的；学生评价方法在功利化目的的导引之下，学生评价主体不顾人与教育教学的发展规律以及教育教学活动的内在逻辑，而根据自身利益而选择简单量化或经验感觉的评价方式，学生评价方式方法的多样化流于形式。

学生评价作为功利化实践从属于功利化实践的范畴，因而它也具有一定的短视性、片面性、浅表性和濡染性特征。第一，短视性。学生评价的目的是促进教育教学的持续性发展和人的全面发展，育人是其内在的本质追求，这一目的的实现需要一个长久的过程。但在功利化的价值取向之下，学生评价实践往往强调分数得失、成绩高低、升学好坏等眼前利益的实现程度，而忽视学生评价对教育教学、人与社会长远发展的正向价值。第二，片面性。学生评价最终追求的是每个人全面而有个性的发展，而不是每个人的片面发展和某个人的全面发展。功利化的学生评价实践褊狭地关注那些优等生的发展，兼顾中等生的进步，而忽视边缘学生的学习，甚至忽视他们作为学生的价值存在，因而这种评价追求是个体的发展而忽视群体或每个人的发展。同样表现在个体人上，这种学生评价狭隘地重视教育教学活动的过程及其结果对学生的成绩分数、升学奖惩、优质教育资源获取等方面的价值，而忽视它们对于人的人文底蕴、科学精神、学会学习、健康生活、责任担当、实践创新等核心素养培育和发展的作用，造成个体人成为一种智育片面发展的知识工具人，而不是德智体美劳全面发展的和谐完整人。第三，浅表性。教育教学活动的过程一个复杂多样的，其中蕴含着丰富繁杂的教育信息，不仅包括结构化可量化的教育信息，也包含非结构化且具有较高价值的教育信息，即使是教育教学活动的产物和结果也同样具有多方面的价值。但功利化的学生评价实践遵循工业化社会的简化效用思维和标准化逻辑，将复杂的教育教学活动过程进行简化和量化处理，以达到最快最方便实现评价利益相关者所默认的功利最大化目标。此外，学生评价结果无论怎么呈现，它的背后都有很多值得去深挖、分析和处理的信息，而不是仅仅停留在简单地用于鉴别优劣等，如果是这样，学生评价活动的开展也只是一种服务于人获得外在利益的工具，距其教育性的价值和育人的本质也将会越来越远。第四，濡染性。学生评价作为功利化实践，一旦使人获得功利化的惯习，那么它将很快对其他人产生影响，从而造成内卷效应和剧场效应，在这种功利化效应的作用之下，大多数学生评价的利益相关者都很难对教育教学活动的过程及结果进行理性思考和审慎判断，而是陷入争先恐后追求个人利益最大化的恐慌之中。就像北京大学渠敬东教授所说的，"如果只为了'赢'来确定教育目标、任何时候的成绩名次都会是你的'瘾'，那就像吸大麻一样，最后的结果就是年轻人过早地夭折"[①]。

第二节 学生评价作为功利化实践的存在样态

功利化是现代教育实践领域中最为普遍的特征，因其所宣扬的行为理念、价值立场，迎合了现代人对外在利益和利己发展的需求而大行其道，整个教育实践领域被功利化的教育实践所占据，那些追求人的全面而有个性发展的教育实践被排挤得只剩下教育理论的地盘，教育理论与教育实践进一步被分化。在教育实践整体倾向功利化发展的现实之下，学生评价也沦为人们追求功利的工具，学生

---

① 《中国正式向"教育双轨制"宣战》，https://www.sohu.com/a/473531125_121124333。

评价实践也由此沦为一种功利化的实践。学生评价作为功利化实践在现实中有着诸多的表现形式或实践方式，但总体来看，它主要表现为控制逻辑的学生评价实践样态和分数逻辑的学生评价实践样态。

一 控制逻辑的学生评价实践

控制逻辑在科学领域多是指对控制器运行机理与系统的分析，它存在于一个由控制主体、控制客体和控制中介组成的具有自身目标和功能的控制管理系统中。而在社会中，这种控制逻辑也是广泛存在的，比较典型的就是现代资本主义国家，通过技术、资本和政治的合谋，将传统的国家统治变成一种隐匿温和的国家控制，并最终通过意识和思想的渗透达到对社会和人的规训。极权主义的代表人物阿伦特在其《极权主义的起源》中指出："在当代发达资本主义社会，极权主义依然有其存在的土壤，只不过不同于传统政治所采取的暴力形式，而是运用物化力量，借助于资本不断地创新，在无形中摧毁世界意义，支配人的主体意识和情感，将自主性的人变成毫无抵抗力的机器物，从而'统治'成为'控制'，即演化成为匿名权威的形态。"[①] 同样的控制逻辑也存在于功利化的学生评价实践之中，这主要体现在技术控制逻辑、权力控制逻辑和思想控制逻辑三个方面。

技术控制逻辑的学生评价是评价主体或评价方通过技术这一手段和方法达到对学生评价过程与结果的控制。技术控制逻辑产生于人们对学生评价绝对化和客观化的追求，其重点在于杜绝价值理性对于学生评价的参与和渗入，从而保证学生评价的科学性和客观性。加之实证主义对自然科学方法的强调，以及数理化和程序化的思维方式普遍应用，学生评价的技术理性被强调至无以复加的地

---

① 车玉玲、刘庆申：《当代资本控制逻辑的批判性反思》，《学术研究》2017年第12期。

步。以至于在学生评价中，人们首要想到的是通过测验工具、统计手段、大数据等技术手段和方法确立学生评价的标准，选择学生评价的方法，实施学生评价的方案和处理学生评价的结果，从而达到对学生评价全过程的控制。技术控制逻辑的学生评价较为明显的特征就是推崇学生评价操作和实践的程式化、简单化和标准化，而鲜有从文化、实践和人的意义方面来研究和推进学生评价实践。技术控制逻辑的学生评价以程式化和标准化的方式来达到评价目的，而学生评价目的在它看来仅仅是一种主观需要的存在或根据功利化的现实需要来定，其直接服务于评价委托方的现实利益需要和现存的功利化学生评价生态秩序，而不是为了促进教育教学的改进和学生的全面发展。

权力控制逻辑的学生评价多是评价者或评价委托方运用某种权力或依靠某种权威来对学生评价进行控制，以此达到符合学生评价者或评价委托方的需求目的。就目前而言，学生评价在进行外部评价时，学生评价权力多是集中于各级教育行政部门及其雇用或组织的专家手中，在进行内部评价时，学生评价权力多是被掌握在学校管理者与教师手中，无论学生评价权力掌握在谁的手中，学生评价主体总是趋于一种单一化的倾向，由此造成在进行学生评价时，总是会形成一种以管理者为中心的评价霸权，其评价的基本思路总是想要实现对课程、教师和学生的控制和管理。在外部评价中，当学生评价权力掌握在各级教育行政部门手中时，他们便会组织专家并赋予其一定的评价权力，通过学生评价来实现对学校、课程、教师和学生等的控制和规约。在内部评价中，当学生评价权力掌握在学校管理者手中，他们的目的便是通过学生评价实现着对课程、教师和学生的控制和规训，当学生评价权力掌握在教师手中，那么教师便通过学生评价实现对学生的控制和管理。从中可以看出，权力控制逻辑下的学生评价实践背后隐含的是评价者与被评价者的对立逻辑和价值一元性的霸权逻辑。

如果说技术逻辑控制的学生评价和权力控制的学生评价是一种具有强制性的硬控制，那么思想控制逻辑的学生评价便是一种具有很强隐匿性的软控制。思想控制逻辑的学生评价的基本思路在于，通过技术的运用和权力的作用，在追求学生评价的科学化和客观化的合法外衣之下推崇主观任意性和随意性。它在反对学生评价进行任意和空洞的操作和解释方面具有一定的合理性，但其对技术方法的偏爱以及与评价权力的合谋，学生评价往往打着客观化和科学的旗号，进行着主观的评价方法选择和操作着学生评价步骤，其实质仍然是一种主观性，只是这一主观性具有深层的思想控制逻辑，一般很难被察觉和发现。这一思想控制逻辑的学生评价，将人们的注意力引入对评价方法和手段的过分关注，而忽视教育教学活动本身的质量和价值，以及教育教学活动中学生的存在价值和发展意义，导致了教育教学活动中学生的思维程式化和肯定化，弱化和遮蔽了学生的批判和否定思维，进而实现着对学生的思想控制。此外，学生评价的主观倾向还将学生评价主体的思想意识和价值态度加入教育教学改进之中，影响着教育教学内容的选择，即对考试和选拔有用的知识进入教育教学活动之中，进而实现对人的思想控制。

二 分数逻辑的学生评价实践

分数逻辑是当下我国教育评价中最基本的评价逻辑，它主要是由于中高考分数的高利害性而产生强大磁场的影响，进而渗入整个教育评价各个角落，从而规约整个教育评价的实践方向。分数逻辑同样影响和作用于学生评价的实践，虽然看似分数并不是学生评价的主要追求和操作方式，但实质上当下的学生评价是在分数逻辑的理路之上开展的。分数逻辑的学生评价主要有三种表现形式，即结果逻辑、量化逻辑和甄别逻辑。

结果逻辑是第一代以测量为核心的学生评价和第二代以目标为导向的学生评价所遵循的基本逻辑，强调主要通过学生的学业成绩等来实现对学生和整个教育教学活动的评价。结果逻辑的学生评价主要关注学生评价的结果是什么,而不问为什么是这样的结果和结果的价值何在,更不涉及对学生评价过程的价值探讨和追问。这种学生评价样态是一种预设性的,它在学生评价实施之前已经预设好多个具体的评价目标,然后根据学生可见的学业结果来判断预设目标的实现程度,进而对学生以及整个教育教学活动进行好坏优劣的判断。至于对学生学业结果的解读,对学生评价过程中丰富多样的教育因素和教育价值挖掘,以及对教育教学结果的非预期目标的观照等却鲜有涉及。

量化逻辑主要是当下学生评价实践中最主要的方法逻辑,它因数量方法的高效严密和简单节约,以及易于操作的固定程序和步骤,备受评价者的青睐。以量评质是其最基本的评价理路,也就是对学生在教育教学任何阶段和领域的评价都习惯性地得出一个量化的结果,然后据此量化数据对学生做质的判读。这种量化逻辑的学生评价也对教育教学其他方面的评价产生外溢效应,并发挥着重要影响,如在教材评价中,评价者习惯于根据一定的评价标准,并赋予一定的评价权重,最后对照标准和权重给出一定的量化结果,并根据这一数据来评判教材的优劣好坏。在教学评价中,评价也基本遵循这一量化逻辑,将学生的学业成绩和分数作为评价教学的好坏,这些都是量化逻辑下学生评价中以量评质的原则体现。在这一量化逻辑的学生评价中,教育教学的多样性价值和人的多样发展都趋于一种同质化和片面化的倾向,进而,"人与人的交往中充满了算计与利益,实证主义操控着社会规则,同时也规训着个体的生活与存在……'工具性'和'可计算性'等原则在一切领域中的渗透导致了人自身存在的片面性与单向度,人成为丧失了否定性与反思性的机器"[①]。

---

① 车玉玲、刘庆申:《当代资本控制逻辑的批判性反思》,《学术研究》2017年第12期。

甄别逻辑主要是"由实体化思维、线性思维主导,更多强调的是选拔、管理、效率、功利等理念"[1]。它是结果逻辑和量化逻辑的延展。也就是说,学生评价的甄别逻辑是建立在其结果逻辑和量化逻辑的基础之上的。当下的学生评价实践,"大多是通过调查获得的数据,根据数据进行推断而得出的结论,这一结论是否符合实际情况,却不得而知"[2]。不管这些结果和量化的数据有没有效、可不可信,它们都将会成为一种甄别的依据。对于学生评价而言,甄别逻辑主要体现在对教育教学的甄别和对人的甄别,对教育教学的甄别主要是通过学生评价对课程计划、课堂教学等方面的甄别,主要目的是对比不同课程计划、课堂教学等方面的优劣好坏,以此做出相应的教育教学决策和制定相符的教育教学政策。对人的甄别主要是对学生的甄别,并依据对学生的甄别来判定教师的成败,其背后依据的逻辑是一种知识的数量化和可比较化,即"知识客观是一种外在于主体的存在,它具有确定性,分数才有可能标识知识的多少;知识是人类经验的积累,其价值体现为有用,教育通过知识的授受,学生获得了知识自然就获得了其内在的效用,且一般来说知识掌握越多,越有价值;知识具有普遍性、必然性,超越时空,超越个体的,所以可比较"[3]。

第三节　学生评价作为功利化实践的现实困境

实践批判是马克思实践哲学的基本精神所在,也是其哲学区别于旧哲学的关键所在。在马克思看来,世界上一切矛盾的产生、存

---

[1] 刘志军、徐彬:《面向未来的课程与教学评价:困顿、机遇与走向》,《课程·教材·教法》2020年第1期。

[2] 刘志军:《课程评价的现状、问题与展望》,《课程·教材·教法》2007年第1期。

[3] 徐朝晖、张洁:《分数崇拜的价值扭曲及矫正》,《高教发展与评估》2020年第2期。

在和发展，都是根源于人的实践活动。"实践批判不仅在于对传统理性形而上学观念的消解，其重要任务还在于要从具体的生活实践活动出发以揭示现实世界的矛盾，从而根据这个矛盾，推动现存的社会条件和环境的变革。"① 因此，我们应该而且只有通过实践批判才能更好地解决这些矛盾，进而促进社会的变革和人的全面发展。本研究尝试从马克思实践批判的方法论，② 从现实功利化的学生评价实践的存在样态出发，揭示出功利化的学生评价实践所遭遇的现实困境，从而为提出学生评价转向实践哲学，并作为一种德性实践奠定基础，以此从根本上扭转学生评价的功利化倾向，改善教育教学活动的评价生态。

一 管理—量化的学生评价范式

范式最早是由库恩在其《科学革命的结构》一书中提出的，它是库恩科学观的中心概念。随着范式概念逐渐在各个学科领域的应用和变化，范式的概念也经历一定的修改和更新，但无论怎么变化，其基本上至少包含三个方面的内容，即它能为以后的科学研究工作和科学共同体成员提供一种把握研究对象的概念框架；决定某种自然图像以及某种价值标准，形成不同的形式系统或符号系统，同时也决定着共同体成员的某种形而上学信念，即他们的自然观和世界观；它是得到一定科学共同体一致赞同的，是

---

① 刘玉军：《马克思的实践批判思想及其启示》，《河南社会科学》2013 年第 2 期。
② 马克思实践批判的方法论主要包括，用理论批判实践、用实践批判理论和用实践批判实践。用理论批判实践就是以理论逻辑来批判实践和检验实践，用实践批判理论就是用实践来检验理论的真理性，用实践批判实践则是多元主体对实践的反思与检视。详情参照黄继锋、陈美灵《论马克思的实践批判理论》，《西北大学学报》（哲学社会科学版）2016 年第 4 期。发现学生评价作为功利化实践与发展性学生评价理论相悖，并存在诸多现实困境；用实践批判理论，主要指的是功利化的学生评价实践需要我们对发展性学生评价理论进行深度思考，并使其更加完善，增强其指导学生评价实践的有效性；用实践批判实践，主要指的是用马克思的实践观对学生评价作为功利化实践的批判，还包括我们对功利化学生评价实践的反思性批判。

其成员共同持有的信念。① 可见范式是一组互联互嵌的概念集合，它为人们发现和解决问题提供一套特定的行动逻辑、解释框架和实践方式。

在整个教育研究之中，主要存在模仿自然科学和人文科学推衍两种研究范式，这两种范式规约教育研究的目标导向、逻辑指向、对象选择、方法选用、结果阐释等。同样的，在教育评价领域也有这两个基本的范式，但一般都是从方法论视角说明这两种范式的。对于教育评价或学生评价的范式而言，人们习惯于根据其自身的发展历程和阶段所体现的特征，将其划分为"量化的范式、描述的范式、判断的范式和建构的范式等四种范式"②。结合控制逻辑和分数逻辑的学生评价实践样态和学生评价的基本范式，本书认为当下的学生评价实践主要表现为一种管理—量化的评价范式。也就是说，我们当下的学生评价实践仍然处于第一代和第二代学生评价阶段。

管理—量化的学生评价范式因其明确的评价目标、易于操作的流程与方法，大大提高了学生评价的功效，也极大地推动了学生评价的科学化发展进程。但这一范式背后是一种被动消极的人性观和管理观，其评价的对象重点在于学生学习结果的量化表现，而非教育教学的全过程、全方面和全阶段，也非学生的德智体美劳多方面的素质。它将学生视作被管理的对象，不考虑学生个体的兴趣需求和态度意愿，只是设定一定的目标，迫使学生根据这一目标进行学习行为选择，久而久之，学生的德性便在课程知识学习单调的氛围中被遮蔽了，评价主体也因着眼于眼前利益而遮蔽了应有的评价伦理和德性。而且，这一学生评价范式还加剧了学生评价理论与实践的进一步分化，这是因为，虽然在学生评价理论和理念上，我们已经走在了第四代评价理念前列，典型的就是出现了裴娣娜的"主体

---

① 程志民、江怡：《当代西方哲学新词典》，吉林人民出版社2004年版，第373页。
② 温雪梅、孙俊三：《论教育评价范式的历史演变及趋势》，《现代大学教育》2012年第1期。

教育实验"所形成的主体性学生评价理论、叶澜的"新基础教育实验"所形成的生命·实践性学生评价理论、刘志军基于解释学阐发的发展性学生评价理论等，但当下的学生评价实践仍然处于第一代或第二代评价范式之内，很显然，领先的学生评价理论难以指导当下的学生评价实践，当下的学生评价实践也在不断脱离先进的学生评价理论指导。

案例1：以卷面考试为课程考查方法占了94%，以实践操作作为课程考查方法占了3.5%，以面试为课程考查方法占总数的2.5%。虽然说我们现代化的考试不仅仅只突出了选拔功能，但是其作用和影响是根深蒂固的。而以实践操作能力、免试或口试来选拔人才的学校微乎其微，学生也唯有以提高自己的卷面分数为目的来学习知识。[①]

案例2：对学生评价的方法有很多，但没有哪个方法是十全十美的。最常用的方法当然是考试了，在我们学校关于思想品德课试卷的研究还是比较成熟的，也是符合常州中考要求的高质量的试卷。在这样的考试训练下，大部分学生不难取得好成绩，所以我们学校的学生有着很高的升学率。当然考完试不光看分数，还要帮助学生对分数进行分析，了解自己对哪些知识和能力的掌握存在不足。不过我始终认为，思想品德课的真正目的和价值并不在于学生会考试，而在于他们会思考、会学习、会参与社会，有着良好的道德品质、心理素质和行为习惯，这些都不是一张试卷就能体现出来的。其他的评价方式在七八年级可以用用，比如评价学生平时的学习表现、课堂展示活动、课外实践活动等。但这些方法需要花更多的时间和精力

---

① 李敏：《武汉市基础教育学生评价的问题及其对策研究》，硕士学位论文，华中师范大学，2014年。

去组织，比较麻烦，给老师增加了负担。①

案例 1 是对湖北省武汉市中小学课程考查方式构成分布的分析，案例 2 是江苏省常州市一位初中教师关于学生思想品德评价的观点自述。两个案例都是发生在我国教育中高发展水平的地区，从理论上说，这些地区在新课程改革的背景下具备实施发展性学生评价的条件，但从以上案例中可以看出，无论是对于学生所学课程的评价，还是对学生思想道德的评价，量化的考试和分数都是评价学生的决定性工具和手段。而且，笔者在对河南省郑州市某区进行综合素质评价实施情况调研时，也发现不少中小学的管理者和教师一方面希望能够改变以分数评价学生的现状，另一方面又寄希望于能够给予他们可以量化和赋分的评价操作体系。以上这些案例代表着我国教育中高发展水平的地区，它们尚且如此，更何况我国那些教育发展水平落后的西部地区、乡村地区等，分数量化的风气更是有过之而无不及。仔细分析以上关于学生评价的现实案例，不难发现，这些案例无疑反映出了目前我国基础教育的学生评价仍然是以量化的考试和分数评价为主的现象，这种意识和现象并不是为某一个地区、某一个学校或某一个教师所拥有，而是被大多数地区、学校和老师所默认和接受，并成为一种稳定的量化评价范式，深刻影响着我国基础教育学生评价的改革和发展。同时，这也从侧面反映出，无论是学校层面，还是教师层面，都希望通过简单的量化评价范式达到对学生的简单便宜管理。

二 功利—无序的学生评价生态

生态是在人与自然关系的研究中经常使用的词汇，它不仅代表一种人们面对自然与世界的价值观和方法论，也是人对自然和世界

---

① 谢婷：《思想品德课学生评价的实践研究》，硕士学位论文，苏州大学，2016 年。

的一种哲学态度和思想境界。作为哲学的生态指的是"一种充满生态智慧的生活方式，或者说是一种不断追求生态智慧以达到与自然和谐相处的生活方式"①。哲学上的生态已经超越自然的研究范畴，成为一种对生态多样性和文化多元性的研究范式，人的世界观也在其研究之列。它具有一定的生命性、有序性、整体性、关联性和合目的性，即"以所有生命存在为基础、以人类的世界性存在为起点、以世界和人的存在为整体、以探索通向新的存在之境为目标"②。对于学生评价生态而言，其应然的样态和表现形式也具有哲学生态意义上的内涵和特征，即在学生评价生态之中，要充分体现教育教学的生命育人价值和教育教学活动之中人的生命性价值，要做到调节和维护学生评价系统中各个要素的生态平衡，要做到从整体思维出发全息地把握学生评价的全过程，又要认识到和分析学生评价中各个要素的关联性和动态性。

在控制逻辑和分数逻辑规约之下的学生评价实践是一种功利—无序的生态系统，在这样的生态系统中，学生评价的目的、形式、标准、方法、结果等都具有一定的片面性和无序性。首先，学生评价的目的是一种功利性的，它所追求的目标就是学生学业成绩的提高和课程知识获得量的增加，以此实现教育教学和对学生的甄别及选拔，而教育教学育人的价值以及教育教学的改进和人的全面发展则被付之阙如，更遑论人的生命性价值和德性价值在教育教学活动及学生评价之中的实现和彰显。其次，学生评价实践和形式是部分性和片面性的，它主要关注教育教学结果的评价，进而将整个学生评价等同于学生学业成绩的评价，忽视对教育教学之于人的知识获得以外的价值和影响的评价。学生评价的内容大多"聚焦在学生认知类目标、文化水平及知识技能的评价上，仅通过对这些内容的测

---

① ［加］A. 德雷森、施经碧：《关于阿恩·奈斯、深生态运动及个人哲学的思考》，《世界哲学》2008年第4期。
② 于海洪：《生态哲学视野中的教师教育创新》，《大学教育科学》2014年第3期。

试和评判、以获得成绩的好坏来衡量学生综合能力的高低"[1]。最后，学生评价的标准是一种片面性和统一化的，它往往会制定一个具有普适性和通用性的统一化的学生评价标准，所有的学生评价都依此标准进行，没有例外和特殊性，更无关学生评价的情境性、复杂性、关联性和动态性。同样的逻辑，此学生评价生态之下的学生评价方法和评价结果也是单一化的，多是采用具有科学性和客观性的量化方式，其评价结果也是多止于一种甄别比较的功能，而不追问评价结果的原因、价值等意义。总之，在功利—无序的学生评价生态之下，学生评价的目标、内容、标准、方法等都具有一定的片面性，这些片面的学生评价进而又导致整个学生评价生态处于一种无序性的状态。

案例3：这些分数就决定了教师的评价排名，然后与教师的职称评比、绩效工资、骨干教师评选、外出进修等挂钩。有的教师为了让自己本班的学生考出好分数，在考试前侧重辅导，或者在监考的时候不严。后来学校为了避免教师偏袒本班学生，在期中、期末考试时，交换班级监考。另一位教师说，学校跟我们要升学率，家长跟我们要孩子的成绩，教师绩效工资又和学生成绩严格挂钩，领导更要政绩。为了成绩，逼着教师们争抢自习课，逼着教师跟学生要成绩，我们也是迫不得已。

校长们说，升学率是学校的生命线，我们抓成绩，抓质量提升，就是为了学生，为了让他们考出好成绩。学生考试成绩不好，家长不认，领导也批评。成绩上去了，家长就满意了，学校的名声就有了。我们有时候也没办法，上级领导看学校办得怎么样的时候，主要就是看成绩。成绩上去了，领导满意

---

[1] 刘志军、熊杨敬：《基础教育学生评价生态的失衡与重构》，《中国教育学刊》2017年第9期。

了，学校的办学经费也就不成问题了。①

案例4：问：您通常针对学生的哪些方面进行评价？大致所占百分比为多少？

班主任Z：绝大部分是针对他们在纪律上的表现吧，这种应该占45%左右。再就是针对他们所取得的考试分数啦，在课上的答题情况，等等，可以占到40%左右。其他的，在他们的获奖情况比如各科竞赛和兴趣发展方面，占15%吧。毕竟现在高二了嘛，还是要以分数决胜负啊，所以我可能更加看重孩子们的学习成绩，不过不单是我，你看绝大部分的教师都是这样，是具有普遍性的。

问：在学生评价时，您如何看待学生的差异？

教师H：会考虑每个学生的差异的。但是因为我们对学生进行的评价往往是综合性的，例如通过考试及格率呀、平时考试的平均分啊之类的，很少一个儿一个儿地评价他们。所以偶尔也会出现一些不是让大家都很满意的现象。②

案例3分别是站在教师和校长视角来认识和对待学生的分数价值的，他们认为分数与教师的职称、工资、评优和学校的经费、名声等外在利益紧密相关，与家长和社会对所谓"好学生"的期待密切联系，即使他们从心里不愿意逼迫学生考出好成绩和高分数，但是在功利化的风气濡染下，他们也不得不"被"卷入向学生要分数的功利化学生评价实践浪潮之中。进而在这种外在利益的不断裹挟下，他们在对学生进行评价时，虽或多或少地涉及学生的其他表现，但考试分数仍然处于绝对关键位置，也就是说，学生在德、体、美、劳等方面表现得再好，仍然是以体现智育的分数来决胜负。这也从侧面反映出学生评价标准具有绝对的

---

① 梁红梅：《中小学生评价的伦理问题研究》，博士学位论文，东北师范大学，2014年。
② 王宁：《课堂教学中公平性学生评价问题研究》，硕士学位论文，渤海大学，2019年。

统一性和片面化,而分数决定学生优劣胜负体现的是学生评价标准的统一性,只关注学生的智育发展和知识水平体现的是学生评价标准的片面化,案例 4 就充分地体现出这一点。案例 3 和案例 4 也深刻地体现了现有学生评价生态的功利化和无序化,功利化是显而易见的,无序化则是体现在学生评价目的、内容、标准、方法的无序,而这些无序都是因学生评价的功利化和追求分数的绝对化所造成的。

三 实体—封闭的学生评价语言

语言是人类知识建立和思想交往的客观基础和表达方式,"是人类认知世界及进行表述的方式和过程"[1],也是人进行理论研究与实践探索沟通的中介。也就是说人的理论思想和实践探究需要借助语言这一工具来实现表达、理解和沟通。在课程领域中,"课程语言是人们进行课程理论建构和实践探究的物质载体与符号表征,反映了学者群体(或个体)对课程'经验事实'的感官认知、理性洞察、价值判断和思维范型"[2]。学生评价作为教育教学领域的组成部分和子系统之一,其语言自然也从属于教育教学语言系统,即学生评价语言是人们在进行学生评价理论和实践研究的符号载体,反映了学生评价者对学生评价的经验集合和价值系统的认知、理解和思维。从应然的角度看,学生评价语言应该具有一定的实践生成性、开放交互性和动态发展性。实践生成性是指学生评价语言是源于实践和面向实践的,是在学生评价实践的不断发展中生成的,而不是类似于实体物质是永恒不变的,即学生评价语言是人在学生评价的历史实践中不断变化和生成的。开放交互性是指学生评价语言在包括评价主体在内的诸多利益相关者,为了实现自我评价诉求的

---

[1] 潘文国:《语言的定义》,《华东师范大学学报》(哲学社会科学版) 2001 年第 1 期。
[2] 王洪席、刘志军:《从实体性到过程性:基于过程哲学视域下的我国课程语言变革》,《河南大学学报》(社会科学版) 2018 年第 5 期。

表达，通过沟通、协商等开放的方式在交互实践中生成的。动态发展性是指学生评价语言在动态的变化过程中始终指向教育教学和人的发展这一主要目的。

在控制逻辑和分数逻辑规约之下的学生评价实践，其实然的学生评价语言是一种实体—封闭性质的，主要表现为以下几个方面。其一，实体—封闭的学生评价语言只关注机械性、静态性的学生评价世界，它将复杂的教育教学实践活动抽象为一种静止封闭的物质对象，然后根据这一物质对象进行价值判断，并揭示这一物质对象的基本特征、理性秩序、运行规律等，而没有关注教育教学世界和教育教学实践活动的丰富复杂性、动态发展性和过程生成性。"怀特海认为世界在本质上是不断生成的动态过程，因此，语言既是现实的，也是过程的，在语言中表达过程，在过程中生成语言。"[①] 由此，缺乏对教育教学世界过程和发展的关注，其所产生的学生评价语言必然是一种实体—封闭性的。其二，实体—封闭性的学生评价语言只关注评价主体或评价委托方价值诉求的语言表达，而忽视其他如教师、学生等利益相关者的评价语言。学生评价者或委托方习惯将其利益诉求和功利价值阐释为具有绝对性的实体存在，如成绩分数这一实体，并通过这一实体实现对学生评价世界的绝对和合理的语言控制。其三，实体—封闭的学生评价语言还阻碍学生评价理论语言与学生评价实践语言的互动和融合。随着时代的发展和诸多哲学、社会学等相关理论的进步，这些都为学生评价理论的发展和变化提供了新鲜血液和变革动力，从而也不断促进学生评价理论语言的更新。但在学生评价实践中，实体—封闭的学生评价语言一直处于绝对控制的地位，并形成了一种具有较强排斥性和阻断性的封闭壁垒，阻碍着学生评价理论语言与学生评价实践语言的沟通交流与交互融合。其四，实体—封闭的学生评价语言还具有一种强烈的

---

① 郑承军、陈伟功：《论怀特海的语言观》，《世界哲学》2019 年第 3 期。

功利性和效用性，而缺乏德性的语言表达。在学生评价理论语言中，诸如发展、育人、公平等具有德性的语言是一种普遍化的存在，但在学生评价实践话语中，成绩、分数、优劣等具有功利性和效用性的语言却是无所不及，两者存在着一定的隔离和分离，这些都严重阻碍学生评价理论的发展和学生评价实践的推进。

  案例5：女孩婷婷因为成绩不好，被班主任王某在课堂上频繁使用侮辱性语言辱骂长达半年时间，该老师还诱导全班同学对婷婷进行人格攻击。……一边用粗鄙的字眼羞辱学生，一边又大呼爱护学生——仅仅因为转学来的学生成绩差就对其进行语言攻击，是果真"恨铁不成钢"？还是因为成绩差会影响班级的平均成绩、升学率，进而影响班主任的工作实绩、声誉？①

  案例6：一名初中女生在教室内遭女老师连续掌掴，女老师嘴里不停骂骂咧咧，甚至口吐脏话，但女生并未做出任何反抗。……杜某某，女，2000年8月参加工作，县级教学能手，担任定边三中某班班主任，并兼任该班英语教学工作。平时工作认真，业务能力较强，班务管理要求严格。据悉，去年12月某日学科竞赛成绩公布后，视频中的被打女生成绩严重下滑，老师因生气对该生进行了体罚。②

  案例7：班里有个学生成绩特别差，好像每次考试都不会超过20分，记得有次考试考12分，老师在班上当着他的面对我们全班同学说："他已经没用了，我教到现在，没有遇到过比他还差的学生，我对他是彻底放弃了。"以后这个老师对他

---

① 张子谕：《学生成绩差就辱骂？别拿"爱护学生"当借口》，《工人日报》2019年7月16日第3版。
② 《初中女生因成绩下滑遭老师掌掴》，东方网，http://news.eastday.com/s/20180326/u1ai11318652.html。

都很冷淡，有几次考试，试卷都没有发他，对他说，你不用考试，看看书好了。①

案例8：我很不喜欢我的老师，特别是班主任。我从他们那得到的最多的评价就是我这也不行那也不行，不会有多大出息。我曾经对写作非常感兴趣，而且发表过文章，但我的老师却打击我，说我的文章不好，发表了也是偶然的。那种被别人否认的滋味很不好受。我成绩一般，老师说我上学就是在浪费时间，还不如早点出去打工，我很生气，对自己越来越没了自信，对以后的人生我不知道该如何摆脱老师对我的评价所带来的阴影。②

案例9：有一位教师在带领学生学习语文课文《萤火虫》时有这样一个片段：教师问学生，萤火虫燃烧了自己后怎么啦？有的孩子回答说，萤火虫燃烧了自己就死了；有的孩子回答说，萤火虫燃烧了自己，它没有怎么，这只是一种生理现象；还有一部分孩子有一些其他不同的理解。这时，教师无法对这些理解给予肯定，因为书上的正确答案是，萤火虫燃烧了自己，照亮了人间。所以，教师不但不敢理直气壮地肯定孩子的理解，相反还得不断运用技巧和教学机制，想办法如何一步步地"启发"孩子得出"正确"的认识。于是，教师让同学们再想一想，再看一看。看什么呢？当然是看书上，看课文。最后，孩子们终于在教师的不断引导下，"看"出了一个"共同"的认识——萤火虫燃烧了自己，照亮了人间。③

案例5到案例8，这四个案例具有很强的相似性，都体现了以

---

① 梁红梅：《中小学生评价的伦理问题研究》，博士学位论文，东北师范大学，2014年。
② 梁红梅：《中小学生评价的伦理问题研究》，博士学位论文，东北师范大学，2014年。
③ 田友谊：《新课程背景下生命课堂的构建》，《思想理论教育》2008年第18期。

分数判别学生的好坏优劣。在这些案例中，学生及其活动是一种静态和机械的存在，教师对其评价只是依据分数的高低和好坏，而对于学生丰富动态的发展进步和实践活动一概不理不睬，仿佛学生的存在只是为了获得好成绩和高分数，即使学生在写作等其他方面具有优势和潜力，仍然得不到教师的公正公平对待。而且从这四个案例中，我们还可以发现，教师对学生进行评价时所使用的言语多是围绕分数、成绩、好坏、有用没用等封闭性的语言，甚至出现了辱骂性等极端不好的语言和动作。这些封闭性的语言不仅对学生的品格发展和社会交往产生不良的影响，而且这些言语中也暗含了教师借助分数这一手段实现对学生的发展方向的控制逻辑，并且这些语言还带有强烈的功利性特征，因为这些学生考不好和分数不高会影响班级的平均分、学校的升学率以及教师的绩效、名利等利益。也许这几个案例有些极端或过分，但案例9是比较常见和温和的，即使这种在课堂上常见的学生评价现象也具有明显的封闭性特征。学生关于萤火虫的燃烧现象具有丰富多彩的理解，并且关于这种开放式的问题本来就没有唯一和绝对正确的答案，但教师在听到学生给出的不同答案时，非但没有给予正向的评价，反而是引导学生在书中找出所谓的正确答案；教师本应给予学生更多开放性和创新性的评价语言，反而因为对唯一标准答案的迷信而对学生做出比较封闭和保守的评价语言，这非但没有达到帮助学生学习的目的，反而挫败了学生学习的积极性和想象力。此外，这些学生评价的案例都体现了封闭性和保守性的评价语言对学生评价实践的控制，那些如发展性的学生评价理论方案和话语很难进入现实的学生评价实践之中，从而不断拉大学生评价理论与实践的鸿沟。

四 异化—迷失的学生评价文化

文化是人类在处理人和世界关系中所采取的精神活动与实践活动的方式及其所创造出来的物质和精神成果的总和，是活动方式与活动成果的辩证统一。[①] 作为一种活动方式，它决定着人们的实践行为、实践态度和实践结果；作为一种活动结果，它反作用于人们的实践行为和实践态度，从而进一步影响产出什么样的实践结果。学生评价文化是人们在处理人和教育教学世界关系中所采取的实践活动方式及其所创造出来的物质和精神成果的总和，是学生评价活动方式与学生评价活动成果的辩证统一。在学生评价活动方式层面，学生评价文化是在长期的教育教学及其评价实践过程中，所形成的被多数人所认同并遵从的评价理念、评价目标、评价规范、评价方法等；在学生评价活动成果方面，学生评价文化是指经过学生评价所得到改变的教育教学结果，以及包括受到学生评价实践所影响的人。在理论层面，经过长期的学生评价实践所形成的文化，应该是一种能够使人们形成并遵循的促进教育教学与人发展的评价理念、行为规范、实践方式等，以及产出促进教育教学改进与人的发展的评价成果。但在实然层面，现实的学生评价实践在功利化的长期导向与影响之下，在教育领域逐渐形成并固化为一种异化和迷失的学生评价文化。

迷失的学生评价文化主要是从学生评价的理念、目标、规范、方法等活动方式层面来说的。学生评价除了促进诊断改进、甄别导向的直接功能之外，形成完整的人格和拥有健康的人性是其根本宗旨的重要组成部分，也就是说，学生评价不仅直接重视人的知识获得和智育发展，同时也注重人的德性增长和全面发展，它在知识和道德原则之上具有高度的一致性。但学生评价作为功利化实践却将应然的发展性或主体性评价理念，逐步导向并固化为一种功利性和竞争性的理念；发展和育人的评价目标逐渐让位于获取分数、名次等外在利益的目的；科学有序的操作规范和良善道德的伦理规范也不断在自身利益最大化的导引之下变得随意无序，整个学生评价文

[①] 张岱年、程宜山：《中国文化与文化论争》，中国人民大学出版社1990年版，第2页。

化在功利化的学生评价实践样态之下处于一种迷失的状态。

异化的学生评价文化主要是从学生评价活动的产物或结果来说，借助于马克思的劳动异化理论①，对功利化的学生评价实践样态进行分析和批判，可以发现这种评价实践存在着人与学生评价结果相异化、人与学生评价实践本身相异化、人与人的类本质相异化和人与人相异化。第一，人与学生评价结果相异化。学生评价实践本质上是人根据教育教学改进和人的发展的需要而进行的过程，它所产生的评价结果是为教育教学改进和育人需要而服务，从根本上从属于人的全面发展需要。但在学生评价作为功利化实践之中，其评价结果更多地表现为对甄别选拔等一般功能的过度强调和对分数成绩等外在利益的过度重视，育人的学生评价结果被异化为功利化的评价结果，以致人们所进行的学生评价实践越多，学生能够得到全面发展的结果就越少，并且越受这种功利化的评价结果钳制。我们所希望的学生评价结果是从属于、内在于、依赖于人的发展的东西，而不是对立于、外在于、脱离于人的发展的东西。第二，人与学生评价实践本身相异化。对人与学生评价结果相异化的根源做进一步考察，可以发现异化的学生评价结果不过是学生评价实践过程本身的异化，即功利化的学生评价实践具有一定的异己性，也就是学生作为学生评价主体，对其所进行的学生评价实践并不属于促进学生发展的一部分，而是属于教育管理和分数成绩；教师作为学生评价主体，他所进行的学生评价实践也不利于更好地实施课程教学和提升专业发展能力，而是从属于依靠学生成绩而进行的教师管理；学校作为学生评价主体，其所进行的学生评价实践也不属于更好地教育教学管理与学校发展，而是从属于依靠学生成绩所获取的

---

① 劳动异化理论：在马克思的理论视野中，异化是从历史唯物主义出发，对在社会物质生产中存在和形成的那些压迫人、奴役人、脱离人、反对人的社会状况进行发现和批判，使人的实践活动及劳动产物始终为人的人性解放和自由发展服务，他所言的异化更多指向的是人的劳动异化。在《1844年经济学哲学手稿》中，马克思具体论证了异化劳动的四种规定，即人同劳动产品相异化、人同劳动本身相异化、人同自己的类本质相异化、人同人相异化。

学校名利，如此等等。第三，人与人的类本质相异化。在马克思看来，"一个种的整体特性、种的类特性就在于生命活动的性质，而自由的有意识的活动恰恰就是人的类特性"①。根据这一理解，人们所进行的学生评价实践应是人们为了教育教学改进和人的发展所进行的有意识的自由劳动，而不是受到某种外界权威或为了满足自身外在利益最大化需要而进行的被迫劳动，否则人的类本质会被异化成为一种异己的力量，而阻碍人的全面发展，并导致人们成为一种精致的利己主义者。第四，人与人相异化。在功利化的学生评价实践中，每个人都在为追逐自身利益的最大化而紧张激烈地竞争和博弈，于是人与人之间的关系也逐渐疏离，每个人都在向着原子化的孤立个体发展，人与人之间充满着不信任性和竞争性，每个人都被分数等外在利益所绑架和支配，人们的交往实践也逐渐被异化。在学生评价作为功利化实践的样态中，异化的学生评价结果、学生评价过程本身、人的类本质从根本上表现为人与人交往关系的异化，而人与人交往关系的异化进一步强化异化的学生评价结果、学生评价过程本身和人的类本质。

  案例10：2009年的一项调研，近7000份调查问卷，涵盖小学三年级到高中学生。调研发现，成绩一般和较差的学生中仅有五成左右能感受到教师的关注。而来自教师的数据显示，中等生比学困生获得的关注度更低——54%的教师倾向于先叫自愿举手回答问题的学生，35%的教师倾向于先叫学习有困难的学生；每天用于帮助学困生时间1小时以上的教师达到52%，中等生最低，仅为22%。②

  案例11：××是一名五年级学生，聪明、活泼、成绩好，经常得到老师的表扬，但同学关系紧张，因为他自私，缺乏责

---

① 《马克思恩格斯文集》第1卷，人民出版社2009年版，第162页。
② 陆梓华：《学生成绩中等最易受老师忽视》，《新民晚报》2015年1月8日第8版。

任心。几乎不参加小组值日,对集体活动不热心,对同学也不怎么关心,学习非常认真。有一次一个做墙报的同学站在了他的桌子上,让人意想不到的是他竟不顾那位同学的安危,把他从桌子上拽了下来,并愤怒地指着自己的桌子,让那位同学给他擦干净。他看不起学习成绩比他差的同学,同学向他请教问题,他会也不告诉。但是因为他成绩好,知道老师喜欢学生在哪方面优秀,所以总是得到老师的喜爱。而这个孩子说:老师看的是成绩,其他的不重要,以后考学也是成绩,所以我的任务就是考出好分数。①

案例12:我考试成绩很好,总是前几名,老师很喜欢我,总表扬我,给我的关照比其他同学多,可我不喜欢。表扬多了,同学们都疏远我了。有一次我和两个很要好的成绩一般的同学玩,老师把我叫一边说:"他俩成绩那么低,你天天和他们玩对你学习没帮助。"结果我那两个朋友听到了,就再也不和我在一起了,其他同学也知道了,和我玩的同学越来越少了。现在想起来还隐隐作痛。②

以上三个案例都共同表现了在学生评价实践中,由于过分重视成绩分数的重要性,而造成的迷失和异化的评价文化。案例10表现了人与学生评价结果的异化状态。教师开展学生评价就是为了了解学生存在的不足,从而根据其不足之处来调整教学,进而促进学生的发展和进步。但在这一案例中,教师通过学生评价不但没有给予成绩一般和较差的学生更多的关注和帮助,反而更加忽视和疏远他们,而学生评价则是充当了忽视中等及其以下学生的工具。案例11表现了人与评价实践本身的异化状态和人与人的类本质的异化状态。学生通过学生评价实践是为了能够使自身得到全面发展,教

---

① 梁红梅:《中小学生评价的伦理问题研究》,博士学位论文,东北师范大学,2014年。
② 梁红梅:《中小学生评价的伦理问题研究》,博士学位论文,东北师范大学,2014年。

师通过学生评价是为了促进学生全面发展和自身专业提升，但在这一案例中，这个学生通过学生评价仅仅是为了获得成绩分数和老师的喜爱，至于思想道德、劳动素养等其他方面根本不屑一顾；教师通过学生评价也仅仅是根据分数评判学生好坏和开展班级管理，而忽视或不重视学生的全面发展和自身专业提升，这些就造成了人与学生评价实践的异化。在这种异化的学生评价实践中，这个学生为了满足自身利益的最大化需要而学习，丧失了自由劳动的意识性和自主性，而成了一个精致的利己主义者。案例 10、案例 11 和案例 12 都表现了人与人的异化状态。在功利化的学生评价实践中，教师和学生之间产生了沟通隔阂和不信任，甚至是学生对教师长久以来的憎恨；学生和学生之间充满了不信任和竞争性，学生之间距离不断疏远，情感不断疏离，甚至是演化成欺凌事件。

第四节　学生评价作为功利化实践的哲学根源

学生评价作为对学生在教育教学活动的过程及其结果进行价值判断的实践活动，受着来自经济发展水平、社会文化氛围、教育评价传统、课程与教学发展水平、课程改革政策、人的评价理念等多方面的影响。根据历史唯物主义的基本原理可知，社会经济发展的水平从根本上制约了学生评价的发展水平，这一点是毋庸置疑的。但社会意识具有一定的相对独立性，也就是说社会意识的变化发展与社会存在的变化发展并不是完全同步的，社会意识可以先于社会存在，也可以落后于社会存在。表现在学生评价领域，在经济水平快速增长的今天，我们有与之相适应或超前的发展性学生评价理论，这是学生评价理念同步于或先于社会经济发展的水平。但在学生评价实践方面，人们更多的是持有一种功利化的社会意识，这种功利化的社会意识在社会经济向着高质量发展转型的今天，是落后和受限的,这就是一种学生评价实践理念落后于社会经济发展水平。社会意识是社会精神领域一切有关社会的、人的意识要素和观念的总和,而哲学在社会意识领域中是最为深刻的,它具有对思想文化深层结构进行有力揭示和思维模式进行不断转换的作用,并从根本上影响着人们的思维方式、思维模式和行为方式。因而,探寻学生评价作为功利化实践产生的哲学根源,才能从根本上有助于我们深层理解功利化的学生评价实践样态和实践困境的产生逻辑,从而使我们认识到学生评价转向实践哲学并作为一种德性实践的紧迫性和必要性。需要说明的是,学生评价作为功利化实践的产生并不是一种哲学理论或哲学思维方式所能做到的,而是多种不同哲学理论或哲学思维方式在历史发展中不断调和而综合作用的。

一 本质主义哲学的还原思维

在本质主义哲学的视域和范畴内,"哲学家们习惯于将自己置于生活与经验面前——置于他们称之为现象界的东西面前——就像一幅一劳永逸地展开、一成不变地呈现同一事件的绘画面前一般。他们认为,这个事件必须得到正确解释,从而对产生这幅画的内在本质得出一个结论,也就是说,对总是习惯于被看作是现象界的充分证据的自在之物得出一个结论"[①]。在这种理念、思维、认识的作用和影响之下,学生评价从评价目的到评价过程再到评价结果的全过程、全方面都有着一套与之相符的评价范式和评价逻辑。

首先,学生评价与学生之于社会需要和个人发展等价值是紧密相连的,学生评价的对象就是学生是否满足社会需要、个人发展等要求的价值事实。在本质主义哲学视角之下,学生评价的基本任务是揭示和解释一种绝对体现学生价值的存在。本质主义哲学视角之下的价值是一种先验性和绝对性的存在,"价值是一种独立存在的

[①] 冯平:《现代西方价值哲学经典:先验主义路向(上册)》,北京师范大学出版社2009年版,第133页。

实体或现象体系，人们最终可以在世界的某个地方或某种状态中找到它的终极存在"[1]。"即使它们是虚构的，它仍然是价值评价的条件、善的先在之物，事物凭借它而开始为善的。它们同样是一切追求和渴望的先决条件，一切事物通过它们而成为值得追求的。"[2] 基于此，学生评价的目的就是要寻求体现学生价值的终极存在和根本实体（一般由分数充当），并以此作为学生评价设计的先决条件和学生评价展开的逻辑前提。

其次，本质主义哲学视角之下的价值应该是纯粹的和普遍的，因此，学生评价目的和立场要完全摒弃自我的存在，致力于寻求一种纯粹的教育教学价值，追求学生评价的绝对化和客观化。在普遍意义上，真、善、美等具有一定的普适性和绝对性的价值存在，"对于真、善、美而言，这一点事实上是本质性的，即它们与适意或有用等自身人格状态无关。它们的评价独立于自我，因为只要它们对每个可能的自我都同样有效，他们就代表了纯粹价值"[3]。在评价中，"每一个评价和偏好显然都预设了一种意志，这种意志会采取某种态度并实现满足。但在自然因果系统的观念中完全没有任何态度和意志的容身之所。世界事物只有在被看作彼此联系且与观察者的意志无关时，才能进入机械系统"[4]。因而，学生评价应该在教育教学系统之内悬置一切主观判断，搁置全部自我意愿、观点和态度等，使学生评价在教育教学系统之内成为一种机械系统的存在，其目的是在基于绝对客观的立场上构建科学的学生评价理论和开展全部的学生评价实践活动。

---

[1] 李德顺：《价值论——一种主体性的研究》，中国人民大学出版社2013年版，第28页。
[2] 冯平：《现代西方价值哲学经典：先验主义路向（下册）》，北京师范大学出版社2009年版，第705页。
[3] 冯平：《现代西方价值哲学经典：先验主义路向（下册）》，北京师范大学出版社2009年版，第636页。
[4] 冯平：《现代西方价值哲学经典：先验主义路向（下册）》，北京师范大学出版社2009年版，第548页。

再次，本质主义哲学视角下的学生评价，习惯于将学生评价对象中的知识水平、道德状况等各种素养的关系进行抽象化和本质化。本质主义哲学的本体论和还原论的思维方式在学生评价领域中，通过"运用抽象的理论思辨，将丰富多样、复杂多变的课程世界预设为某种实体的集合，并认为课程实践中的主体与客体、人和课程先在地处在彼此分离、各自存在的对立关系中"[①]。"然而这种实体相对比较虚无，人们很难把握，但不管这种实体是什么，它总会表现出共性、客观性、恒久性等外在形式，而分数则是目前充当这一实体外在形式的较好选择。"[②] 这就造成对学生的评价，以及对教育教学的评价变成了分数角逐的竞技场。而且这种思维方式还将教育教学世界中作为类存在物的人或者现实存在的人设想为描述者或主体，[③] 从而将对人的培养局限于智育范畴之内，忽略教育教学之于人的德、智、体、美等多方面价值的影响。而且，"如果把人们几乎改造成为纯粹的抽象物和阴影，没有人再敢表现人格，而是戴着面具，充当有教养的人、充当学者、充当诗人、充当政治家"[④]。那么通过学生评价作用而培养的人便成为一个虚伪的和工具性的存在，人的德性在其中不断被遮蔽成为一种机器的存在，学生评价者也在这个过程中不知不觉地磨灭和遮蔽德性。

最后，本质主义哲学的二元论倾向，促使学生评价理论与学生评价实践的不断分化与割裂。在本质主义哲学的二元论思维影响之下，学生评价理论是作为一种致力于寻求永恒不变的教育教学本质而存在的，而学生评价实践则不是目的。基于此种思维建构的学生

---

① 刘志军、徐彬：《面向未来的课程与教学评价：困顿、机遇与走向》，《课程·教材·教法》2020年第1期。

② 刘志军、徐彬：《综合素质评价：破除"唯分数"评价的关键与路径》，《教育研究》2020年第2期。

③ 王南湜：《追寻哲学的精神：走向实践哲学之路》，北京师范大学出版社2012年版，第17—18页。

④ 冯平：《现代西方价值哲学经典：先验主义路向（上册）》，北京师范大学出版社2009年版，第110页。

评价理论实质上并不能满足人们在不同环境和情况之下决定怎样开展学生评价实践的需求。这是因为，一方面，学生评价实践是一种特殊具体而又复杂多变的活动，在追问事物本质的思维前提下，"没有知识能理解这种特殊性，甚至实践的知识也不能，知识只关注普遍性"[1]；另一方面，在持本质主义哲学观点的人看来，学生评价实践是不精确、不统一的，甚至作为表象存在，是混乱不堪的，因而，将过多的精力放在研究学生评价实践是一种出力不讨好和得不偿失的工作，而致力于追求教育教学及学生评价本质的所在，构建具有统一性和普遍化的学生评价理论才是有价值意义的。正是在这种非此即彼的对立关系和思维中，学生评价理论与学生评价实践才不断走向分离。

本质主义哲学视角下的学生评价最为典型的当数第一代学生评价理论或测量范式的学生评价实践，虽然这种评价理论在现代教育历史之中产生和运用得最早，并为历代学生评价理论研究所批判，但其在目前的学生评价实践中，乃至整个教育评价实践中影响较大，并仍然在广泛使用的一种评价范式。测量范式的学生评价理论在根本上就是将一种客观化的分数作为一种衡量教育教学及人的价值的本质，从这一方面来说，学生经历教育教学活动之后所获得的成绩和分数便是教育教学的绝对价值所在，那么随之而来的学生评价就是以此认识为逻辑起点的展开，并选择能够反映学生进步的绝对化、客观化和标准化的教育教学知识作为测量或测验的学生评价内容，形成客观式测验和常模参照测验的学生评价方法和手段，以保证学生评价的客观性和中立性，这样一来，整个丰富多样的教育教学活动便被抽象化和本质化为一种分数。本质主义的思维方式和思维观念对于现实中学生评价实践的影响也是非常之大，尤其是学生评价之于教育教学设计、课堂教学、班级管理等方面影响更甚。

---

[1] ［德］尼古拉斯·洛布科维奇：《关于理论和实践的历史》，葛英杰译，《求是学刊》2013年第6期。

如在教育教学内容选用和评价方面，人们对于教材的本质认识和定位不同将直接影响教材评价维度的制定，对于教材的普遍性认识是将其作为教学的中介和工具，那么基于这一认识，教材就应在教学中扮演一定的角色和发挥一定的作用，据此，教材评价就可以从"知识维度、思想品德与文化内涵维度、认知与心理规律维度、编制水平维度和可行性与效果维度"[1] 进行标准制定。事实上，能在现实中做到这样的教材评价已实属不易，人们更多的仍然是依据学生经过教材学习所获得客观分数来直接或者经验式地评价教材的优劣。

二 实证主义哲学的量化情结

实证主义哲学作为近现代自然科学发展和需要的产物，一经问世便在西方世界产生重要影响，并迅速广泛传播开来，它的出现"不仅对当时的哲学的发展产生了深远的影响，而且波及意识形态的各个领域"[2]。实证主义哲学在教育领域中的影响也是相对广泛的，如在美国，从20世纪初在科学心理学影响之下开始的教育测验运动，到40年代在实用主义作用下而产生的目标学生评价模式，再到80年代的教育标准化运动，都有着实证主义哲学影响的思想痕迹。实证主义哲学在我国，尤其是在改革开放以后得到广泛传播，从思想上来看，这是由于"人们希望能够借助于这种哲学，摆脱在科学和哲学的重要问题上以情感和价值判断取代科学和事实判断这种传统的思维方式"[3]。这种思维方式的转换不仅局限于科学与哲学研究领域，同时也对我国的教育科学化运动和发展提供重要的思想来源。实证主义哲学在推动和影响教育科学化和实证化的进程

---

[1] 高凌飚：《基础教育教材评价：理论与工具》，人民教育出版社2002年版，第120—123页。

[2] 王姝彦：《回望与反思：实证主义之于科学哲学的影响》，《晋阳学刊》2015年第6期。

[3] 江怡：《实证主义在我国当代哲学中的命运》，《哲学动态》1999年第9期。

中，对于学生评价的科学化和定量化的影响也是显而易见的。具体说来，有以下几个方面。

首先，实证主义哲学认为研究应该只局限于现象和经验范围之内，只关注现实实践中的事实是什么，而否定对为什么的规范研究和价值探讨。也就是说，在学生评价领域中，要使学生评价科学化，其研究对象只能是学生在教育教学实践之中的事实和经验，而且这些事实和经验必须是可以做到观察可见的，是可以证实或证伪的，也就是说，这种思维方式之下的学生评价应该只重视对学生在教育教学实践中的现象或经验做描述性的陈述或记录。这样一来，学生评价可以充分利用实证研究将学生的学习实践实验化、数量化和客观化，将学习实践化繁为简、化整为零，进而根据定量化的数据简单地对教育教学实践进行评价，而对于如何改进教育教学实践和提升教育教学育人能力等方面关注甚少。在对学生的学业成就进行评价时，评价主体基本上就是遵循数量化和演绎的逻辑，将其评价维度或评价标准简单地进行划分，然后得出一种数量化的分数，根据分数的高低来甄别学生。通常来说，对学生学业的评价要看学生达到课程与教学目标的程度，然而学生达到课程与教学目标的过程本身就具有较强的复杂性，对其精确化和实证化本身就是一件难以顾及全面的事情，但依照实证主义哲学的研究思维，课程实施的评价就可采用纸笔测验等数量化的方式进行，进而根据纸笔测验而得的分数进行评价，根据分数来决定学生达到课程与教学目标的程度。

其次，实证主义哲学对社会科学进行自然科学化研究的强调和对价值中立主义的持有，必然指向社会科学应该采取一种具有精确性和数量化性质的科学方法。对于学生评价而言，持此逻辑，必然强调把精确性的科学方法应用于学生评价之中，反对演绎或推理的结果与观点，强调对在教育教学实践中收集到的学生学习实践信息或证据进行精确化的定量处理。根据这一认识，不难发现在学生评价实践中，数学、统计学、测量学等比较容易被广泛运用。这是因为，"数学就是一门典型的演绎科学，由于数学方法在各门自然科学中被广泛运用，起着越来越大的作用，因此演绎法在自然科学中也必将起着越来越大的作用，并使这些科学越来越具有演绎科学的性质"[①]。而且"现代学生评价之父"泰勒在论述学生评价的程序时，提出了选择学生评价手段和方法的三个重要准则，即客观性（objectivity）、信度（reliability）和效度（validity），[②] 如果学生评价手段和方法违背了这三条准则，都将是无效和不起作用的方法，这三条准则很明显地体现了实证主义哲学崇尚的自然科学方法论思想。学生评价在自然科学方法论的引导和规约之下，一定程度上保证了其客观性和科学性，但它更加导致学生评价严重倾向或偏向实证化和定量化，进而会引致学生评价陷入方法中心主义，即"把评价方法的使用提高到了一种不适当的高位，出现方法裁定材料的现象"[③]。而且这一自然科学方法论相对而言更加适合对学生学习结果的评价，而对于学生在教育教学过程的内部发展变化及其原因很难进行系统分析。鉴于此，很多学生评价便为求可量化、可操作化和简单化，忽视对学生学习过程的评价，而只是进行简单的学习结果的评价，这也进一步导致和加剧学生评价重视结果而轻视过程的评价倾向。

实证主义哲学无论是对学生评价的理论而言，还是对于学生评价的实践来说都产生了比较大的影响。以描述为主的第二代学生评价和以判断为主的学生评价在很大程度上都是受到实证主义哲学的影响。第二代学生评价理论是一种单纯以目标为中心和依据的学生评价模式，这个目标是既定的，而无关非预期的教育教学效果和目标。第三代学生评价理论也是一种以实现既定目标的学生评价模

---

① 刘放桐：《新编现代西方哲学》，人民出版社2012年版，第17—18页。
② ［美］拉尔夫·泰勒：《课程与教学的基本原理》，施良方译，人民教育出版社2014年版，第95页。
③ 刘志军：《走向理解的课程评价》，中国社会科学出版社2004年版，第8页。

式，但这里的目标不仅包含既定的目标，也含非预期的教育教学效果和目标。但两者相似之处是都主张用一定的标准去衡量是否达到了既定目标，其中蕴含的评价逻辑就在于评价只关注那些可以被证实或证伪以及可量化的学生学习活动内容，进而将其按照科学思维模式展开评价。实证主义哲学视角下的学生评价"用一种倾向简单地否定另一种倾向只能导致评价的片面化和绝对化"[①]，很难体现学生学习活动以及学生评价内涵的复杂性和丰富性，进而很可能会为学生评价实践带来较多问题和不良影响。在现实的学生评价实践之中，人们为了追求评价的绝对公正与绝对公平，追求评价的科学性和客观性，很容易受到实证主义哲学的影响，而倾向于选择一种数量化和实证化的方式方法进行学生评价，典型的就是设置一些固定、客观和可量化的评价标准，并对其进行赋值和分配权重，然后据此标准逐一评价，最后得出一定的量化分数，并根据此分数做出最后的价值判断。

三　功利主义哲学的利益至上

功利主义哲学得益于自身一套完整和系统的思想体系而成为一门影响较大的理论学说，它不仅支撑和刺激着西方资本主义经济的快速积累和发展，同时也渗透到政治、文化、教育等各个领域。同样，功利主义哲学也深刻地影响教育及其评价领域的诸多方面。

首先，功利主义哲学"把功利需要的满足放在首位，幸福不幸福主要是看物质财富的满足程度"[②]。这种观点之下的学生评价，其主要目的是服务于功利需要和利益获得，而不管怎么开展和运用学生评价。利用学生评价在进行教育教学内容选择的时候，将目光主要放在了哪些教育教学材料和教育教学资源能够更好地服务于个人

---

① 卢立涛：《测量、描述、判断与建构——四代教育评价理论述评》，《教育测量与评价》（理论版）2009年第3期。

② 丰子义：《校正情感主义和功利主义的倾向》，《光明日报》2012年2月23日第7版。

外在利益的获得，人们便会将这些教育教学资源作为有用的和功利的目的纳入教育教学体系之内，即学生评价主体基于功利的目的选择和设计教育教学内容。而且，在课程实施的评价中，评价主体也是基于功利的目的，将分数的高低作为学生获得利益的多少进行计算和评价，其中至少隐含着分数高低与未来获得利益多少成正比的假设，这样一来，学生为了分数利益便会发生诸多非道德的行为，他们往往会"为了利益还会不择手段，目的利益性往往便忽略了对行为过程的估算"[1]，学生评价也将进一步强化教育教学培养"精致的利己主义者"[2]的功利追求。

其次，功利主义哲学追求大多数人的最大幸福，学生评价承接此种追求，也是为了通过学生评价改进和优化教育教学，实现大多数人的最大幸福，而不是每一个人意义上的普遍幸福。而且在以经济增长为导向的教育模式影响之下，世界各个国家的教育制度都在拼命地追求国家的利润，而且他们认为，"鉴于信息经济的性质，各国只要造就了胜任的技术精英和商业精英，就能使人均国民生产总值得到增长，而不必过分担心教育分配问题"[3]。那么，学生评价受到此种"涓滴效应"[4]和经济逻辑的渗透和浸染，我们的学生评

---

[1] 何永松：《功利主义：特征、界限和理想之维》，《理论月刊》2014年第2期。

[2] "精致的利己主义者"的说法来自北京大学中文系钱理群教授的一段话："我们的一些大学，包括北京大学，正在培养一些'精致的利己主义者'，他们高智商，世俗，老到，善于表演，懂得配合，更善于利用体制达到自己的目的。这种人一旦掌握权力，比一般的贪官污吏危害更大。"从钱理群教授这一段话可以看出，"精致的利己主义者"产生的根源主要是由于我们的教育已经被功利主义浸染，其中学生评价也在其中发挥着重要作用，因为学生评价的功利导向，我们开发和选用的课程也多是具有强烈的功利主义性质，学生经过此种课程的学习和浸润，则易出现较多具有高智商、低德性的精英。

[3] [美]玛莎·努斯鲍姆：《功利教育批判：为什么民主需要人文教育》，肖聿译，新华出版社2017年版，第23页。

[4] "涓滴效应"一说主要来自美国总统里根采取的经济政策，其背后是涓滴经济学的理论支撑，其主张政府救济并不是救助穷人最好的办法，而应让富人更加富有，这样一来，富人的财富便会多得溢出而惠及穷人。涓滴这一术语最早起源于美国幽默作家威尔·罗杰斯，他曾说："把钱都给上层富人，希望它可以一滴一滴流到穷人手里。"可以看出，这是一种典型的功利主义经济学的主张，也是对社会不公平和不平等的理论粉饰。

价便会成为加剧教育不公平的手段和工具，而且也会成为培养片面的人的推动力，成为生产在标准化考试中表现良好和获得高分的学生的有力机器。在功利主义导向的学生评价影响之下，我们的教育教学"很快就会产出一代代有用的机器，而不能造就完整的公民——他们能独立思考，能批判传统，能理解他人苦难和成就的意义"①。

最后，功利主义哲学以效用和利益为基础，充分肯定了主体进行自我选择与自我判断的能动性。投射到学生评价领域，学生评价在评价目标厘定、标准制定和方法选择时也会在以效益为导向的基础上进行，学生评价主体因此会有更加自主和自我的选择和衡量空间。在学生评价目标厘定方面，学生评价者基于国家经济发展的利益以及个人追求财富意愿和人趋利避害的天性，会将学生评价目标聚焦或重点关注到知识学习能够带来哪些效益或利益等方面，如成绩的积累和分数的比拼，这些都是人们未来踏入社会产生经济财富的基础。而且从短期来看，这种功利性的学生评价目标也会带动教育教学资源购买力的提升和营利辅导机构的发展等，并为国家经济利益增长做出一定的经济贡献。在学生评价标准制定和方法选用方面，学生评价者基于功利主义的视角，一方面，他们会根据现实利益和经济效用的需求，只要是对之有用的，便都可以选为学生评价的标准和方法；另一方面，学生评价者在其中有很强的自主性和自我性，他们多是根据自我经验和在自我知识的基础进行学生评价标准和方法选择的判断，这大大增加了学生评价的主观性，而弱化了学生评价的专业性和科学性。虽然在学生评价中功利主义的物质与经济的刺激能够引导利益相关者更加重视学生评价，从而激励学生评价获得一定发展，但同时"也加大了学生评价的风险和敏感，容易导致利益至上，造成

---

① [美]玛莎·努斯鲍姆：《功利教育批判：为什么民主需要人文教育》，肖聿译，新华出版社2017年版，第2页。

学生评价中的准评价和伪评价①现象"②。

完全依照功利主义哲学的逻辑理论建构的学生评价理论是鲜有存在的，但在学生评价理论发展和演化的历史长河中却不乏追求效益的学生评价理论，或言多数学生评价理论或多或少地都在某种程度上追求着效益的最大化，而含有这种追求的学生评价理论便在一定程度上受着功利主义哲学的影响。尤其是在差距模式的学生评价理论之中，虽然其评价的五个阶段中包含着对学生多方面的评价，但这些评价都将落脚于最后一个效益分析的阶段。"效益分析是通过对不同方案的比较，判断哪一个或哪一些方案最经济有效地实现了预期目标。"③ 其中寻找最为经济有效地实现目的的手段或方案是该学生评价模式的重心所在，它在某种程度上便受到功利主义哲学的影响。功利主义哲学对于学生评价理论的影响并非很大，或者是按照功利主义哲学的思维逻辑所构建的学生评价理论更容易招致批判，但在学生评价的实践中，功利主义哲学无疑是影响学生评价实施的较大因素，受现行高利害性的考试招生制度与模式的影响，不同评价主体对于学生评价的意识和理念虽有不同，"但直觉上，他们所关注的教育效果存在着一个'最大公约数'，即学生的学业成绩"④。这样一来，学生的学业成绩就成了所有利益相关者竞相追逐的最大化利益目标，进而在人们的认识中，学生的学业成绩也就变成了一种衡量课程效果甚至是整个教育效果的可见、可信标准。这样一种功利主义的学生评价思想一旦形成，人们便把追求利益的最

---

① 准评价：这种评价通常是以某些具体问题为主要关注对象，具有正当的评价目的和评价方法，但其评价问题往往脱离实际的课程与教学情境，从而难以真实全面地反映课程与教学价值关系和价值事实的价值与特点。伪评价：这种评价的目的主要是为了实现某种控制，或者是为某个方案、某个过程或某个机构制造出一个能引起人们好感的假象，而不在于作出真实的价值判断。详情请参照陶西平《教育评价辞典》，北京师范大学出版社 1998 年版，第 631 页。

② 张宏伟、沈辉：《生命哲学视域下体育课程评价特征分析》，《武汉体育学院学报》2010 年第 3 期。

③ 李雁冰：《课程评价论》，上海教育出版社 2002 年版，第 81 页。

④ 刘庆昌：《一种弱功利的教育评价哲学》，《教育发展研究》2018 年第 12 期。

大化作为学生评价的起点和归宿,学生评价一系列程序的开展也将以此利益为基础和导向,整个学生评价实践沦为一种追逐功利的利益活动。

四 情感主义哲学的偏好原则

情感主义哲学在近现代的资本主义历史进程中发挥着重要作用,同时因其过于对情感的强调而招致来自其他哲学流派的批判,可以说没有哪个哲学流派能够像情感主义哲学一样,在对社会的各个方面产生重大影响的同时,也引致诸多强烈的批评和不满。虽然在当下,情感主义哲学在理念和理论上并不能为大多数人所接受,但的确在行动和实践中一直有其影响和作用的痕迹,对于学生评价实践的影响也是如此。

首先,缘于价值判断来源于情感而不是理性这一基本命题,情感主义哲学认为,"评价既不是某种抽象的关系,也不是仅靠观察得到的事实,评价是由于人们天性的结构,在思维那种行为或德性时发生的一种责备或愉快的感觉和情绪"[1]。基于此种认识,学生评价中事实判断与价值判断之间不具有因果关联,学生评价主体也不用基于学生学习活动的事实进行价值判断,而是根据自我的情感需要和情绪状态进行评价,这容易导致学生评价主体陷入直觉主义和经验主义。在学生评价实践中,这样的评价案例比比皆是,而且更容易发生在规范性和程序性较弱的学生评价之中,如在对学生学习过程的评价中,教师经常根据自己的情感需要进行价值判断,如果在课堂测验中学生普遍成绩高,或者在课堂教学中学生学习积极性强,那么教师便会从感觉和情感上认为学生的学习过程是高效的,反之则是低效的;在对学生学习效果进行评价的过程中,教师作为学生评价主体多是根据分数的高低来确定和表达自己对某些学生的

---

[1] 刘隽:《情感主义的继承与反叛》,《哲学动态》2013年第2期。

喜爱，进而认为成绩高的学生整体素质都是比较好的，而"当我们称这个善之物比另一个更好时，就意味着我们偏爱这个而不是另一个"①。情感不仅在表达着我们的喜好，喜好也同时反映着我们的情感。因此，基于情感主义哲学的学生评价便是一种典型的自我情感过度渗入的价值判断。

其次，情感主义哲学认为评价都是非理性的，都是对情感和感情发出的主观命令，而所谓的评价标准也同样是对情感的表达。"不论情感主义自我声言忠于什么标准、原则或价值，这些东西必须解释为态度、偏好和选择的表达，这些态度、偏好与选择本身并不受标准、原则或价值的支配，因为它们是基础，是先于标准、原则或价值的信奉的。"② 也就是说，在学生评价之中所谓的学生评价标准都可以被解释为人的态度和情感的表达，因为这些学生评价标准本身不受理性价值的支配，从而也不可能有任何合乎理性和客观的学生评价标准。这样一来，学生评价的标准便会陷入一种彻底主观主义的状态，它不强调和重视学生评价内容的客观性和事实性，而是注重学生评价主体的情感体验、专业权威和知识经验，从而易使学生评价实践走向随意化和情感化，进而对学生评价的专业性和科学性所做的努力将会大打折扣。

最后，情感主义哲学对理性主义和形而上学的拒斥，使得评价者忘却了真、善、美等普遍性和终极性的追求。"情感主义的自我，在争取自身领域主权的同时，丧失了由社会身份和把人生视作是被安排好的朝向既定目标的观点所提供的那些传统的规定。"③ 在学生评价领域中，学生评价者也将学生评价目标局限于自身情感的表达和自我权利的实现，而忽视了学生评价最终的目的是促进人的完善

---

① 冯平：《现代西方价值哲学经典：心灵主义路向》，北京师范大学出版社2009年版，第41页。
② ［美］A. 麦金太尔：《德性之后》，龚群等译，中国社会科学出版社1995年版，第43页。
③ ［美］A. 麦金太尔：《德性之后》，龚群等译，中国社会科学出版社1995年版，第45页。

和育人目的的实现，这丧失了学生评价目标的终极价值和普遍意义。同时，"根据情感主义观点，评价性言辞最终除了表达自己的情感和态度并改变他人的情感和态度外，毫无其它意义或用途"[①]。循此逻辑，学生评价的结果解释和话语呈现也都是在表达个人的情感和态度，即学生评价主体通常只是得出学生学习成绩的好坏和分数的高低，并认为他人也应接受和认同这一评价结果，如果学生评价主体认为这种评价结果对选择利于出成绩和出分数的教育教学内容有用时，那么其他人，尤其是教师也应该选择这样的教育教学内容进行教学。这种认识大大限制了学生评价结果的利用效果，将学生评价结果仅作为个人情感的表达，而没有深度挖掘学生评价结果的利用价值，忽视学生评价结果改进教育教学和促进人的发展的重要价值旨归，使得我们大费周章开展的学生评价，最终却获得低回报、低价值的结果，进而从整体上降低了学生评价开展的必要性。

同功利主义视角下的学生评价一样，完全按照情感主义哲学所构建的学生评价理论几乎是不存在的，但学生评价作为人的一种实践活动，总是或多或少地受到情感、态度等主观因素的影响，在追求科学化和客观化的学生评价理论或许难以看到情感主义哲学的影子，但在一些倡导人文化和质性化的学生评价理论之中，则是在一定程度上受到情感主义哲学的影响。如在第四代学生评价理论的回应模式中，其主要代表人斯塔克持一种主观真理观，认为"'真'如同'美'一样，是一种主观的感受，因此评价中不存在一种绝对正确的标准。这样，评价就应该搜集有关各方人士的观感，满足他们对计划认识的特殊需求"[②]。这种学生评价模式认为学生评价的依据来自不同主体的主观感受及其所形成的主观化标准，依据主体的感受进行学生评价在某种程度上就是一种评价主体基于个体情感而进行的评价。在质性化的学生评价理论之中，虽然极力避免评价主

---

① [美] A. 麦金太尔：《德性之后》，龚群等译，中国社会科学出版社 1995 年版，第 32 页。
② 转引自李雁冰《课程评价论》，上海教育出版社 2002 年版，第 103 页。

体的主观情感和感受对学生评价的影响，但在现实的学生评价实践中，大多数的学生评价主体并不具备专业的评价知识和评价伦理，他们很可能是根据主观经验推断、主观情感臆断和不加批判的偏好来进行学生评价，而且在我国这种固有的"情本体"思想和熟人社会的影响下，情感在现实的学生评价实践中更是发挥着不容小觑的作用。

第三章

德性确证：学生评价作为德性实践的理论分析

学生评价作为功利化实践在现实中以控制逻辑和分数逻辑的实践样态存在，在这样的实践样态之下，学生评价在评价范式、评价生态、评价语言和评价文化等方面面临着诸多困境，这些问题的产生有着深层的本质主义、实证主义、功利主义和情感主义等哲学思想根源。它们从根本上导致了学生评价应然育人目的与功能的遮蔽，学生评价主体与教育教学所育之人的德性缺失，以及学生评价理论和实践的二元割裂。改变学生评价的控制逻辑和分数逻辑的实践样态，破除学生评价多方面的实践困境，扭转学生评价的功利化倾向，促使学生评价回归育人本质，促进学生评价主体与教育教学所育之人在学生评价实践中复归德性，弥合学生评价理论与实践的裂缝，就必须使学生评价从根本上改变既有哲学理论与思维的钳制，寻求一种更加适切和更接近教育教学育人本质的哲学作为理论指导，而实践哲学的复兴与发展及其源于实践和面向实践的内在本质可以为学生评价的改进和发展提供一种新的解决思路，这就需要学生评价转向实践哲学。既然学生评价在本质主义、功利主义等哲学的影响之下走向的是一种功利化的实践，那么学生评价在转向实践哲学之后，必然需要一种与功利化实践相对的评价实践来从根本上扭转其功利化倾向。实践哲学最基本的价值诉求是引领人类实践活动追寻并作为一种德性实践，那么学生评价转向实践哲学，作为一种德性实践恰好符合教育教学及学生评价育人的根本诉求，而它又与功利化实践相对，从而是一种能够祛除学生评价功利化的正确选择。学生评价转向实践哲学，并成为一种德性实践的存在，可以为学生评价实践达至一种良善的实践活动提供一种理论进路。学生评价作为一种德性实践的合理性和合法性，是以整个教育学转向实践哲学为基础背景的，是学生评价转向实践哲学的根本实质所奠定的，也是诸多实践哲学理论资源涵养的结果，尤其是马克思实践哲学的题中应有之义。只有对学生评价转向实践哲学的背景、实质，以及其实践哲学的理论基础进行分析，才能为学生评价作为一种德性实践做合法性的辩护，并达到理论上的确证。也只有如此，才能为本书后续的论述和展开学生评价作为一种德性实践提供研究基础。

第一节 转向实践哲学：祛除学生评价功利化的应然选择

要从根本上改变本质主义哲学等理论与思维对学生评价实践的钳制，破除学生评价的功利化困境和扭转学生评价的功利化倾向，就需要寻求一种更加适切教育教学育人本质的哲学理论作为思想指导，而实践哲学是一种比较契合的选择，学生评价转向实践哲学也由此成为一种祛除学生评价功利化的应然选择。学生评价转向实践哲学是以整个教育学，尤其是教育哲学转向和成为实践哲学的时代潮流为重要背景的，这启示着学生评价转向实践哲学具有一定的历史必然性。破解学生评价实践所遭遇的现实困境，促使学生评价实践的德性复归，以及促进学生评价理论与实践的弥合，既使学生评价转向实践哲学成为一种必要，又使学生评价转向实践哲学具有一定的内在必要性。同时，学生评价在本质上作为人的一种实践活动，加上学生评价又具有强烈的实践性特征，学生评价与实践以及实践哲学存在着天然联系，两者具有一定的内在一致性，这又使学生评价转向实践哲学具有一定的可能性基础。

一　学生评价转向实践哲学的背景

（一）学生评价转向实践哲学的哲学背景

具有反思人类行为的特质和意义的实践哲学最初为亚里士多德所创，而后被中世纪的经院哲学所发挥，只不过古希腊和中世纪的实践哲学多是为特定的人和神服务的。进入近代以来，文艺复兴与启蒙运动将神学的神坛击垮，取而代之的是理性主义和科学主义的绝对统治，其中以理性主义为核心的本质主义哲学和以科学主义为表征的实证主义哲学最为典型，虽然这时也有以非理性为核心的功利主义哲学，但并不占近代西方哲学的主流地位。"在这个以科学之知排斥、取消伦理之知的时代，科学至上、实证至上成为人们思想的基本精神"[1]，整个哲学逐渐对人的行为和实践活动弃置不顾，对人的存在和德性失去了兴趣，更是过于重视知识而忽视对善和美的追求，实践哲学就是在这样的近代哲学环境中被遗忘而成为一种隐匿和依附的存在。[2]

随着对近代西方哲学的批判和哲学自我意识的觉醒，现代西方哲学在语言转向、实践转向、后现代转向等一系列转向的过程中，不断实现对近代西方哲学的超越。其中，以分析哲学为代表的语言

---

[1] 张能为：《西方实践哲学传统与当代新发展——从亚里士多德、康德到伽达默尔》，《中国高校社会科学》2018年第2期。

[2] 在近代西方哲学之中，实践哲学是一种被遗忘的存在，并不是不存在，像康德、黑格尔等人都对实践哲学做出一定的论述和理论贡献，只是他们的实践哲学多是被他们的绝对理性主义遮蔽，更是被那个理性主义和科学主义占绝对地位的时代压制。而且这一时期，实践常被作为一种生产或运用意义上的概念来使用，这将实践限制在技术理解之维之上，这实际上等同于亚里士多德对技术之知的理解，完全偏离了伦理之知意义上的实践哲学。

转向，虽然对推动现代哲学的发展功不可没，但因其只停留在对概念等言语的澄清与分析上，并致力于揭示和发现逻辑和语言的本质，最终变成一种新的本质主义哲学之路而走向衰落。后现代主义哲学致力于反对普遍化、同一性、本质论、基础论和表象论，肯定多元性、多样性、差异性、生成性、不确定性、流动性等，为哲学的现代发展提供诸多不同进路，但因其过于批判现代哲学的所有面而走向另一个极端，未能看到理性与非理性、多元与同一、确定与不确定等之间的辩证关系。正是近代哲学的诸多弊端，加上现代哲学的语言转向和后现代转向的极端化和对解决人的实践问题的无力感，实践哲学才会越来越被历史发展证明具有强有力的生命力。这是因为，现代意义上的实践哲学，"不是以实体和本原为基础和出发点，而是以实践为基础和出发点；不是建立一个无所不包的哲学体系，而是超越一切僵固的、封闭的体系，回到人的现实生活世界；不是在理性独断和心物二分的基础上使人片面化和异化，而是回到活生生、知情意统一的、具体的、完整的人，并为人的自由和创造开辟广阔的道路"[①]。

哲学作为一切知识和学科的基础和理论来源，从根本上制约着人的思维方式，哲学思维方式和研究范式的转变，也会影响到整个学科尤其是人文学科的思维方式和研究范式。因此，在整个哲学转向实践哲学的时代大潮中，教育学及其子系统的学生评价转向实践哲学有着一定的哲学背景和历史必然性。

（二）学生评价转向实践哲学的教育背景

随着哲学的实践哲学进路与转向，教育学也随之转向实践哲学，这主要表现在实践教育学的复兴和教育哲学即实践哲学两个方面。实践教育学事实上早已有之，而且也不乏其人论述，如亚里士多德的实践哲学在某种意义之上就是促进人的德性养成的实践教育

[①] 刘放桐：《新编现代西方哲学》，人民出版社 2012 年版，第 34 页。

学，孔子对知行合一的强调也是一种实践教育学。但首次提出实践教育学这一概念的则是德国教育学者尼迈尔（A. H. Niemeyer），他认为依托伦理学、心理学等学科建立起来的教育学理论是"理论教育学"，而应用在实践中的"教育术"则是"实践教育学"①，即实践教育学就是理论教育学在教育实践之中的应用。随后不同学者对实践教育学做了不同阐发，代表性的有布雷岑卡认为实践教育学就是一种规范——描述相混合的命题体系，"它给处在一定社会——文化中的教育者提供关于其教育任务和完成这些任务的手段的信息，并用适用的世界观和道德去激励他们的教育行为"②。保罗·弗莱雷则致力解决教育实践中不平等和对人的压制与驯化的弊病而提倡解放教育实践的教育学。③ 在我国，随着教育学研究的日渐昌盛，实践教育学也逐渐被提倡并发展壮大，陈桂生认为实践教育学着重"回答的是教育'应当是什么''应当做什么—怎样做'的问题，意味着它基本上属于教育规范理论，因而不同于教育科学—技术理论"④。而且，以叶澜为代表的实践教育学者也开创了基于和面向教育实践的"生命—实践"教育学派⑤，他以基础教育改革实践为根

---

① 段建宏：《教育学研究的新径向——论实践教育学及其研究核心》，《求索》2010年第12期。

② ［德］W. 布雷岑卡、李其龙：《教育学知识的哲学——分析、批判、建议》，《华东师范大学学报》（教育科学版）1995年第4期。

③ 保罗·弗莱雷认为实践包含反思和行动两个方面，如果只强调反思，那么实践就是一句空话；如果只强调行动，那么实践就成了一种盲目而机械的行动。因此，真正的实践教育学也要包含两者，缺一不可，也只有在包含两者的对话实践中，教育中的人才能得到政治解放、思想解放。详情参照［巴西］保罗·弗莱雷《被压迫者教育学》，顾建新等译，华东师范大学出版社2014年版，第53页。

④ 陈桂生：《实践教育学》，《上海教育科研》2002年第10期。

⑤ "生命—实践"教育学派是在叶澜先生的新基础教育实验的基础上生成的，前后已历经三十余年，这一概念的提出则是在2004年。这一教育学派不仅在我国教育理论界产生重要影响，并且也为我国的教育实践改进做出诸多新的尝试和贡献，主要体现在这一学派产生诸多基于实践的研究成果，代表性的有叶澜老师主编《"生命·实践"教育学论著系列"基本理论研究"丛书》等一系列著作，以及《让课堂焕发出生命活力——论中小学教学改革的深化》等一系列论文等。

基，致力于解决教育理论与实践相分离的问题，为我国实践教育学的发展树立了成功典范，这也是改革开放以来我国教育实践较为成功和长久的实践样例。

实践教育学理论在某种意义上就是一种教育哲学，但教育哲学成为一种实践哲学有其自己的演化逻辑和发展脉络。在整个教育哲学向实践哲学靠近和转化的历史进程中，大致有两种演进理路：其一，源于复兴亚里士多德等古希腊实践哲学的思想传统，主张一种具有规范意义的教育哲学建构。这种思路主要是在批判分析哲学囿于对教育做纯粹概念分析的阐释，而忽视教育哲学对现实教育问题解决的实践性。英国教育哲学家怀特（White，J.）认为"教育哲学应该是至高无上的，关于教育目的的总体上的讨论都是它所致力解决的问题"[①]。卡尔（Carr，W.）也认为"讨论教育哲学，应首先讨论什么是实践活动，而非什么是哲学。此意指教育哲学为一种实践科学"[②]。这些都是明显反对教育哲学偏离实践而流于理论分析和概念演绎的分析教育哲学。还有诸如伽达默尔、麦金太尔等对亚里士多德实践哲学传统的新理解，并基于这一新亚里士多德的立场，"重新确立了教育哲学理解教育实践的一种规范性的进路"[③]。其二，基于马克思实践哲学的立场和思想，阐发教育哲学作为一种解放实践和批判实践旨趣的理论进路。马克思虽然没有明确论述教育哲学就是一种实践哲学，但他认为"环境的改变和人的活动的一致，只能被看作是并合理地理解为革命的实践"[④]。这也意指教育哲学应做革命的教育实践来理解。之后，杜威、保罗·弗莱雷、布迪

---

① ［英］怀特：《再论教育目的》，转引自石中英《教育哲学》，北京师范大学出版社2012年版，第17页。
② ［英］卡尔：《新教育学》，转引自石中英《教育哲学》，北京师范大学出版社2012年版，第17页。
③ 夏剑：《实践哲学视域下的教育实践论研究》，博士学位论文，南京师范大学，2017年。
④ 人民教育出版社教育室：《马克思恩格斯列宁论教育》，人民教育出版社1993年版，第65页。

厄、阿普尔等人都借鉴了马克思的实践哲学思想，将现实的教育实践活动作为考察和批判的对象，进而提出以人的解放和社会的完善为主要目的的价值追求。在我国，马克思实践哲学进路深刻影响着教育哲学的建构和发展，并成为我国教育哲学研究的一大亮点和特质。①

(三) 学生评价转向实践哲学的时代背景

如今的时代，是一个数字化、信息化、网络化、全媒体、区块链、5G、人工智能、万物互联的时代，是诸多新兴技术迸发和喷涌的时代，在这样的一个时代，每个人以及世界的每个角落都难以逃离这个技术社会的影响。其中，人工智能对教育的影响越来越深，甚至预示着教育将要迈进人工智能时代。波普尔在其《客观知识》一书中，系统地提出了三个世界理论，即物理世界（包括物理的对象和状态）、精神世界（包括心理素质、意识状态、主观经验等）、客观化的观念世界（包括艺术作品、科学问题、故事、神话等）。②在教育人工智能的时代，教育世界也有三个新的智能虚拟世界，分别为教育事实和存在映射数字化教育事实和存在的世界一、个人教育认识映射人工智能教育认识的世界二和教育思想和知识库映射人工智能教育思想和知识库的世界三。③由此可以看出人工智能对教育世界延展和更迭产生着重要影响，并逐渐成为教育世界发展的主要时代潮流。人工智能技术在教育中的应用正在促使教育发生革命性、历史性的变革，尤其是在"支持教师设计教学策略、实现

---

① 在我国，教育哲学转向实践哲学深受马克思实践哲学和杜威实践哲学的影响，如范寿康认为"教育哲学是应用哲学的一种，与经济哲学、政治哲学及法律哲学一样，是必要的而且是可能的"。（转引自石中英《教育哲学》，北京师范大学出版社2012年版，第13页；详细参见宋恩荣《范寿康教育文集》，浙江教育出版社1989年版，第6页。）持此观点的还有早期的教育哲学家吴俊升、李石岑等，以及当今的黄济、鲁洁、叶澜等。此外，还有石中英、冯建军、金生鈜、李政涛、余清臣等都对教育哲学转向实践哲学做过相关论述，他们论述的基本立场都有源于马克思实践哲学和杜威实践哲学的影响。

② 刘放桐：《新编现代西方哲学》，人民出版社2012年版，第520—521页。

③ 邓国民：《智能时代教育研究的认识论变革与方法论转变》，《现代教育技术》2020年第5期。

精准化教学、帮助学生规划学习路径、推荐学习资源、提升学习效果等"① 方面更有用武之地。此外，在学生评价范式、方法、标准、实施等方面也产生了重要的变革影响，但也存在着过于依赖数据分析技术，"将数据等同于评价"② 的风险。因此，在这个技术狂进和滥觞引发人心躁动的时代，更加重要的不再是一般认知能力、知识获得能力等，而是"道德、理性、审美、自我意识、自我控制等"③ 的能力，无论是在教育领域之内，还是在颠覆性技术波及的其他领域，这个时代比以往任何时代都需要德性的规约和实践哲学的智慧加持。因为，"由于缺少安宁，我们的文明将慢慢在一种新的野蛮中结束……大量加强沉思成分属于你必须对人性进行的必要修正。然而每一个在心脑中宁静并坚持不懈的个人都有权相信，它不仅拥有好脾气，而且拥有普遍有用的德行，并通过保存这种德行，甚至完成了一个更高的使命"④。

二 学生评价转向实践哲学的必要性

学生评价转向实践哲学的哲学背景、教育背景和时代背景似乎预示着学生评价转向实践哲学的不可逆性和必然性，但这只是其转向实践哲学的背景分析，并不构成其转向的必要条件。因此，对于学生评价转向实践哲学的必要性分析是必须要做的，它关系到其转向的合法性辩护和合理性确证。从学生评价所面对的主要困境分析，可以发现其转向实践哲学的必要性主要体现在以下四个方面。

首先，以本质主义哲学、功利主义哲学、情感主义哲学和实证

---

① 赵帅、黄晓婷：《依然在路上：教学人工智能的发展与局限》，《北京大学教育评论》2019年第4期。

② 桑德拉·米丽根等：《大数据、人工智能与学习评价方式》，《北京大学教育评论》2019年第4期。

③ 喻丰：《论人工智能与人之为人》，《人民论坛·学术前沿》2020年第1期。

④ 冯平：《现代西方价值哲学经典：先验主义路向（上册）》，北京师范大学出版社2009年版，第141页。

主义哲学为代表的传统哲学,在影响与指导学生评价的理论建构和实践发展方面越来越显得力不从心,后起的分析哲学和后现代哲学在学生评价实践的完善方面似乎也显得捉襟见肘。因而学生评价要达至良善实践,走向真正实质意义上的育人,就必然需要一种新的哲学范式和新的哲学思维来改变当下的学生评价样态,而实践哲学则是目前最为适切的选择。这是因为它在变革当下价值中立的学生评价取向,克服控制欲望和分数利益泛滥的学生评价实践困境,促进学生评价理论与实践的辩证统一等方面具有一定的优势,它也能够促进学生评价在辩证综合的逻辑理路之上更好地发展。

其次,"实践活动是人类有意识、有目的、能动地改造世界的客观物质活动,它自身具有深刻的内在矛盾性"[1]。学生评价作为人类的实践活动之一,同样具有内在矛盾性,具体表现为学生评价实践活动的合目的性和合规律性、理想性和现实性之间的矛盾,学生评价标准的主观性和客观性之间的矛盾,学生评价方法的人文性和实证性之间的矛盾,如此等等。这些存在于学生评价实践活动中的内在矛盾体系,只有在学生评价实践过程中才能够得到解决,这就需要实践哲学深层地介入、理解、诠释和指导。

再次,学生评价转向实践哲学,可以促使学生评价的理论与实践研究更加关注实践、理解实践和面向实践,而不再局限于对学生评价实践中的问题做形而上的本质性讨论,也不单纯地用学生评价理论指导和规范学生评价实践,而是要在学生评价理论与实践辩证统一的过程中反思和批判学生评价实践中的实际问题,从而为学生评价活动走向和达到一种良善状态提供实践基础。

最后,承接前文哲学、教育学、教育哲学以及整个时代转向实践哲学的历史必然性的论述,结合学生评价与以上四者之间的密切关系,可以进一步推论出学生评价转向实践哲学的历史必然性和必

---

[1] 孙正聿:《哲学修养五十讲》,北京大学出版社2008年版,第77页。

要性。

三 学生评价转向实践哲学的可能性

学生评价转向实践哲学有着充足的背景基础和强烈的内在必要性，但这并不能说明学生评价转向实践哲学这一道路是必然可行的，因而学生评价转向实践哲学的合法性辩护还需要其转向具有一定的可能性和可行性。学生评价转向实践哲学的可能性主要表现在以下四个方面。

首先，学生评价与实践哲学具有一定的联结性，这种联结性和相通性使学生评价转向实践哲学具有一定的可能性。从本原和发生意义上来讲，学生评价与实践哲学有着一定的历史联结，即学生评价有着实践哲学的原初意义，而德性与实践分别构成了学生评价与实践哲学的内在联结和关系联结，这在前文概念澄明一章已有详细论述。

其次，学生评价与实践哲学有着共同的核心问题，即理论与实践的关系问题。理论与实践的关系是贯穿实践哲学始终的核心问题，这一点是毋庸置疑的，可以说，对于学生评价而言，学生评价理论与实践的关系问题是学生评价生而具有和生来自带的，也是长期困扰和限制学生评价持续发展的主要阻力，因而两者有着共同需要解决的核心问题，这也为学生评价转向实践哲学提供了一定的可能性。

再次，学生评价与实践哲学有着共同的目的和相似的功能，即学生评价最终的目的是通过教育教学及其活动的不断改进来达到育人目的的最大化，进而实现人的整体发展的最优化，实践哲学的基本目的也是通过在实践活动中人的智力因素、价值因素和社会文化因素的相互作用和反应，而达到人的整体发展，可见两者共同的最终目的都在于促进人的整体发展。而且，学生评价的功能不是单一的，而是集导向、调节、诊断、发展等功能于一身的；实践哲学的功能也是复合的，"既有把人的价值、文化从人的实在、纯粹自然的存在中分离出来的功能,又要创造人的价值、文化现实的功能;既有创造人的现实存在的功能,又有创造人的理想、人的未来的功能;既有创造个体存在的功能,又有创造社会存在的功能"[1]。可见两者在各自功能之间也存在着一定的相通性,或者说,实践哲学的功能从整体和宏观的视角来看是包含学生评价的功能的。

最后,学生评价与实践哲学在思维方式、概念话语、方法论等方面具有一定的相通性,这些相通性使学生评价转向实践哲学有着一定的思维、概念和方法上的可能。实践哲学在其漫长的发展和演进过程中,已经形成了一套较为成熟的思维范式、概念表达和方法论体系,这为学生评价转向实践哲学提供可能的思维、话语和方法基础。同时,学生评价理论与实践哲学都反对二元对立和价值中立的思维方式,都有着面向实践、理论与实践统一等相似的话语表达体系,也都提倡采用多元适切的方式方法。加上学生评价在随着教育学和教育哲学转向实践哲学的历史过程中,与实践哲学在思想、实践等多个方面产生了一定的联系,这更加增强了学生评价转向实践哲学的可能性和说服力。

第二节 中西方实践哲学概观

祛除学生评价功利化,对学生评价作为功利化实践进行彻底的改弦易辙,不能仅仅止于对学生评价转向实践哲学的分析,还需要进一步对学生评价转向实践哲学之后应该成为什么样的实践进行分析,即学生评价转向实践哲学之后应该作为一种德性实践,以此改变学生评价作为一种功利化实践的不当定位,使学生评价实践回归育人本质。不过,在分析学生评价作为德性实践之前,还需要对中西方实践哲学、马克思实践哲学做进一步梳理,以此为学生评价转

---

[1] 何萍:《生存与评价》,东方出版社1998年版,第59—60页。

向实践哲学而作为一种德性实践，提供坚实的理论基础。

一 中国实践哲学的历史概观

在我国古代汉语语境中，实践是由"实"与"践"两个词组合而成的复合词，其基本的意思是将主观的认识转化为实际的行动。[①]虽然"实践"一词在传统语境中很少使用，但却不乏对于"知行"的论述，一定程度上西方所言的实践与我国传统中的"行"具有较高的相似性。而且作为一门爱智学问的实践哲学，我国古代哲学并非止于对人类理性认识和知识的探求，更加注重人的道德修养和人格塑造，以及社会德性的整体提升和大同世界的通达。可以说，实践是我国哲学思想的基本品性。无论是儒家思想，还是道家思想，他们都主张从人的本性出发，"把人天生的自然本性作为指导社会实践的理论基础与对社会人生的美好的向往"[②]。如儒家以仁义礼智信等德目作为为人处世的标准，其理想人格是一种具有内圣外王品质与能力的圣贤，他们所追求的是大道直行、天下为公、世界大同的社会理想。道家以人的自然本性为基础，主张人的一切行为效仿自然，遵循自然法则和事物客观发展规律，其理想人格是一种能够获得个性解放和精神自由的自然之人，他们所追求的是一种道法自然、天人合一、无为而治的社会理想。不过，道家所追求的人格理想与社会理想过于消极和隐遁，不免陷入虚幻的"躺平主义"，并不利于人与人的交往和社会的发展，所以他们所倡导的思想并没有成为中国古代实践哲学的主流。而儒家所构建的基于道德智慧和德性实践知行合一的实践哲学，不仅获得了历朝历代统治者的认可和推行，也得到了历代人们的认同、遵循和向往，从而获得了强大生命力，并成为我国古代哲学的主体构建。而且，实践哲学主要面向现实人生和生活世界的思考和实践，探讨人应该采

[①] 李俊伟：《麦金太尔的实践概念》，硕士学位论文，华东师范大学，2009年。
[②] 彭鸿雁：《中国哲学的特质是实用理性还是实践理性？》，《江淮论坛》2015年第3期。

取哪些行动准则，以及如何达到生活的最终目的和社会的发展理想，从这一方面来说，儒家思想更加符合实践哲学的应有之义。因此，对于我国古代实践哲学的概述，主要是围绕儒家实践哲学的主要思想与发展进行论述。

孔子作为儒学的开创者，他的思想自汉武帝"独尊儒术"以来，极大地影响和引领了中国两千多年之久的发展，无论是在学术思想之上，还是在日常生活之中，在中国古代史上很难再找到与之比肩的人。直到现在，孔子及其所开创的儒学思想仍然影响着我们每个中国人的思想观念和行为方式，可以说，这种影响已经渗透在我们生活和实践的每个角落。孔子所开创的儒学在一定程度上就是一种极具实践品性的实践哲学，他不仅以其因材施教的德性方式推行其君子之学，更是以温良恭俭让的德性品格实践着其所倡导的君子之学。孔子一贯重视实践，强调力行，而想要真正走近孔子，理解孔子哲学，其关键在于领会他所言说的实践。需要注意的是，实践在孔子及其思想中是以"行"出现的。"孔子教育的基本目的是培养志道和弘道的志士和君子。"但"志道和弘道并不是孔子教育的终极目的，推行其道乃是他的最终目的"[1]。可见，孔子并不止于培养具有德性之智的志士，更要培养具有德性之行和实践智慧的君子。在教育内容上，"子以四教：文，行，忠，信"[2]。虽然文能教人以知，但文是建立在基本的德性之行的基础之上的，如孔子所说，"弟子，入则孝，出则悌，谨而信，泛爱众，而亲仁。行有余力，则以学文"[3]。学生只有在进行一些基本的德行的基础上，才对文进行系统学习，然后用所获得的知识进一步指导和规范自己的行为，也就是知而后能行。而忠和信不仅指文中之知，更存于实践之

---

[1] 毛礼锐、沈灌群：《中国教育通史》第1卷，山东教育出版社1985年版，第220—221页。

[2] 李泽厚：《论语今读》，安徽文艺出版社1998年版，第187页。

[3] 李泽厚：《论语今读》，安徽文艺出版社1998年版，第35页。

内，因为德行已经将忠和信囊括在内，如果没有了忠和信，人们所进行的实践，也就不是德行，同时，人们的德行也在增进人们的忠和信的德性品质，即孔子所言"居之无倦，行之以忠"[1]。孔子的教学总纲是"志于道，据于德，依于仁，游于艺"[2]。他以仁和德为纲领，以六艺为基本内容，旨在使学生能够得到全面发展，这与马克思实践哲学和我国教育目的所提倡的教育要培养全面发展的人的思想具有异曲同工之妙。而对于仁和德的理解，孔子是在具体实践活动中对其进行把握和理解的，在孔子看来，仁和德只有在现实的社会实践中才能得到显现，而且这个社会实践是每个人所躬身实践和亲身参与的，每个人因此所具有的知识储备、所含有的人格品质和所处的位置环境不同，其所践行的仁和德的力度和方式也会有所不同，这也是孔子因材施教的根据。孔子对实践的注重，还体现在他对什么是君子和知行关系的论述当中，孔子说"先行其言而后从之"[3]"君子欲讷于言而敏于行"[4]"君子耻其言而过其行"[5]"古者言之不出，耻躬之不逮也"[6]"先事后得，非崇德与？"[7] 这些论述无不彰显行对于君子成仁和实践的重要性。

孔子这些重要的道德思想和教育思想对于今天的学生评价实践具有重要的借鉴意义，我们所进行的学生评价实践在根本上是服务于人的全面发展和德性增长的，指向的是育人，这也是孔子思想所力求达到的。难能可贵的是，孔子并不止于对育什么样的人和如何育人进行系统论述，更注重教育之人的德性涵养和德性品质，这启示着当下学生评价实践的主体，尤其是作为占据大多数学生评价主

---

[1] 李泽厚：《论语今读》，安徽文艺出版社 1998 年版，第 290 页。
[2] 李泽厚：《论语今读》，安徽文艺出版社 1998 年版，第 173 页。
[3] 李泽厚：《论语今读》，安徽文艺出版社 1998 年版，第 62 页。
[4] 李泽厚：《论语今读》，安徽文艺出版社 1998 年版，第 120 页。
[5] 李泽厚：《论语今读》，安徽文艺出版社 1998 年版，第 342 页。
[6] 李泽厚：《论语今读》，安徽文艺出版社 1998 年版，第 119 页。
[7] 李泽厚：《论语今读》，安徽文艺出版社 1998 年版，第 295 页。

体的教师更应当以德性品质开展评价,以仁爱德性实践进行评价实践,如此,学生评价实践才能成为一种德性实践,而非功利化实践。对于学生评价作为一种功利化实践,所造成的危害和弊端,孔子也早有一番见解。孔子说:"放于利而行,多怨。"[1] 只根据利益来做事,会危及到其他人的利益,所以必然会招致他人的怨恨,人与人的交往实践也将会被越来越多的外在利益区隔,更进一步的影响是,现实中喻于利的小人也会随之增多,而喻于义的君子则难以大行其道。现实功利化的学生评价实践所导致的结果何尝不是如此。[2] "德之不修,学之不讲,闻义不能徙,不善不能改,是吾忧也。"[3] 孔子所担忧的是不培养品德,不探求学习,知道道理而不去践行,有错而不知道改,这同样是当下学生评价实践所应该忧虑的,因为学生评价作为一种功利化实践正是导致了与孔子所担忧的相似结果,如教育教学不注重对学生道德的培养和对学生学会学习的引导。总体来看,"孔子对'行'的推重、'学'以行其'道'的垂教以及'仁'不离亲躬亲行的诲导,无不澄明着孔子哲学原本就是一种实践性的哲学,从而确证和昭示着孔子哲学以实践为特性的思想品格"[4]。

孟子继承和发展了孔子的儒家学说,他所阐发的内圣外王之道极其具有实践哲学的思想品性,并成为我国古代哲学思想史上重要的实践哲学代表。孟子的内圣外王之道建立在性善论,以及他对人性洞察的基础之上。孟子认为人是一种区别于他者的道德与伦理存在。首先,人是一种道德的存在。"人皆有不忍人之心。……无恻隐之心,非人也;无羞恶之心,非人也;无辞让之心,非人也;无是非之心,非人也。恻隐之心,仁之端也;羞恶之心,义之端也;

---

[1] 李泽厚:《论语今读》,安徽文艺出版社1998年版,第110页。
[2] 李泽厚:《论语今读》,安徽文艺出版社1998年版,第115页。
[3] 李泽厚:《论语今读》,安徽文艺出版社1998年版,第171页。
[4] 高连福:《实践:马克思哲学与孔子哲学会通的思想基点》,《世界哲学》2020年第5期。

辞让之心，礼之端也；是非之心，智之端也。人之有是四端也，犹其有四体也。"① 仁义礼智就是四种德性，它们并非后天获得的，而是我们先天所固有的，它们是我们之所以为人的内在本性，是区别于禽兽的根本特性所在。不过人所具有的先天德性是处于一种萌芽状态的，教育所做的事情就是要帮助人们扩充和成长这四种德性。其次，人处在伦理关系中方为人。马克思说人是一切社会关系的总和，每个人都是在一定的社会关系中获得人之为人的确证。在孟子这里，人同样需要在一定的伦理关系中获得存在之基。"人之有道也，饱食、暖衣、逸居而无教，则近于禽兽。圣人有忧之，使契为司徒，教以人伦：父子有亲，君臣有义，夫妇有别，长幼有叙，朋友有信。"② 这句话的大意是人如果只满足于吃饱、穿暖和逸居，则接近于禽兽而不足以为人。人之所以为人，是因为人还需要接受教育，并经过教育而自觉地遵循父子、君臣、夫妇、长幼、朋友五种人伦关系所对应的人伦规范与义务，人也只有在践行"五伦"关系的社会实践中才能获得存在的价值。正是基于人是一种道德和伦理关系的存在，孟子构建了其"内圣外王"的思想体系。"得志泽加于民；不得志修身见乎世。穷则独善其身，达则兼善天下。"③ 在内圣方面，孟子认为人要在道德教育之中获得德性之知，并通过德性之知的导引，在不断的德性涵养和道德修养的实践活动中，彰显和扩张其仁义礼智的道德本心，并在日常的社会实践中成就其德性之身体和精神，以此获得内圣之道，即使是在社会中不得志，也可以获得独善其身。在外王层面，孟子主张泽加于民和兼善天下，就是要在五伦关系的社会实践中，实践其德性，并推动社会实践尤其是政治实践成为一种至善的实践，从而通过自上而下的政治实践影响天下人，使天下因人人能够成就其德性而充满仁义之善，从而达到

---

① 朱熹：《四书章句集注》，中华书局2015年版，第220—221页。
② 朱熹：《四书章句集注》，中华书局2015年版，第242页。
③ 朱熹：《四书章句集注》，中华书局2015年版，第329页。

天下之治和世界大同。孟子"从人良心本心自我确证和发现，到自觉培养、发端养为仁义礼智诸德，再到推己及人充分扩张于他人和社会群体，最终实现个人修身齐家的道德实践行为与社会治国平天下的政治实践行为的高度统一，构成了一个极具实践品格的儒家思想体系"①。孟子的实践哲学对学生评价实践有着重要的启示，他所言说的教育目的同孔子一样，都是培养具有高尚德性和内圣外王的君子，我们所进行学生评价实践的最终目的何尝不是如此，但功利化的影响使得我们今天的学生评价实践偏离了这一目的，反而是帮助教育成就了一大批精致的利己主义者，我们所固有的道德品性不但没有得到很好的扩展生长，反而是在某种程度上被遮蔽和掩盖。

王阳明是我国实践哲学发展的重要里程碑，他不仅极大地发展了实现儒家内圣外王的心学路向，更是成功地践行了内圣外王之道，做到了立德、立言、立功②。他的实践哲学是以"心即理"为逻辑起点的，他在龙场悟道，悟出"圣人之道，吾性具足"，向外求道是行不通的，所谓心外无物、心外无事是也。而这个圣人之道与心之本体就是良知，"心者，身之主也，而心之虚灵明觉，即所谓本然之良知也"③。良知又是什么呢？"良知是造化的精灵。这些精灵，生天生地，成鬼成帝，皆从此出，真是与物无对。人若复得他完完全全，无少亏欠，自不觉手舞足蹈，不知天地间更有何乐可代！"④也就是说，良知是产生一切的根源，是我们与世界万事万物打交道的基础，更是我们孜孜不倦所追求的那个东西，如果完全恢复良知，并按照良知行事，那么我们将会得到终极的幸福和满足。

---

① 郑臣：《内圣外王之道——孟子实践哲学思想初探》，《社会科学家》2012年第10期。
② 立德、立言、立功，出自《左传·襄公二十四年》鲁国大夫叔孙豹的一句话，"太上有立德，其次有立功，其次有立言。虽久不废，此之谓不朽"。大意是，最上等的是树立德行，其次是建功立业，最后是著书立说，这些是人生三不朽的事情。有一种说法，自古以来，能做到此三不朽之事，只有两个半人，孔子和王阳明各占其一，曾国藩算半个。
③ 王阳明：《传习录》，中州古籍出版社2015年版，第174页。
④ 王阳明：《传习录》，中州古籍出版社2015年版，第337页。

就算是糊涂的昏暗之士，如果能在事物中随时做到精确体察心中的天理，发现和做到其心中本然的良知，那么就算是愚蠢也会变得聪明，柔弱也会变得刚强。可见，王阳明的实践哲学基本上就是一门致良知的实践之学。"若能实致其良知，然后见得平日所谓善者未必是善，所谓未善者，却恐正是牵于毁誉得丧，自贼其良知者也。"①如果能真正致良知就会发现，平时所谓处理好的并不一定是好的，那些所谓未尽善的，恐怕正是由于在意毁誉得失，而毁掉了良知。其实，仔细思考一下我们所有的教育实践，不外乎王阳明所说的致良知的实践活动，包括学生评价实践在内的教育实践活动，其整个过程和目的都是引导学生致良知，使学生能够按照良知为人处世。而在现实的学生评价实践中，未能做到致良知而达到实践之善的，主要是因为我们的学生评价实践使得学生太过在意毁誉得失和功利得损，而忘了良知本心。在如何致良知方面，王阳明提出了知行合一的方法论思想。他说："知是行的主意，行是知的功夫；知是行之始，行是知之成。若会得时，只说一个知，已自有行在。只说一个行，已自有知在。"② 不同于前人所言的先知后行、知行分离的论述，王阳明认为知行是合二为一的，是一体两面的，我们在谈论知的时候，就已经包含了行，同样谈到行的时候，就已经包含了知，知在行中不断获得发展，行在知之中不断获得提升，两者不可须臾分离。他进一步说道，如果把知行当成两件事来做，先知后行，如果非要等到获得了知才去下功夫采取行动，那就有可能终生不会付诸实践，从根本上来说也就终生无知。在王阳明的实践哲学体系中，知行合一是最具有实践特性的，他对知行合一的强调和重视，为人人可以成尧舜，人人可以做到内圣外王，提供了一个真实简易的方法论。

总体来看，儒家的实践哲学特别注重对社会实践的强调，以及

---

① 王阳明：《传习录》，中州古籍出版社2015年版，第207页。
② 王阳明：《传习录》，中州古籍出版社2015年版，第30页。

突出人的实践智慧和实践品质,而这些都要以一定的德性为基础,从某种程度上来说,儒家所倡导的社会实践是一种德性实践。儒家的德性实践从根本上是致力于人们达到内圣外王的境界,进而促进世界大同的实现,也就是说,儒家的实践哲学不仅重视修身成己,达到对自我的超越,也注重通过积极的入世干预的政治实践和文化实践,达到天下太平的外王之境。可见,儒家的实践哲学所倡导的实践,不仅突出对主观世界的认识和改造,更在于对外在世界的认知和改变。以上所有的这些,归根结底都需要转化为具体的实践行动,也就是要通过知行合一的方式来实现内圣外王,来使社会实践成为一种德性实践。真正的儒家,"都必须以天道的活泼起用及社会化的躬行实践来作为衡量标准,都以维护人的生存、生活及创造发展为根本目的,不容许任何破坏人的生命成长和戕害人的人格尊严的行为存在"[①]。换言之,儒家实践哲学的思想从来不止于对人进行知识的教育和技术的训练,而是主张对人进行更多的德性和至善的教育,使人获得德性之知和德性之行的内在统一,而这些恰恰是我们当下的学生评价实践所严重缺乏的。

二 西方实践哲学的历史概观

在西方哲学史上,亚里士多德开启了一个对人的实践行为进行探讨和研究的实践哲学传统,"康德作为亚里士多德之后实践哲学的代表,他以先验主义恢复了古希腊几近消亡的实践哲学传统,将形而上学与科学进行了清晰的划分,为实践哲学的复兴开辟了一条新的重要路径"[②]。此外,还有像黑格尔的精神实践哲学、杜威的经验实践哲学、海德格尔的存在实践哲学、伽达默尔的解释实践哲学、阿伦特的行动实践哲学、麦金太尔的德性实践哲学,等等,都

---

① 张新民:《论王阳明实践哲学的精义——以"龙场悟道"及心学的发生学形成过程为中心》,《浙江社会科学》2018 年第 7 期。
② 张丽娜:《反思西方实践哲学》,《中国社会科学报》2020 年 4 月 14 日第 1 版。

是西方实践哲学的重要代表,都可作为学生评价成为一种德性实践的理论基础,但限于文章的篇幅,对于西方实践哲学发展的概观主要选择具有代表意义的亚里士多德"德性养成"的实践哲学和康德"自由完整"的实践哲学进行论述。

(一) 亚里士多德"德性养成"的实践哲学

从实践哲学是关于实践的哲学和作为实践哲学的理解来看,亚里士多德的实践哲学主要分为对实践的目的和原则等理论层面的探讨,以及如何使这些目的和原则的实践理论在实践中得到真正的发挥和实现。对于实践的目的来说,亚里士多德并未给予重要的论述和强调,而是在《尼各马可伦理学》中开宗明义地讲道:"每种技艺和研究,同样地,人的每种实践与选择,都以某种善为目的。"[①] 但是善是多种多样的,可以是范畴性的,可以是关系性的,可以在灵魂和身体之中,也可以在身体之外,但它们总是指向一种最高或最好的善,"最好的善是完满的目的,而完满的目的(笼统地说)似乎不是任何其他东西,而是幸福"[②]。幸福作为德性实践的原则和自我完满的实存,其自身作为一种最高的善也是一种德性的存在,并且是存在于按照德性的生活之中。换言之,作为最高善的幸福与德性的关系可描述为,"既然最好的善是幸福,而在实现中它又是目的和完满的目的,那么,如若按照德性而生活,我们就会有幸福和最好的善"[③]。按照德性生活就是德性实践的一种理解,同时按照德性生活还需要作为生活主体的人具有一定的德性,这就必然要求实践哲学也要致力于人的德性养成的培育。

亚里士多德的实践哲学区别于其他实践哲学的根本之处,在于他着重强调善的目的和原则怎么能在实践活动中更好地得到实现。

[①] [古希腊]亚里士多德:《尼各马可伦理学》,廖申白译注,商务印书馆2019年版,第20页。与此翻译相近的是苗力田的版本,"一切技术、一切规划以及一切实践和抉择,都以某种善为目标"。参见苗力田主编《亚里士多德全集》第8卷,中国人民大学出版社2016年版,第3页。

[②] 苗力田主编:《亚里士多德全集》第8卷,中国人民大学出版社2016年版,第248页。

[③] 苗力田主编:《亚里士多德全集》第8卷,中国人民大学出版社2016年版,第251页。

对此，他认为善的目的的实现需要在合乎德性的生活之中寻求，而这需要借助于理智德性和道德德性（伦理德性）的共同作用才能达到。理智德性是一种道德理性或道德智慧，它建立在德性认识的基础之上，并且主要靠长时间的经验化教育完成；道德德性（伦理德性）是一种品质的存在，它存在于我们对实践选择的中道、适度或中庸之中，并且主要是靠着习惯养成而获得的。理智德性与道德德性（伦理德性）的共同作用对于任何一种合乎德性的实践活动是必不可少的条件，因为在任何一种合乎德性的行为活动中，"首先，他必须知道那种行为。其次，他必须是经过选择而那样做，并且是因为那行为自身故而选择它的。第三，他必须是出于一种确定了的、稳定的品质而那样选择的"[1]。由此可见，一个具有德性的人之于善的目的和原则在实践活动中更好地实现的重要性和必要性。

综合以上对亚里士多德实践哲学的两方面理解，不难发现，从某种意义上来讲，亚里士多德的实践哲学就是以德性实践作为研究主题的哲学，并且是致力于人的德性养成和培育的实践哲学。就其实践哲学的理论层面来说，德性是其核心范畴，但就其实践哲学的实践层面来说，德性实践则是其核心范畴。但两者都需具有德性的人来完成，所以，他的实践哲学是致力于探讨使人成为具有高尚德性的人或品德高尚者。使人成为品德高尚者的实践哲学"想把公民教育成良好的城邦公民，此外，或许教育成哲学家，但无论如何，要把公民教育成合乎道德者"[2]。这也赋予了亚里士多德实践哲学的教育学意义，即要把人教育成合乎德性的存在者，而只要是将人教育成合乎德性的存在者的实践活动都可算作一种具有德性实践意义的行为活动，依据这一理解，学生评价因其主要存在和开展的价值

---

[1] ［古希腊］亚里士多德：《尼各马可伦理学》，廖申白译注，商务印书馆2019年版，第44页。

[2] ［德］奥特弗里德·赫费：《实践哲学：亚里士多德模式》，沈国琴等译，浙江大学出版社2011年版，第24页。

在于培育合乎德性的人,则理应作为一种德性实践的存在。因而,亚里士多德旨在培育人的德性养成的实践哲学,可为学生评价作为一种德性实践提供一定的理论基础和资源涵养。

(二)康德"自由完整"的实践哲学

在亚里士多德的实践哲学领域中,善与德性是一种客观性的存在,其对德性实践的思维方式也是一种客体论的。而在康德这里,他确立了主体论作为实践哲学的思维方式,认为德性实践是人的一种自由选择和自由意志,是作为主体的人的实践理性所能实现和完成的。在康德看来,实用、功利、技术、感性等意义上的实践并非属于实践哲学,真正意义上的实践必须具备一定的原因和条件基础,即"它们的原则完全不是从永远以感性为条件的自然概念中借来的,因而是基于超感性的东西之上,后者是只由自由概念借助于形式规律才使之成为可知的,所以它们是道德上实践的"[1]。超感性的东西便是一种理性的意义,因而理性和自由便成了理解康德实践哲学的重要概念,同时两者也是构成康德意义上的实践哲学的基本条件。

理性在康德的实践哲学中的旨趣全在于他对三个重要问题的探讨中。"我之理性所有之一切关心事项(思辨的及实践的),皆总括在以下三个问题中:我所能知者为何?我所应为者为何?我所可期望者为何?"[2] 第一个问题是与知识、思辨相对应,是理论理性或纯粹理性的;而理论理性或纯粹理性如何进入和成为实践而转变为实践理性,则是第二个问题需要解决的;第三个问题则是连接理论理性和实践理性所必需的调节条件。对于康德的实践哲学来说,第二个问题则是其实践哲学讨论的核心问题范畴。但无论是对于康德的形而上学的理论理性,抑或其实践哲学的实践理性,还是连接其理论理性和实践理性的反思判断力等中介调节工具,其根本的逻辑起点和价值归宿都是指向人的自由完整,因为康德一切哲学都是以

---

[1] [德]康德:《判断力批判》,邓晓芒译,人民出版社2002年版,第7页。

[2] [德]康德:《纯粹理性批判》,蓝公武译,商务印书馆2005年版,第554页。

人为目的的。与亚里士多德不同的是，康德以人为目的的实践哲学，指向的是所有的人，不分种族、阶级、国界、文化等的所有人。而且，康德实践哲学中的理性所指向的是德性及德性实践，"吾人所有理性之本性中，其最后意向，惟在道德的利益"。"在处世条规中，理性之全部任务，惟在联结'吾人之欲望所加于吾人之一切目的'在幸福之唯一目的中，及调整'所有到达此唯一目的之种种方策'与此目的相合而已。"① 这一理性便是一种道德律，是人之为人并走向德性实践的实践法则和道德律令，幸福则是一种人生完整或完满的状态，而其与德性结合，便是人生所需追求的根本目的，即至上的善。"德行与幸福共同构成了一个人对至善的拥有，并且与德性（作为一个人的价值以及使他得到幸福的配当）精确匹配的幸福也构成了一个可能世界的至善。"②

自由是康德实践哲学的概念体系的拱顶石，支撑着其实践哲学的理论合法性。自由在其实践哲学中有两层含义：其一就是人区别于其他动物它决的自由，即由自我决定的任意的自由，这种任意的自由是未经过理性启蒙或理性论证的，是一种不明所以的自发性自由和消极性自由。其二便是经过理性一贯的过滤和洗涤，从而达到依据理性自身为自己立法，并依据自己所立之法实践，从而达到意志自由，这种意志自由就是一种积极的自由，其积极性就体现在"它进一步阐明了自由的自我决定就表现为它自己为自己颁布规律"③，这种自己所立之法和颁布的规律便是每个人心中所确定的道德律，从而构成每个人在世行事和活动的实践法则。在以上两种自由中，意志自由或积极性自由才是人们在实践中所应具有和达到的自由，也只有在这种自由中，人才可能成为一种完整的人。而且意

---

① [德] 康德：《纯粹理性批判》，蓝公武译，商务印书馆2005年版，第551页。
② [德] 康德：《实践理性批判》，张永奇译，中国社会科学出版社2011年版，第139页。
③ 徐晓宇、姜军：《自由的实在性之思——康德实践哲学中的自由理论述评》，《理论探讨》2010年第4期。

志自由也符合康德实践哲学的真谛,"积极意义的自由则给人带来行为的合法性和合道德性,而这才是康德实践哲学所要追求的真正的目的"①。自由与德性是不可分离的,首先,自由本身蕴含着德性,因为对于每个人来说,"自由总是服从于道德的命令,那么自由本身就是普遍幸福的原因"②,即自由是人达至幸福的原因和依据,而幸福的完成是自由遵循和践行道德律的结果,那么自由本身便是与德性紧密联系,并具有一定德性意蕴,或者说自由本身就是一种先验的道德法则。其次,自由的实在性的确立也需要借助道德律令或德性法则。在康德的实践哲学中,自由只能借助德性法则才能得到理论确证,德性法则也只有通过自由得到理论证成,因而也只有在自由与德性法则的相互确证之中,才能确立自由的实在性。最后,自由实在性在确立之后,它的实现还需借助于人的德性实践。人只有在德性实践中才能获得自由,才能够得到完整的发展,才能够通往最高善。"自由概念是所有经验主义者的绊脚石,但却是批判的道德学家通往最崇高的道德原理的关键,凭借它,后者发现他们绝对有必要按理性行事。"③

康德依据的实践哲学具有一定的教育学意蕴,在某种意义上而言,康德的实践哲学"建基于强调人的自由和尊严,'人自身即是目的',反对技术地待人的实践哲学,是关涉教育生活中的'完整'之人的完整生成、人之生命自然展开的实践教育学"④。而且,康德在论述教育艺术时还主张,"孩子们应该不是以人类的当前状况,而是以人类将来可能的更佳状况,即合乎人性的理念及其完整规定——为准进行教育"⑤。以上都指向康德实践哲学的根本目的在

---

① 欧阳康、张明仓:《康德实践哲学及其意义探析》,《河北学刊》2008年第3期。
② [德] 奥特弗里德·赫费:《康德的〈纯粹理性批判〉:现代哲学的基石》,郭大为译,人民出版社2008年版,第304页。
③ [德] 康德:《实践理性批判》,张永奇译,中国社会科学出版社2011年版,第7页。
④ 李长伟:《实践哲学视野中的教育学演进》,湖北科学技术出版社2012年版,第87页。
⑤ [德] 康德:《论教育学》,赵鹏等译,上海人民出版社2005年版,第8页。

于实现人的自由完整发展，自由和完整两者缺一不可，自由的必然性及其结果是趋向人的完整发展，也是人达至完整状态和结果的必由之径，完整是一种自由意义和状态之下的完整，没有了自由，难以谈及完整。而在前文的论述中，自由与德性又是紧密相连的，因而实现人的自由完整的过程便是一种德性实践的过程，换言之，康德实践哲学也是一种强调和追求德性实践的哲学。而且，"在康德批判哲学中，理论与实践最终可以是统一的，这个统一的基础和根据就是它们共同的根源——主体性，而主体性的发现、阐发和弘扬的关键则在于主体论思维方式的确立"[①]。这一主体论的思维方式是建立在康德对于人的意志自由基础之上的，意志自由又是一种先验的道德法则，并且是实现幸福与德性联结而成的最高善的根本原则，因而意志自由的实践过程也是德性实践的过程，进而，理论与实践的统一是需要借助人的意志自由和德性实践的。基于以上论述，康德旨在追寻人自由完整的实践哲学，作为一种德性实践可为学生评价提供一种可资借鉴的理论资源。

第三节　马克思实践哲学及其发展

一　马克思的实践概念

在对前人关于实践概念的理解以及对社会生活切己体察的深刻理解和把握的基础上，马克思对实践的概念做了较为全面、深刻、系统的理解。在他看来，"实践是一种政治活动；实践是一种感性活动；生产劳动是实践概念最基本、最基础的含义；对于实践的理解应包含着价值性；对实践的理解包含着总体性原则；实践是人的生存方式"[②]。相比较前人而言，马克思关于实践概念的理解至少具

[①] 欧阳康、张明仓：《康德实践哲学及其意义探析》，《河北学刊》2008年第3期。
[②] 王罕哲：《马克思的实践概念与亚里士多德的实践概念的比较研究》，《求索》2015年第9期。

有以下四点不同。其一，马克思将实践作为一种基本的思维方式来建构其实践哲学理论，实践成为马克思哲学解释世界和改造世界的唯一途径，而前人只是将实践作为哲学思维方式的一个内容和对象。其二，马克思认为实践的目的是实现人全面自由的发展，且这一目的是通过社会中现实具体的每个人在实践中不断进行和完成的，实践的目的是与实践的结果相统一的；而前人多是将实践的目的理解为对至善的追求，而在实践中，这一追求并没有指向现实具体的个人，而是寄托于普遍的人去实现，也正因为这样，这种善的实践只能停留在理想层面，进而实践的目的与实践的结果是分裂的。其三，在理论与实践的关系层面，马克思坚持理论与实践相统一的原则，而在前人的认识中，理论与实践具有严格的区分和断裂。其四，"马克思的实践概念从狭义上说是指人类对自然进行直接改造的物质生产活动"①。而前人对于实践概念的狭义理解总是将其限定在政治实践或道德实践活动中。此外，从广义上来讲，马克思认为只要是关于人实现自身价值、意义、自由、发展等的行为活动都可算作实践，它既包括每个个体人的生存活动，也包括人们认识世界、改造世界的全部活动，从这个层面理解实践，则是"全部社会生活在本质上是实践的"② "实践作为人的存在方式、人所特有的对象性活动，是全部社会活动的基础"③。对于本研究的实践概念而言，更多的是指马克思实践哲学意义上对实践的理解。

二 马克思的实践哲学

亚里士多德确立了实践哲学的客体论思维方式，康德则确立了实践哲学的主体论思维方式，两者共同的特点都是将实践哲学仅限于一种伦理学和政治学的研究范畴，并且核心概念——德性、实践

---

① 王罕哲：《马克思的实践概念与亚里士多德的实践概念的比较研究》，《求索》2015年第9期。
② 《马克思恩格斯选集》第1卷，人民出版社1995年版，第56页。
③ 杜建群：《实践哲学视野下的综合实践活动课程研究》，博士学位论文，西南大学，2012年。

以及德性实践都具有一种形而上学的抽象意义，马克思实践哲学则是基于以上两种范式的反思和批判，提出了第三种实践哲学的前进道路和发展方向，即历史唯物主义的实践哲学。在马克思实践哲学视域中，实践首先在狭义上是一种人的感性生存活动，是一种物质生产的劳动实践；其次才是广义上的实践，即建立在物质生产的劳动实践基础之上的，一切以实现人类全面自由发展为目的的实践，包括理论实践、政治实践、伦理实践等。而且，马克思实践哲学还将实践作为个人生活方式的实践本质推进到作为全部社会生活的本质，进而将局限于伦理学和政治学领域中的实践哲学范畴扩充至生活各个领域都在其中的实践哲学，抑或只要是致力于实现人的自由全面发展的实践都可算作实践哲学的范畴。马克思实践哲学之所以是一种历史唯物主义的，就在于他将劳动实践置于优先和必要的地位，理论也必须要服从于劳动实践，在他看来，"劳动实践是实现人的本质和自由的根本途径，人的幸福和完满的善不是形而上学的沉思，也不是抽象的德性伦理实践，而是克服了功利性质和道德空想的、共产主义的劳动实践"[1]。马克思对劳动实践优先的理解进一步拉近了理论与实践之间的距离，并为理论与实践的统一提供了现实可能，因为这种"消除理论的彼岸性、神圣性，使之回归世俗生活实践，为理论与实践的打通创造了条件"[2]。

马克思实践哲学中虽然少有对德性的论述，但这并不意味着它并不关注这个话题，而是在结合对自由的论述中阐发德性的。自由可算作马克思整个哲学的目的，他所关注的自由是个人的自由和人类自由的统一，个人的自由是一切人的自由实现和发展的条件，一切人的自由实现和发展必然以个人的自由实现为前提。这种自由蕴含着解放的旨趣，因为个人的自由实现并不是先验存在的和预定

---

[1] 袁凌新：《马克思实践哲学的科学范式》，博士学位论文，首都师范大学，2009年。
[2] 李政涛：《交互生成：教育理论与实践的转化之力》，华东师范大学出版社2015年版，第57页。

的，而是需要不断地靠解放的力量去生成和实现真正的自由。"强调自由的实现，目的在于使人成为真正的人，即成为使社会历史发展的要求和人性发展的要求达到一致的人。"[1] 由此，自由便具有了一定的德性意味，在此基础上，马克思在其实践哲学中发展了对德性的理解和阐发，即德性应该具有"面向自然的人的适格德性、面向社会的人的主体德性和面向精神的人的自我德性"[2] 三种内涵，分别对应人应该在自然、社会和精神中实现一种自由性和自主性，而非作为被异化和被奴役的对象存在。

自由与实践在马克思实践哲学之中是互相依存的，自由需要由实践实现，实践也必然需要借助自由才能做到合理性的实践。既然自由具有德性的意蕴，那么实践与德性也必然具有一定的联系，在马克思实践哲学中，实践与德性事实上也确实存在着某种必然的联系。首先，实践本身就隐含着德性成分的存在。在马克思实践哲学中，实践并不是那种自发性、随意性的实践，而是一种合规律和合目的相互统一的存在，因而，"作为合理性的客观物质性活动，实践，说到底，是一种集真善美于一身的思想集合体"[3]。其次，德性是一种实践的存在，只有在实践之中才能获得其价值和意义。任何一种德性或道德都不能只做一种抽象的理解和审视，它们只有在具体的历史实践中才能够获得存在，"道德生活是人们社会活动的产物，一切道德现象都需要从人们在特定条件下的历史活动中得到合理阐释和说明"[4]。最后，实践是实现至善即最高德性的根本途径。在马克思实践哲学中，其至善的意义在于实现人的自由全面发展，

---

[1] 韩庆祥：《现实逻辑中的人：马克思的人学理论研究》，北京师范大学出版社2017年版，第399页。

[2] 周尚君：《马克思自由观的德性回归》，《华东师范大学学报》（哲学社会科学版）2010年第3期。

[3] 朱荣英：《马克思实践哲学及其后现代境遇》，人民出版社2014年版，第29—30页。

[4] 庄友刚：《马克思审理德性问题的方式及其当代意义》，《江西社会科学》2014年第5期。

以及整个社会达至自由人联合体的良善状态，而只有实践是实现这一至善的通达之径。"实践是主体与客体的统一、经验与超验的统一、理想与现实的统一，是不断走向至善的现实的历史过程，也是人的自由与解放的实现过程。"① 而且，这个实践并不是任何意义上的实践，而是一种德性的实践，一种自由的实践，因为，"人的自由全面发展的实质和关键就在于改变作为人的生存方式和本质规定的实践活动的性质，即把强制劳动转变为自主活动"②。这个自主便是一种具有德性意义和自由味道在其中的自主，自主活动则是一种德性的实践和自由的实践。

马克思实践哲学的根本旨趣和目的在于实现人的自由而全面的发展，这一目的处于统摄整个马克思实践哲学的思想纲领地位，"个人自由而全面的发展，既是未来社会发展生产力的根本途径，又是社会发展的趋向和目标，也是科学人道主义的实质和核心"③。作为实践活动的教育也应该服从于实现人的自由而全面的发展的根本目标。自由和全面发展的人是一种真正完整意义上的人，而完整的人只能由实践生成和完成，因为"只有实践才是人类本质的存在方式，因而完整的人的一切属性都只能在实践中引申出来，而完整人本身也只能在实践中产生"④。因而，"自由是马克思哲学的最终目标，而劳动是自由实现的条件和基点，解放是实现自由的政治手段。据此，我们也可以说马克思的实践哲学是一种政治实践哲学走向道德实践哲学"⑤。德性实践也由此在马克思实践哲学中获得理论的合法性确证。

---

① 贾媛媛：《马克思实践哲学的人本主义内涵及现代效应》，《黑龙江社会科学》2009 年第 4 期。
② 杨杰：《实践的逻辑——在马克思实践哲学的视野中》，博士学位论文，中共中央党校，2016 年。
③ 韩庆祥：《现实逻辑中的人：马克思的人学理论研究》，北京师范大学出版社 2017 年版，第 119 页。
④ 丁立群：《实践哲学人类学论纲》，博士学位论文，黑龙江大学，2001 年。
⑤ 胡传顺：《论实践哲学的三次变革——从亚里士多德、康德到马克思》，《东南学术》2015 年第 6 期。

三 马克思实践哲学的中国发展

马克思实践哲学中有着明确的价值指向，即他致力于反对和改变资本主义社会对无产阶级的压迫和剥削，以及诉诸共产主义社会的价值追求，从而实现人的解放和全面发展。人的解放有着丰富深刻的内涵，包括人从自然界的奴役和盲目自然力的支配中解放出来，从一切具有剥削压迫的旧社会关系束缚下解放出来，从剥削奴役的传统观念和思维方式的束缚中解放出来，成为自然界、社会关系和社会意识的主人。实现这一目的，不仅是在理论构建和思想观念中完成，更需要不断通过现实感性的实践活动去完成。毛泽东充分地认识到马克思哲学的实践品格和实践指向，认为："马克思主义的哲学认为十分重要的问题，不在于懂得了客观世界的规律性，因而能够解释世界，而在于拿了这种对于客观规律性的认识去能动地改造世界。"[1] 基于这种正确的认识，毛泽东提出马克思实践哲学要在中国的实践大地上生根发芽成长，必须要做到中国化，而毛泽东实践哲学就是马克思实践哲学中国化的产物。主要表现为，在运用马克思实践哲学的过程中，充分分析和批判继承我国历史传统文化，充分考虑我国现实实践和社会环境中的各种复杂因素，使马克思实践哲学与中国具体的实践环境有机地结合起来，并应用于中国的具体环境。《实践论》和《矛盾论》是毛泽东实践哲学的理论反思与表达，是中国革命实践的经验总结和理论升华，是马克思实践哲学中国化的典型代表。《实践论》围绕理论与实践之间的关系进行，强调了实践之于理论的基础性地位，"不仅理论的形成、检验等等依赖于实践，更重要的是理论的目的和意义也完全在于实践，并深刻地揭示出理论与实践的具体的历史的统一，而这种统一的基础也完全是实践"[2]。《矛盾论》则主要论述矛盾的普遍性和特殊性

---

[1] 《毛泽东选集》第1卷，人民出版社1991年版，第292页。
[2] 李佑新：《毛泽东实践哲学论要》，《哲学研究》2007年第12期。

之间的关系，并突出了矛盾特殊性的重要地位。强调矛盾的特殊性，就是在具体的社会实践活动中，充分分析具体实践的环境、因素和条件，抓住实践的主要矛盾和矛盾的主要方面。毛泽东实践哲学对实践和矛盾论述共同指向了实事求是这一命题，也是对马克思实践哲学在于改变和改造世界的中国化表达。毛泽东实践哲学为我们提供了弥足珍贵的实践遗产，其实践思维方式为邓小平所继承和发扬。邓小平坚持和发扬实事求是的实践思想，倡导和支持实践是检验真理的唯一标准的讨论，成为我国改革开放和中国特色社会主义建设的重要思想支撑。在此之后，这种马克思主义实践观和马克思实践哲学的中国化，也成为历届中央领导集体一以贯之的理念，并主导着日益成熟的中国特色社会主义理论体系。[1] 习近平总书记秉持实践哲学的品质，"他卓越地运用马克思主义哲学基本理论和方法，分析中国问题、阐释中国实践、解读中国道路，并创新性地提出一系列哲学理念"[2]，极大地丰富和发展了马克思主义实践哲学及其中国化。这主要体现于实践哲学的基本出发点是立足中国现实和关注时代问题，现实基础是贴近人民群众生活和集中人民群众智慧，归宿点是满足人民群众的利益和愿望诉求，方法论是遵循客观规律和坚持实事求是的思想路线，以及坚持唯物辩证法的基本观点和根本方法，还有对中华优秀传统文化进行创新性转换和创造性发展。

对于马克思实践哲学中全面发展思想的继承，主要体现在我国社会主义教育方针之上。1951年3月，第一次全国中等教育会议提出"普通中学的宗旨和培养目标是使青年一代在智育、德育、体育、美育各方面获得全面发展"。这是新中国成立后首次提出智、德、体、美全面发展。1957年2月，毛泽东针对教育界与教育方针有关的"全面发展教育"的讨论，提出"中国的教育方针，应该

---

[1] 邹诗鹏：《中国道路与中国实践哲学》，《马克思主义与现实》2012年第6期。
[2] 郝立新：《植根于当代中国实践的哲学智慧——论习近平同志对马克思主义哲学的运用和发展》，《甘肃社会科学》2016年第6期。

使受教育者在德育、智育、体育几方面都得到发展"。1995年3月通过的《中华人民共和国教育法》规定"教育必须为社会主义现代化建设服务，必须与生产劳动相结合，培养德、智、体等方面全面发展的社会主义事业的建设者和接班人"。党的十六大提出"要培养德智体美全面发展的社会主义建设者和接班人"。2018年9月，习近平总书记在全国教育大会上提出"培养德智体美劳全面发展的社会主义建设者和接班人"。虽然我们的教育方针在内容上不断有所变化和调整，但培养德智体美劳全面发展的人这一目的始终没有变化，其背后的马克思实践哲学全面发展的指导思想没有变化，而且我们所进行的教育改革都是围绕促进人的全面发展这一核心思想，教育实践也都是致力于实现人的全面发展。总体来说，马克思实践哲学的中国化实践及其发展，最终指向的是人的解放和全面发展，我国所有致力于此目的的包括教育实践在内的各种实践，整体上都可算是富有德性和人性意味的实践。不过我们也应该认识到在整体趋向德性的教育实践活动中，存在着实现人的解放和全面发展的阻抗因素和弊端障碍，功利化的学生评价实践便是其中之一。之所以说功利化的学生评价实践阻碍了人的全面发展这一教育目的的实现，从根本上来说，是它与马克思实践哲学及其中国化思想的育人价值旨趣是相违背的。扭转学生评价实践的功利化倾向，必须使学生评价转向实践哲学，并作为一种德性实践。

第四节 德性实践：学生评价转向实践哲学的实质

学生评价转向实践哲学，就是要摒弃学生评价实践的功利性、抽象性和绝对性，把目光更多地投向丰富多样、复杂多变的教育教学实践，就是意味着学生评价的研究和实践要以实践哲学为主要视域，以实践哲学的思维方式、概念表达、价值逻辑、方法理路等重新认识、理解、诠释、批判和反思整个学生评价活动和过程。也就是说，学生评价转向实践哲学就是要对现有的学生评价理论与实践，尤其是学生评价实践的研究逻辑、研究思维以及研究方法的根本性转换。"面向实践的教育学要关注生活的价值，由对教育活动及人的成长的外在原因的说明，转为对人的内在的自我批判意识的唤醒和对现实教育的批判和反思。"[①] 同转向实践哲学的教育学一样，面向实践的学生评价也是要更加关注教育教学生活和教育教学实践的价值，更加注重对人的培育，更加关注教育教学及教育教学活动之于人的知识、生命、素养、文化等的涵养和教育性的价值意义。转向实践哲学的学生评价，并非一种宏观虚无的实体性和本质性存在，也并非一个简单而盲目面向学生评价实践活动的冲动，而是以实践、良善、德性、反思、批判、理解等概念为主要范畴，旨在通过德性介入和参与，以达至良善的学生评价实践和学生评价理论与实践的深度统一的长远谋划和可能愿景，这不仅仅是一个全新的学生评价理念，也是一个新的学生评价范式和学生评价实践革命。因而，学生评价转向实践哲学，奠定了德性实践在学生评价研究中的重要价值，为学生评价作为一种德性实践以及学生评价理念、范式和方法的更新和变革提供了理论基础。总之，学生评价转向实践哲学的实质是学生评价作为一种德性实践的存在。

一 德性实践作为实践哲学的价值诉求

从实践哲学的发展历程来看，实践这一概念作为实践哲学的根基和核心是显而易见和不言自明的，任何一种实践哲学都是源于实践和面向实践的。同时，实践哲学从其产生便天然携带着德性的基因和图式，并且它的根本目的及其实现的过程都是需要德性图式的。因而，实践和德性的结合和统一成为德性实践，便构成了实践

[①] 刘旭东：《从知识的教育学到实践的教育学》，《高等教育研究》2008年第7期。

哲学的根本诉求和价值愿景。

(一) 实践哲学的概念根基：实践

实践哲学作为一种哲学形态，就必然有自身独特的概念体系和话语系统以区别于其他哲学的理解方式。实践是实践哲学中最为基础和核心的概念和话语，虽然其他哲学形态中也有这一概念和术语，但实践并不是居于基础和核心，而且实践哲学对于实践概念的理解方式也是区别于其他哲学系统的。实践作为实践哲学的概念根基主要表现为以下三个方面。首先，中西方实践哲学的根基性概念都是实践。从西方实践哲学发展史的内在逻辑来看，"知""应该""行"[1] 是实践哲学的三个基本概念范畴和元语言，"知"涉及是什么的认识问题，"应该"关系应然怎么做的价值问题，"行"关涉实际做的实践问题，在实践哲学视域内，前两者的问题最终都要以"行"来实现，而且也是来源于"行"，并付诸"行"。由此，实践是实践哲学三大基本概念范畴的基础，是实践哲学的概念话语根基。这一点从我国的实践哲学概念体系中也能得到确证，"在绝大多数的中国古代哲学家对哲学问题的论述中，他们始终会强调哲学的实践性特征，强调哲学对个体人生、对人与人和人与社会之间关系的关注、思考和实践，因此也形成了中国哲学中最重要的一对哲学概念范畴——知与行"[2]。其次，从实践哲学的基本特点看，人的实践活动始终是实践哲学的重点考察对象。"从实践哲学本身看，其关注之点可以指向不同的实践领域，所谓道德哲学、政治哲学、法律哲学等，便可视为实践哲学的特定形态，其特点在于考察人类实践生活的不同方面。"[3] 最后，从理论与实践的关系来看，实践哲学总是通过人的实践活动和借助实践的力量来解决理论自身的矛盾

---

[1] 文翔、倪志安：《实践哲学的元语言与现实逻辑》，《河南社会科学》2019年第2期。

[2] 张森：《实践的哲学：美国学界对中国哲学的一种认知》，《南京社会科学》2019年第7期。

[3] 杨国荣：《实践哲学：视域与进路》，《学术月刊》2013年第5期。

问题,并且始终在实践中不断地完善和更新理论,从而促使理论更好地指导和统一于实践,即实践哲学的出发点是实践,中介力量是实践,旨趣也在实践,其"逻辑特点是:实践,实践基础上的抽象思辨,再回到实践"[①]。

(二) 实践哲学的内在图式:德性

康德是最早将图式引入哲学概念体系之中并赋予其一定的哲学意蕴的,在其哲学话语体系中,图式用来连接和沟通先验概念与后天经验,并使先天综合判断成为可能。如必然性的先天概念必然有着一定的范畴,其图式就是在一切时间中的存在,与其相似的现实性,其图式就是在一定时间中的存在,诸如此类等等。对于实践哲学而言,它必然有着一定的范畴和界限以确证自身是实践哲学,那么它就有一定的图式概念规定着它在后天经验中的结构和内容,而这个图式概念就是德性。德性作为实践哲学的内在图式主要体现在以下三个方面。

其一,实践哲学自诞生之初便天然携带着德性的基因,而且实践哲学的现代复兴和发展也是与德性密切相关的。亚里士多德的哲学是实践哲学的开端,这是为学界所公认和确定的,亚里士多德认为人之所以为人,就在于他的实践活动和实践行为一定包含着善恶的德性认知和德性实践,在他看来,德性认知和德性实践是人的实践行为的一体两面,德性认知并不是某种死板固定的知识,而是"仅当一个人知道他要做的行为,并且出于意愿地、因其自身之故地并且处于一种确定的品质而选择的"[②] "善"的运用。所以对于亚里士多德的实践哲学来说,研究实践就是研究德性,而研究德性就是研究实践,德性是亚里士多德实践哲学的内在图式。近代西方

---

① 王玉樑:《论理论哲学和实践哲学》,《清华大学学报》(哲学社会科学版) 2012 年第 4 期。

② [古希腊] 亚里士多德:《尼各马可伦理学》,廖申白译注,商务印书馆 2019 年版,译注者序第 31 页。

哲学受到科学主义和理性主义的排挤而仅局限于对事物本质和终极根据的探索，实践则完全变成了亚里士多德意义上的制作技艺层面，两者都丧失了德性价值的观照，现代的实践哲学就是在这一背景之下复兴和发展的。因而，对于实践哲学而言，可以说生也德性、衰也德性、兴也德性，严格来讲，"实践哲学即是以道德实践行为作为研究主题的哲学"[1]。

其二，实践哲学的目的和追求是达至良善的实践，促进人的幸福和社会福祉等德性的实现。对于实践哲学来说，它"必然要面对所有价值规范并将其吸收到对人们改变世界的实践活动的理解中"[2]。这不仅是实践哲学一直以来的中心议题，也是实践哲学自身需要不断完成的事业。其中，这里面的所有价值规范都可以看作善这一最高德性概念的集合和目录。

其三，在实践哲学视域中，实践活动中的人是德性活动和德性行为的产物，因此实践活动也是德性所负载的。在亚里士多德看来，人是政治的动物，这表明人是天生离不开政治生活的，而且人天生就具有一定合法性和正当性的权利，这种合法性和正当性就是人类生活的普遍道德和共同德性，因而实践哲学"关心的是人类正确生活的方式和目的。正是在对自己生活方式和目的的选择上，人类的理性与自由得到了真正的体现"[3]。人类选择与实现正确的生活方式和目的就是一种德性的规定，一种善的彰显，换言之，人就是一种德性实践的产物。

（三）实践哲学的价值诉求：德性实践

实践和德性分别构成了实践哲学的概念根基和内在图式，但这并不意味着两者是可以相分离的，事实上，在实践哲学中，实践和

---

[1] 朱耀平：《众善相争　德性为上——亚里士多德"德性至上论"在康德实践哲学中的复活》，《中国社会科学院研究生院学报》2007年第3期。
[2] 阎孟伟：《对形而上学的实践哲学反思》，《哲学研究》2019年第4期。
[3] 张汝伦：《实践哲学的意义》，《读书》1997年第5期。

德性是密不可分的整体存在。少了德性，实践哲学就会缺少灵魂而不再是实践哲学；少了实践，实践哲学就会少了根基而沦为概念的堆砌。换言之，德性实践在实践哲学之中是一个整体性的概念存在，是实践哲学之所以是其所是的内在规定性，是实践哲学确证其身的根本依据，也是实践哲学最为根本的价值诉求。德性实践作为实践哲学的价值诉求和本质特征并不是一种主观臆造，而是有一定的内在条件和基本依据的，这主要体现在以下几个方面。

首先，从前文中对实践作为实践哲学的根基概念和德性作为实践哲学的内在图式的分析，以及结合本书对实践哲学概念的理解和界定（实践哲学是关于实践的哲学和作为实践的哲学的统一，是理论与实践的统一，是体与用的统一，是不断促使人全面自由发展和实践趋于良善的统一），可以很清楚地看出实践哲学的根本目的在于促进人的实践活动达至良善，并在良善的实践活动中促进人的德性提升，进而促进人的全面发展和社会的有序发展，即是在实践哲学的视域下，无论是人在实践活动中的过程和目的，还是人这一实践活动的主体，都是指向德性实践的。

其次，从实践哲学发展和演进的历史视角来看，德性实践始终是实践哲学的根本价值诉求。从实践哲学的发展历程来看，实践哲学一定是起源于人类的实践活动，并始终着力于解决在人类实践活动中的现实性和理想性这一根本性矛盾。在人类社会早期，人的实践活动总是受制于自然条件而危机重重，这是当时的人在社会之中的最大现实性，但人是一种具有主观能动性的存在，主观能动性赋予了人具有想象和理性的能力，这样人的实践活动的理想性便有了不断超越人的实践活动的现实性的条件和动力。从另外一个角度可以理解为，人的实践活动的理想性就是人相对于现实性而言的更好更善的实践活动，这样一来，实践哲学从其产生之初，便早有和自带不证自明的追求德性实践的历史使命和责任。从实践哲学的正式产生和演进来看，无论是古希腊时期亚里士多德的促进人德性养成的实践哲学，近代康德促进人自由完整的实践哲学，马克思促进人全面自由发展的实践哲学，还是现代杜威追求生活之善的实践哲学，哈贝马斯追寻良善生活的实践哲学，麦金太尔追寻德性实践的实践哲学，其共同之处都在于实现和达至人的实践活动的良善，以及促进人的发展。

再次，从中西方实践哲学的共同特征来看，德性实践就是实践哲学的基本价值诉求。对于普遍意义上的西方实践哲学而言，不仅是一种局限于伦理学、政治学等学科领域，或局限于人的伦理行为、政治行为等实践活动领域的理解和诠释，更是指向注重人类一切良善生活、正确生活的实践方式和目的。"只有这样的实践哲学才真正成为关怀生命的终极意义、探究生活的最高目的、引导人们追求幸福和至善的一种普遍的、世界的哲学。"[1] 在中国社会语境之下的实践哲学也多是指向人的伦理道德生活和政治生活，但这并不是意味着我国的实践哲学仅限于人的伦理行为和政治行为，而是同西方实践哲学一样，都是将其与人正确生活的目的和达至良善的实践活动联系起来，如儒家的"内圣外王"之道、"止于至善"之纲、"成德成圣"之旨，道家的"无为而治"和"顺应自然"，佛家的"明心见性""善恶有报""六道轮回"等，尽管各自的理解不同，但都希望人能拥有正确的人生目的和具有德性品质的生活，要能在德性的规引之下去践行、追寻和达至良善的实践活动，以实现人与万事万物的德性统一。由此可见，无论是西方文化之下的实践哲学，还是中国语境之下的实践哲学，德性实践共同构成了中西方实践哲学的价值旨归。

最后，无论是对实践哲学作关于实践的哲学的理解，还是对实践哲学进行作为实践的哲学的诠释，德性实践都是实践哲学需要追求的价值目标。一方面，关于实践的哲学是对人的实践活动的理论

---

[1] 郑臣：《实践哲学：中西哲学的交汇点》，《光明日报》2017年8月21日第15版。

阐释，这是一种对人的实践活动的概念性认识和理论性概括，亦即一种形而上学的实践哲学之解。那么这样一种理论性的和形而上学的实践哲学，它的最主要的目的和功用就在于，"依靠我们的理性能力为我们'改变世界'的实践哲学确立普遍的实践法则和价值理念"①。其中的实践法则和价值理念就是一种具有德性意味的规范，或者是包含德性原则和德性价值在内的，但无论如何，这种具有德性意味或包含德性在内的实践法则和价值理念最终是指向德性实践或良善实践的。另一方面，作为实践的哲学是关于实践的哲学对人的实践活动产生实际的作用和影响，这是一种由实践的哲学与理论指导和规约人的实际生活的实践。在这种意义上的实践哲学，它不再仅仅提供一种价值理念和实践法则，或者仅仅局限于一种理论认知的层面，"根本上它应该是关于人的存在与行为反思的实践智慧"②，并深刻影响和嵌入人类的各项实践活动之中。这一实践智慧就是人在私人领域和公共领域的实践活动中寻求某种平衡和正当，从而使人自身的实践行为成为一种良善的活动，具体说来，"就是在我们的各种独特幻想和我们与其他人的交往之间，在我们就我们自己、对我们自己讲的语言和我们就我们与他人共同的关怀、对他人讲的语言之间，寻找某种平衡"③。从以上分析可以发现，无论是在理论层面的实践哲学，还是作用于实践层面的实践哲学，德性实践总是人们需要共同追求和实现的价值诉求。

二 德性实践作为学生评价转向实践哲学的实质

学生评价转向实践哲学的实质是从实践哲学的视角，借助实践哲学的概念范畴、规范条件、话语体系等，对学生评价的理论畛域

---

① 阎孟伟：《对形而上学的实践哲学反思》，《哲学研究》2019年第4期。
② 张能为：《西方实践哲学传统与当代新发展——从亚里士多德、康德到伽达默尔》，《中国高校社会科学》2018年第2期。
③ ［美］罗蒂：《实用主义哲学》，林南译，上海译文出版社2009年版，第137页。

和实践领域进行一种整体性和全面性的审视、描述和阐释，但这种描述和阐释并非一种"另起炉灶"之说，而是在继承已有学生评价哲学理论的主要概念和重要命题的基础之上，形成或创新成为一种新的学生评价理论形态和实践样态。德性实践作为实践哲学的价值诉求的理论证成在前文已做阐述，由此便可以顺理成章地推论出德性实践的学生评价就是学生评价转向实践哲学之后而极有可能形成的一种新的学生评价理论形态和实践样态，即德性实践就是作为学生评价转向实践哲学的实质所在。进一步说，学生评价转向实践哲学的实质就是要构建面向德性实践的学生评价理论、构筑富有良善德性的学生评价实践和提供学生评价理论与实践统一的新思路。

（一）构建面向德性实践的学生评价理论

学生评价理论的产生和发展从来都难以摆脱哲学思想的浸润和影响，泰勒的学生评价思想作为首个正式意义上的学生评价理论，是在当时盛行的行为主义心理学、科学主义思想、实用主义哲学的基础上构建的，并在经过布鲁姆教育目标分类学的改造和发展后得到逐步完善。随着哲学中的现象学、解释学、存在主义、解构主义等理论的兴起和发展，人们开始重新审视、批判和反思目标学生评价理论，并逐步建构出具有当代意义或后现代性质的学生评价理论。同样，学生评价转向实践哲学，其必然也需要建构具有实践哲学意味的学生评价理论。德性实践作为实践哲学的价值诉求，并构成学生评价转向实践哲学的实质所在，那么学生评价转向实践哲学便需要建立面向德性实践的学生评价理论。构建面向德性实践的学生评价理论区别于其他学生评价理论，主要体现在：其一，面向德性实践的学生评价理论可作关于面向德性实践的学生评价理论理解，即其总是要提供一套关于学生评价实践的德性理论阐释和见解。基于行为主义、科学主义和实用主义的学生评价理论总是对学生评价实践进行一种操作意义上的理解，基于功利主义哲学的学生评价理论总是对学生评价实践进行一种功利化的理解，基于情感主义哲学的学生评价理论总是对学生评价实践进行一种情感化、人情化的见解，那么基于实践哲学的学生评价理论就是要对学生评价实践进行一种德性的理论解释。关于面向德性实践的学生评价理论具有一定的永恒性和稳定性，它不受时代的变化发展限制，如关于面向德性实践的学生评价理论总是希冀通过学生评价的开展促进人的德性完善和人的全面发展，这在应然层面是任何时代都需要的和不变的。其二，面向德性实践的学生评价理论也可作为面向德性实践的学生评价理论理解，即需要依其主张和观点对学生评价的实践发生实际的德性影响。基于功利主义、实证主义等哲学思潮之下的学生评价理论在实践中发生着人的片面发展、功利思想泛滥、盲目追求分数等实际的影响，那么在实践哲学之下的作为面向德性实践的学生评价理论则需要在实践中对人的德性增长和教育教学的改进等方面发生着实际的德性影响，使学生评价理论做到真正服务于人的发展。值得说明的是，作为面向德性实践的学生评价理论具有一定的时代性和情境性，每个时代和情境之下的学生评价实践所面临的现实问题和主题具有一定的特殊性，作为面向德性实践的学生评价理论便是要有针对性地解决在具体情境下的学生评价实践中所遭遇和面临的真切的实践问题，并且不是随意为之和敷衍了事地解决，也不是为了解决而解决，而是善的解决和要有德性参与其中的解决。只有关于面向德性实践的学生评价理论与作为面向德性实践的学生评价理论做到相互统一，理论所言说的学生评价实践问题与当下实际存在的学生评价实践问题才会具有一致性，面向德性的学生评价理论才会发生实际的功用，而不是悬置于抽象的高阁之上而难以落地。

（二）构筑富有良善德性的学生评价实践

系统化和规范化的学生评价产生之初，虽然有着哲学的历史基因，但同样对科学技术和量化思想有着强烈的渴求，这是因为人们相信借助于科学技术能够促使学生评价实践趋向科学化和客观化，并且这样也确实相对简便易操作。尤其是人工智能、神经科学、互联网等新科学技术和新自然主义思想更是强化了学生评价实践的科学化趋势，但这一强化的进程是建立在弱化和挑战"'人的本质、自我的认同、主体、伦理、价值、灵性、意识、意义'等为主题的传统人文学"①的基础之上的，当然，对于德性的弱化和遮蔽也在其中。由此，当下的学生评价实践总是一种缺乏德性观照和彰显的存在，而更多的是一种追求技术操作和量化控制的实在。学生评价转向实践哲学而作为一种德性实践的存在就是力图改变时下学生评价实践缺乏德性的积弊，促使学生评价实践成为一种富有良善德性的现实存在。构筑富有良善德性的学生评价实践，其一便是要求学生评价人员要具有一定的德性规范，并在遵守一定德性规范的基础之上进行学生评价实践，这就可以在一定程度上保障学生评价人员是为了人的发展和教育教学改进而进行的学生评价实践，而非是屈从于委托方的利益诉求和自身功利的需求。其二则是学生评价实践要注重对人的德性的培育和增长，而不是分数恶意竞争和成绩排名等强功利性和高利害性的目的。人们普遍认为通过学生评价所得的分数成绩，可以更好地体现教育教学质量和选择教育教学内容，并以此更熟练容易地完成具体的教育教学任务，这种观点一方面造成了学生评价对于丰富多样的教育教学实践活动价值的忽视，另一方面在实践中具体的教育教学目标多是提高学生的成绩分数和获得知识的行为能力等，从而真正意义上促进人的全面发展，尤其是德性增长的根本目标便被现实不断遮蔽，这也正是构筑富有良善德性的学生评价实践所亟须解决的问题所在。其三就是在学生评价人员的德性规范和学生评价中的人的德性增长前提之下，所有学生评价实践的利益相关者都能依据共同或公共的德性规范参与在学生评价实践之中，并认真履行自身的学生评价职责和践行德性，只有这样，富有良善德性的学生评价实践才会得到真正的或更大化的实现。

---

① 包利民：《至善与时间：现代性价值辨证论》，浙江大学出版社2018年版，第2页。

(三) 提供学生评价理论与实践统一的新思路

在本质主义、实证主义等哲学的背景之下，学生评价的理论与实践受制于二元对立的思维范式影响而长期处于一种割裂和分离的状态，虽然随着时代的发展和历史的进步，人们逐渐认识到这一历史积弊，并寻求一定的解决方案和转变一定的哲学思维方式来致力于改变这一状态，但现实中功利思想、利益诉求以及情感需要都阻滞着学生评价理论与实践的真正统一，或者说人们所诉求的学生评价理论与实践的统一只是停留在理想建构或理论想象层面，而在实践中则是不存在或难以做到的。学生评价转向实践哲学而作为一种德性实践的存在便是不仅在理论层面寻求学生评价理论与实践的统一，更是在实践层面致力于解决学生评价理论与实践的真正统一的问题，从而为学生评价理论与实践的统一提供一种新思路或新方案。首先，在实践哲学视域之下，作为德性实践的学生评价本身就蕴含着学生评价理论与实践的统一性。亚里士多德将人的生活划分为制作活动、实践活动和理论活动，而且这三种活动依次具有一定的层级性，最高的是人类的理论思辨活动。其次是人类的实践活动，理论与实践的划分自此便不断为后人加深，这为理论先于或高于实践的认识和理解提供了历史根据，进而理论与实践的割裂便在此认识之下愈演愈烈。人们只看到亚里士多德对人类活动的层级划分，却未能从整体上全面了解其实践哲学本身蕴藏的理论与实践的统一性，人们以追求善为目的的实践，无法与知识、真理或理论相分离，理论活动所追寻的真理或价值及其求知、求真和求善的意志或动力一直存在于人的实践活动之中，抑或理论活动本身就是一种实践，而实践之于理论的功用则在于"培养有助于实现理论目的的人，以此促成人的完善和发展"[1]。作为德性实践的学生评价本身便是蕴藏着这一理论与实践相统一的传统，所不同的是它们从不同的

---

[1] 李政涛：《交互生成：教育理论与实践的转化之力》，华东师范大学出版社2015年版，第49页。

方面和路向来寻求实现学生评价之于人的德性增长和完整发展的追求目标。从学生评价转向实践哲学而作为德性实践来看，学生评价理论与实践的真正统一需要借助一定的中介，而这个中介就是人在学生评价理论与实践活动中遵循一定的德性规范对两者进行有德性、合规律和合目的的转化。试想如果人们在学生评价理论活动中，所构建的理论并没有充分依据一定的学生评价实践，以及遵照一定的学生评价实践规律和正当的评价目的，那么人们的学生评价实践便不会按照这样的学生评价理论去实践。即使人们经过一定的理论活动构建了较为合理的学生评价理论，而实践的主体却因为受到强功利化的思维和高利害性的应试文化影响，很大程度上是不会遵照这种学生评价理论去实践的，学生评价理论与实践还是处于一种割裂的状态。可见，无论是在学生评价理论活动中的人，还是在学生评价实践中的人，在遵循一定的德性规范的基础上有德性、合规律和合目的地转化学生评价理论与实践对于两者的统一是多么的重要。对于学生评价作为一种德性实践而言，人们在不断构建面向德性实践的学生评价理论和构筑富有良善德性的学生评价实践的过程中，在遵循德性规范的基础上，不断地通过话语转换、理解沟通、多方协商等方式，对学生评价理论与实践进行着一定的转化。尤其是学生评价理论构建者和实践者对于学生评价理论与实践之间的转化更是起着至关重要的作用，他们作为学生评价理论与实践的重要主体，不断根据时代需求和情境需要而实现着两者的交互转化和彼此交替提升，进而实现学生评价理论与实践的有效统一和深度融合。

第四章

德性愿景：学生评价作为德性实践的应然勾画

所有评价从广义上讲都具有道德含义：任何受到公正评价的事物都需要加以实现或保持，并成为行为的某种规则。这更加确证了学生评价作为德性实践的可能性和合法性。但就目前的实际层面而言，转向实践哲学后的学生评价作为一种德性实践更多的是一种愿景和理想的存在，但这并不意味着我们对其探讨和研究的价值微小或近于无。事实上，任何一种合规律和合目的的社会存在大都是从其愿景描绘起始的，这对于学生评价作为一种德性实践也不例外。长期以来，人们困于学生评价作为以分数为主的功利化实践、以效率为主的管理化实践、以操作为主的技术化实践和以非理性为主的情感化实践的综合影响，造成的结果便是在历次学生评价改革中，人们只能做一些小修小补的事宜，这些"雷声大雨点小"的改革实践虽能在一定程度上解决学生评价细枝末节方面的问题，但难以彻底改变理论与实践斥离、唯分数论、缺乏对人性观照等瓶颈和难题，而这些难题才是阻碍学生评价改革深入推进和学生评价健康生态建设的根本阻力。正是在这种学生评价的实践困境之下，转向实践哲学之后的学生评价作为一种德性实践的存在才更有意义，对其图景的描绘也更有价值。是故，本书有必要对学生评价作为德性实践的应然图景和概貌进行分析和勾画，以此进一步认识学生评价作为德性实践究竟何为及其价值所在，从而为学生评价的困境提供一种新的破除方案，以及为学生评价作为德性实践的愿景实现提供依据。

第一节 学生评价作为德性实践的存在样态

以往的学生评价多是以一种控制逻辑和分数逻辑的实践样态而存在的，相应的学生评价作为德性实践也必然会表现出一定的存在样态，这种存在样态不仅是一种愿景和理想的存在，将其付诸实践更是一种现实的存在，而且这种未来可能实现的现实存在必定会压缩和挤占控制逻辑与分数逻辑的学生评价实践存在空间，从而促使学生评价生态系统向着良善的方向而改变和构建。在对学生评价作为德性实践的应然存在样态是什么分析之前，有必要对学生评价作为德性实践而不是其他实践样态和方式进行理解，以此明确学生评价不是其他实践，而应该是德性实践，这可算作对学生评价作为德性实践的否定性理解。在对学生评价作为德性实践的否定性理解的基础上，进一步从正面分析学生评价作为德性实践应该是什么样的存在，从而达到对学生评价作为德性实践的肯定性把握。

一 学生评价作为德性实践的否定性理解

在否定性辩证法中，"一切事物自身内含自否定因子，这一'活的'因子不断生长出自己的对立面推动着事物发展，这种把否定包含于自身的努力与持守是一切事物的根本存在方式"[1]。按照这一理解，学生评价作为德性实践的存在和理解本身也存在着否定性的因素，这一否定性的因素构成了学生评价作为德性实践的对立

---

[1] 沈斐：《否定性辩证法与财富的哲学澄明》，《马克思主义研究》2010年第7期。

面，即学生评价作为德性实践不是什么的理解，也正是学生评价作为德性实践的否定性理解和对立面的存在，才推动着学生评价作为德性实践的合理性发展，揭示着学生评价作为德性实践的合法性存在。

（一）学生评价不是功利化实践

学生评价作为德性实践首先不是一种功利化实践。功利化实践自古有之，它有着深厚的功利主义哲学作为理论基础，并且在经济利益先行的大社会背景之下，追求外在利益的功利主义之风更是大行其道，这自然会波及教育领域。更有甚者，在教育评价领域，功利主义泛滥是教育领域的重灾区，并且到处充斥着强功利化的教育评价实践，如教育行政部门为了要政绩，通过将学校群体分等划级和极力建设重点学校提升学校排名力和升学率；学校面临来自社会各方的压力，必须生产出能够在标准化考试中表现良好的学生；课程与教学的评价，以及教师和学生的评价也都围绕分数、排名、升迁、名利等外在利益而开展。究竟何为功利化实践，简单地说，功利化实践就是将作为人的实践活动简单地理解为某种欲望驱使而追求物质、名誉等外在利益的活动，而"否定实践活动的内在利益和价值，否认实践本身所具有的超自然的精神、理想和解放旨趣"[①]。学生评价作为一种功利化实践通常指的是以学习活动为"价值主体的现实需要和实际利益所达到的功效为评判标准的评价，强调利益至上是其评价的本质"[②]，而且这个利益更多的是由物质、名誉、分数等构成的外在利益。诚然，在学生评价实践中，难以排除外在利益的追求和干扰，事实上，外在利益广泛存在于学生评价实践领域中，合理的学生评价实践也应当鼓励相关利益者追求恰当或正当的

---

① 穆艳杰、张士才：《论三种社会形态与三种实践观》，《内蒙古民族大学学报》（社会科学版）2003 年第 1 期。

② 徐彬、苏泽：《论教育评价改革的动因、阻力与路向》，《当代教育科学》2020 年第 2 期。

外在利益，但现实却是更多的利益相关者并没有正确认识和反思所追求利益目标的合理性和正当性，一味盲目地追求自身外在利益的最大化，唯分数、唯排名、唯升学就是这种追求自身利益最大化的现实结果，可见这种功利化的学生评价实践已经超过人们在其中追求正当诉求和合理利益的限度，而沦为一种强功利性的零和博弈的评价实践活动。据此可知，这种功利实践的学生评价是缺乏德性观照的，而且也与旨在促进人全面而个性发展的学生评价理论相悖，摆脱学生评价作为功利化实践的命运而成为一种德性实践正是祛除学生评价的功利化的一种新尝试。

（二）学生评价不是管理化实践

学生评价作为德性实践也不是一种管理化实践。管理实践在管理学意义上主要是对企业而言的，一般说来，管理实践是指对"企业业务活动进行计划、组织、用人、领导和控制的活动"[①]。但管理并不仅限于企业之中，事实上在教育中也普遍存在着诸多管理实践，评价是教育领域中常见的管理手段。长期以来，人们普遍将学生评价作为一种管理活动，其目的是更好地做好学生管理和提高教育教学效果。而且在学生评价实践活动之中，往往采用的也是行政化管理或企业化管理方式进行，有目的地计划和组织，实行对学生及其活动的控制是学生评价作为管理实践的主要特征。管理作为学生评价的一种功能本就是无可厚非的，但在学生评价中，管理应是一种手段和方式，至多是一种学生评价的附加目的，而不应成为主要的目的，学生需要评价进行管理，教育教学也需要评价进行管理，但不需要评价走向一种管理化的倾向，它更需要评价实现育人的目的。学生评价作为一种管理化实践，一方面易使学生评价实践受到管理者的权力威慑和钳制，一味"遵循管理的逻辑，依靠行政化的技术路线，更多的是为了体现和实现行政管理者的意志

---

① 李显君：《关于管理整合的初步研究》，《中国软科学》2003年第4期。

和价值"[1]；另一方面也易使学生评价实践沦为以更好地管理教育教学和控制教育教学活动中的学生为主的活动，尤其是在学生学习活动的评价中，通过分数量化的评价手段，采用绩效的管理实践方式，以此达到对教育教学活动中的学生进行控制的目的，使其局限于追求分数和升学的单一活动而难以自拔。可见这种管理化的学生评价实践并非一种德性实践，甚至是盲从管理权威而有悖学生评价实践活动的客观规律，从而成为一种不合规律和不合目的的实践。另外，在如今的教育领域之中，管理的实践范式已经过时，取而代之的是治理的实践范式，在学生评价实践中同样需要治理的实践介入，因为治理所追求的不是单纯的管理、领导和控制，而是追求主体积极参与、精准适切、多方协商、方法多元的精治、共治和善治，以此实现学生评价实践的育人目的和促进学生评价良善生态的构建。

（三）学生评价不是技术化实践

学生评价作为德性实践同样不是一种技术化实践。技术化实践是人类存在和发展的基本实践活动方式之一，可以说人类文明的发展和演化很大程度上是由技术不断推动和刺激的，尤其是近代以来，技术化实践在推动社会快速变革和更新中具有举足轻重的地位。技术化实践同样促进着教育各个领域的变革，尤其是在教育评价领域更离不开技术的支持，事实上，教育评价要实现现代化和专业化的长足发展，是需要现代信息技术的不断支撑的。而且，技术的革新和演化影响着教育评价的方方面面，以时下发展势头迅猛的人工智能、大数据等技术的发展为例，它们的出现正在迫使整个社会由数字化时代进入智能化时代，这给教育评价带来的变革不仅仅是限于技术手段、方法策略等实践层面，更是促使着教育评价的理念、功能、思维、范式等理论层面的根本性转型，从这一个层面来

---

[1] 刘志军、徐彬：《面向未来的课程与教学评价：困顿、机遇与走向》，《课程·教材·教法》2020年第1期。

说，教育评价在一定程度上本身就是一种技术化实践，学生评价作为教育评价的一个子系统自然也是一种技术化实践。我们承认学生评价作为一种技术化实践是在一定的条件限制之内的，并不是鼓励学生评价实践技术化，或者用技术取代人在学生评价中主体和主导的地位。事实上，人们并未能合理地视技术之于学生评价的正当价值和技术在学生评价中合理运用的条件限度，而一味地崇拜技术、盲从技术和依赖技术，认为技术的发展一定能够使学生评价做到绝对的中立和客观，从而实现学生评价的科学化和专业化，正是在这种心态和技术实践论调之下，多数学生评价者才容易陷入一种技术中心主义或方法中心主义的泥潭。此外，将学生评价作为一种技术化实践，一方面易使学生评价沦为一种工具性的操作活动，从对学生的学业评价到学生的思想品德评价甚至是学生的综合素质评价，整个评价过程都交由技术以生产流程化的方式完成，相关的评价者只需要输入一定的教育教学活动数据即可，可见这种技术实践的评价将学生评价也作为工厂流水化生产产品的流程看待，评价者不再有温度、有情感，而成为一个冷冰冰的生产工具人的工人。另一方面，一旦技术在学生评价实践中得以熟练的运用，并且人们对其产生一定的依赖和信任，那么在技术化实践的学生评价中，人们将会很容易摆脱反思性的规约，丧失对学生评价实践的批判和反思的兴趣和能力，缺乏反思性质的学生评价将会进一步成为一种为评价而评价的技术化实践活动，从而遮蔽学生评价的育人的目的性价值。由此可见，学生评价作为德性实践并不排斥技术的参与，但绝不可将学生评价完全作为一种技术化实践看待和实施，学生评价的长远发展势必需要技术的支持，但育人和促进人的德性成长才是技术在学生评价中运用的根本目的和价值所在。

（四）学生评价不是情感化实践

学生评价作为德性实践更不是一种情感化实践。情感是人在任何实践活动中不可或缺的基本因素，人们之所以会选择或参与某种实践活动，以及做的程度深浅、效度好坏等都离不开人的情感参与和调节。教育作为一种实践活动同样需要情感的参与和介入，抑或，"教育就是人类的一种情感"[①]。因为从发生学的意义上来看，教育本身就蕴含着人类的一种关怀、关爱的情感，寄托着通过教育寻求人类幸福生存和美好生活的情感，而且在整个教育过程中也需要情感的支持和调控。学生评价自然也少不了情感的参与，但持完全科学化和绝对客观化立场的学生评价者，却是极力摆脱和排斥人类情感等因素对学生评价的影响，否认情感参与学生评价的价值和意义，事实上，学生评价作为人类的一种实践活动，人作为学生评价主体在其中始终是一种主导的存在，而且教育教学活动中人也是一种主体的存在，想要在学生评价实践中完全摆脱人的情感参与确实是不可能实现的，也是不现实的。虽然在学生评价之中难以去除情感因素的参与，但这并不意味着要将学生评价作为一种情感化实践，或者增大情感在学生评价中的比重，夸大情感在学生评价中的作用，同技术在学生评价实践中的运用一样，情感在学生评价中也应该是一种适切和恰当的存在，尤其是在促进人的发展和德性增长的学生评价中，情感更是要在适当的时间和空间中发挥重要作用，切记学生评价是为育人而评价，而非为评价而评价。将学生评价作为一种情感化实践看待，带来的结果是：一方面易使学生评价成为一种主观化的评价，评价者在对学生进行评价时，如若有过度的情感参与，评价者便会易受自身情绪和情感的控制，那么学生评价的结果便会因为不够客观而丧失使用的价值，整个学生评价过程便会成为一种收效甚微的不必要或多余的存在；另一方面也易使学生评价成为一种人情化的评价，情感在学生评价中占据主要位置，易造成学生评价秩序和生态的混乱，长此以往，人们便会对学生评价产生不信任和不需要的心态，如在对学生的学业进行评价的过程中，

---

① 刘庆昌：《教育是一种情感实践》，《河南师范大学学报》（哲学社会科学版）2017年第4期。

评价主体多是根据学生成绩好坏对其进行整体的判定，教师更会对学习成绩高的学生表现出好感，而对成绩不好的学生则是充耳不闻，那么教师在进行教育教学的时候是更多考虑如何将这些学习好的学生成绩进一步拔高，而不顾这些学生的全面发展以及那些落后生的学习进步需要；在对学生的品德进行评价的过程中，评价者多是根据自己的态度喜好或情感偏好进行，认为学习好的同学一定是三好学生，而成绩差的学生一定品德素质不高，而不是依据一定的客观标准做中立的评价，如此等等。所以，学生评价作为一种情感化实践是难以推动学生评价健康绿色发展的，在现实的学生评价实践中也是难以持续发展的。

二　学生评价作为德性实践的肯定性把握

学生评价作为一种德性实践不是功利化实践、管理化实践、技术化实践和情感化实践，但并不排斥功利、管理、技术和情感等因素的介入和参与，在学生评价作为一种德性实践中，反对分数、名利等外在利益的过度侵扰，而提倡追寻生命成长、德性增长和全面发展的内在利益和正当适切的外在利益；反对过于行政化的管理和效率化的管理，而倡导一种精治、共治、善治的人性化治理理念；反对技术过度干预和替代评价，而主张技术在评价中作为一种工具化的存在，并得到适度应用和服务于学生评价目的实现；反对情感的过度涉入，而强调情感在评价中合理地介入，尤其是在促进人的德性增长和社会化能力发展方面发挥作用。可见从对学生评价作为德性实践的否定性理解中蕴含着对学生评价作为德性实践的肯定性把握和诠释，同时在学生评价作为德性实践的肯定性把握中，大致可以窥见学生评价作为德性实践的应然的存在样态，即育人逻辑的学生评价实践和发展逻辑的学生评价实践。

（一）育人逻辑的学生评价实践

育人始终是教育亘古不变的主要议题和目的，这不受任何时代更替变化的影响和限制，学生评价作为教育重要的系统组成部分，自然而然也应始终以育人为根本的价值诉求。因而学生评价作为一种德性实践，其应然存在的样态必然是一种育人逻辑的学生评价实践。作为德性实践的学生评价的应然存在样态是育人逻辑的学生评价实践，这主要表现在以下三个方面。

首先，在作为德性实践的学生评价中，评价主体通过学生评价实现协同育人的目的。这是因为作为德性实践的学生评价并不属于某一个人或某一单向思路的实践，而是由学生评价中众多相关利益的实践者集思广益共同创造出来的，任何把学生评价实践"等同于单一教育实践者的抽象行为都是有危险的"[1]。在教育教学全过程的评价实践中，相关的教育和课程专家、教育行政人员、校长、教师、家长、学生等都在不同教育教学活动阶段的评价实践中发挥着重要的作用，可以说离开这些群体的参与，整个学生评价实践是不可能进行和完成的。这些评价实践者处于不同的位置和环境、扮演不同的身份和角色、具有不同的能力和想法、拥有不同的知识和素养，他们各自对于学生评价的关注点和侧重点是不同的，但他们有一个共同的目的，那就是育人。因此，作为德性实践的学生评价要将不同的评价主体组建成一个学生评价实践的共同体，充分发挥每个学生评价主体的负责、认真的德性力量，吸纳他们不同的学生评价建议和意见，管控他们彼此间不同学生评价分歧，促进他们彼此的理解、沟通和协商，使他们能够在育人的共同目的之下团结协作，为学生评价实现育人目的建言献策。

其次，在作为德性实践的学生评价中，评价主体通过学生评价实现教育教学育人和学科育人。"实现学科育人功能，是我国当前改革基础教育育人方式，全面提高教育质量的现实课题。"[2] 其中知

---

[1] 余清臣：《教育实践的哲学》，北京师范大学出版社2018年版，第63页。
[2] 郭元祥：《论学科育人的逻辑起点、内在条件与实践诉求》，《教育研究》2020年第4期。

识学习是学科育人的基本方式，而对于知识的选取、组织和整合都需要建立在学生评价的基础之上来完成，可见学生评价在实现学科育人的进程中也是具有重要作用和价值的。学科是依托自身一套知识系统和知识逻辑而存在的，缺乏知识的支撑，学科也就不复存在了，因而，学科育人的前提便是了解学生知识学习的背景、基础、心理和规律，而要做到这些，必然需要人们通过学生评价的手段去获得。而且，知识学习只是学科育人的基本前提，它还需要通过学生评价这一手段深度挖掘知识学习对学生产生深层次的优秀道德涵养、正确价值观确立等情况，这样学科所育之人不仅是一个智育发展之人，更是一个德性完善之人。此外，在学科教学的过程中，同样需要学生评价作为一种检验手段来衡量学科育人的质量。可见作为德性实践的学生评价在学科育人的过程中是一种必要的存在。

最后，在作为德性实践的学生评价中，学生评价的整个过程便是一种育人的实践活动。长期以来，人们只是将学生评价作为一种服务于诊断学生学习效果的手段，而未能认识到学生评价自身所蕴含的育人价值。从整个教育活动来看，教育就是育人的实践活动，学生评价作为教育之中的一个子系统自然应是其中重要的一环，也就是说，从学生评价产生之初，其自身就蕴含着育人的价值和使命。从整个学生评价过程来看，到处充斥着评价育人的力量，如在对学生知识学习过程的评价活动中，学生不仅应在知识学习的过程中获得一定的文化知识，同时也应该理解这些知识背后的文化内涵和社会意义；在对学生学习效果的评价过程中，评价者不应止步于对学生成绩分数的了解和关注，还需要找准学生学习的不足以及重视学习为学生综合素质带来的变化情况，以此促使学生认识不足和找准改进方向，同时学生在这一评价过程中，本身就是促进自我反思和自我教育的过程。因此，将学生评价的过程视为一种育人的实践活动，也确证了学生评价作为德性实践是一种育人逻辑的学生评价实践。

(二) 发展逻辑的学生评价实践

从目的论上来看，作为德性实践的学生评价是一种育人逻辑的实践样态，但从价值论上来看，作为德性实践的学生评价则是一种发展逻辑的实践样态，两者是一脉相承的，育人的目的决定着学生评价作为德性实践的价值取向是发展，发展的价值取向揭示和反映着学生评价作为德性实践的目的性诉求。尤其是新时代以来，立德树人的时代责任和培养德智体美劳全面发展的社会主义建设者和接班人的历史使命，更是昭示着发展作为学生评价的价值取向的意义。作为德性实践的学生评价的发展，"除了指改进特征的功能性内涵外，更重要的是指通过评价促进人的发展"[1]。改进主要是对教育教学的改进，包括对学生学习、教师教学等各方面的改进，这是作为德性实践的学生评价的基础功能。促进人的发展主要是指通过学生评价促进教师和学生的发展，对于学生的发展，不仅是指学生知识和技能等方面的提高，也指"学生通过课程学习实现思想启蒙、人性启迪和精神塑造"[2]；对于教师的发展，不仅是指教师在专业化方面的发展，还指教师在生命质量、道德情感、人文关怀等精神方面的提升。因而学生评价作为德性实践的发展逻辑的实践样态主要体现在以下两个方面。

一是作为德性实践的学生评价的最基础的价值功能在于促进学生学习的改进和提升教育教学的水平。学生评价促进学生学习的改进建立在对学生学习效果诊断的基础之上，对于作为德性实践的学生评价的诊断功能，不只是对学生学习效果进行简单的纸笔测试得出一个量化的分数那么简单，还要通过观察、访谈等多种途径诊断学生经过学习后所发生的多样化变化，从整体上了解学生综合素养的发展与不足。进而在此基础上使学生认识自己的进步和反思自己

---

[1] 刘志军：《发展性课程评价体系初探》，《课程·教材·教法》2004 年第 8 期。
[2] 罗生全：《全面而有质量的人的发展：课程评价的价值归属》，《教育发展研究》2020 年第 10 期。

的不足，为下一步学习行为和活动进行调整和改进。作为德性实践的学生评价在提升教育教学的水平方面，是以对学生学习活动进行整体评价为前提的，作为学生评价主体的教师不仅要关注学生所取得的成绩分数，还要关注学生的学习兴趣、学习态度、学习行为等多方面表现情况，在对所有学生学习活动整体了解和评价的基础上，调整相应的教学内容和改变自身的教学行为，从而有针对性地促进教育教学质量的提升。当然，丰富多样的学习活动是不确定、难以预测和千变万化的，作为评价主体的教师很难对其进行全面精准的把握和控制，但教师将学生评价作为德性实践，教师就会保持沉着冷静的审慎应对态度，在恪守道德规范的基础上理性分析动态不定的学生学习活动，从而更好地合目的和合规律地评价学生，而不是一味地追求精确全面地评价学生。

二是作为德性实践的学生评价的价值功能还在于促进人的发展，这里主要是指促进教师和学生的发展。自正式化和系统化的学生评价诞生以来，学生评价的价值功能就过多地指向学生的发展，而对于教师发展的价值则关注不足。事实上，学生评价对于教师发展的价值意义重大，教师作为一个教育者身份的同时，也是一个不断发展的学习者，其不仅需要了解学生学习的基本情况和阶段水平，还要了解学生个人发展的身心规律和特点，而这些都需要一定的学生评价介入，可以想象，一个不会进行学生评价的教师很难成为一名出色的教育者。而且教师通过与他者对话协商式和与自己内化式的学生评价，还可促进教师将评价内化为理解学生的一种思维方式，达到在理解中评价学生，在评价学生中求得专业发展。在促进教师专业发展的同时，德性实践的学生评价还注重对教师德性和价值的灵魂塑造，促使教师在做好一个知识传授者的同时，更要做好立德树人的灵魂培育者。在学生评价促进学生发展方面，人们时常关注学生评价结果对促进学生发展的价值意义，而很少注意到如果学生作为学生评价的主体，并具备一定的评价能力，那么他们在自我评价过程中就会认识和反思自身存在的不足，以及接下来该如何改进，这个过程本身就是一个促进学生自我发展的过程，因为学生可以在自我评价的过程中，形成对于自身以及自身学习的基本认识，并确立自身学习知识的价值和意义。另外，在学生评价促进学生发展方面，人们也过多地注重知识对于学生分数的获得和智育的发展，而作为德性实践的学生评价，则是促进教师在通过课程知识对学生进行知识传授和能力培养的过程中，更加注重对学生的精神引领和价值塑造。在这一点上比较符合赞科夫的一般发展理论，即"不但要发展学生的智力，而且要发展学生的道德品质、审美情感和意志，要形成学生的精神需要，特别是要形成学生对学习的内部诱因"[1]。而且，在学生评价方法方面还将会设置多元化的评价规则和采用多样化的评价方法，以期最大限度地全面化、全方位、多层次地考察学生的知识学习与运用能力以及情感、态度和价值观。

第二节 学生评价作为德性实践的理论意涵

在前文概念的分析基础上，本节将德性实践界定为在一定的历史背景和时代境遇下，人们通过关系性和协作性的实践方式，在追求卓越、优秀等标准和服从规则、规范的过程中，能够获得德性增长、良善等内在利益的活动。在这一概念中，时空背景、人的存在方式、德性的生发过程构成了德性实践的内在规定性，学生评价作为一种德性实践必然也符合这一定义的内在规定性，而且这一定义也揭示了学生评价作为德性实践的理论意涵。

一 学生评价发生在一定的德性实践场

场域是布迪厄社会理论和实践体系中的一个重要概念，在他看

---

[1] 杜殿坤：《原苏联教学论流派研究》，陕西人民教育出版社1993年版，第158页。

来，高度分化的社会世界是一个大场域，它是由诸多具有自身运行逻辑和独特体系的社会小世界构成的，并且在整个社会世界的大场域中，诸多社会小场域的运行逻辑和独特性之间相互影响、相互制约。如社会的大场域是由政治场域、经济场域、文化场域、艺术场域、教育场域、科学场域等小场域或子场域组成，而这些子场域之间虽然有着自身的运行逻辑和概念体系来保持它们各自的独立性和特殊性，但它们之间却是彼此关联和交互作用的。布迪厄从场域的视角对社会进行分析，促使了传统社会学分析的实体论思维范式向关系论思维范式的转变，这对于作为德性实践的学生评价有着重要的启示意义。作为德性实践的学生评价就是在关系论的思维范式指导下的实践活动，它本身就是一种由诸多子系统构成的实践系统，而且它的实践总是离不开一定的情景和场域。对于学生评价的德性实践而言，它的场域就是学生评价场域。但每次开展的学生评价活动并不是完全对学生整体进行一个综合评价，而是各有侧重，如对学生的课业或思想品德或综合素质进行评价，而且即使对学生的综合素质进行评价，也不是一次性地在同一个场域就能完成的。在对学生的课业进行评价时，多是通过一定的课堂测验和班级考试进行，那么这时的学生评价就发生在班级课堂的场域；对学生的身体素质进行评价时，多是通过体育测试在操场进行，那么这时的学生评价就发生在学校操场的场域；对学生的思想品德进行评价时，多是通过观察学生的课堂内外的规范行为或道德行为进行，那么这时的学生评价则发生在课内外的场域。所以对于学生评价发生的大场域而言，它有着对学生智育、德育、体育、美育、劳育以及综合素质等评价的子场域或小场域，而学生评价主体获得和践行德性以及促进学生评价实践趋向良善的活动就发生在学生评价的各个子场域之中。

依据布迪厄的社会场域理论，我们可将学生评价看作一个大场域，对学生智育、德育、体育、美育、劳育以及综合素质等评价可算作学生评价这一大场域分化出来的小场域。在这些小场域之中，学生评价主体开展学生评价实践，并在这些实践场域中不断获得德性和践行德性，以及促进学生评价实践不断向着良善的德性方向发展。在作为德性实践的学生评价场域之中，为了能够使该场域向着良善德性的方向发展，每个学生评价主体甚至是每个学生评价活动中的人都会在场域运行逻辑和基本理念的指导下，认同和遵循该场域的评价程式和规则，并且按照这一评价规则去促进教育教学与学生的德性增长和整体发展。而且在学生评价的各个子场域之中，每个参与教育教学活动的人都可扮演一定评价者的身份，而这个身份在赋予他们一定的评价权力的同时，也给予了他们特定评价规则和评价德性规范的要求，这些评价者按照共同特定的评价理念、评价规则、评价伦理、评价取向等进行着学生评价子场域的实践，并且这些子场域的评价实践共同构成了学生评价这一整体的实践。

从整体上来看，学生评价系统要达到运行良善的状态，就需要学生评价实践场域中的各个子场域各司其职，各自发挥自身的功能，并且相互协调和配合，只有这样，学生评价整个系统才会良好地运行。而良善的学生评价实践场域需要具有德性的人才能完成，也就是说，学生评价实践的各个子场域中的人的德性功能如何发挥和实践，决定着各个子场域中的人参与学生评价实践活动能否良好完成的程度，以及各个子场域学生评价实践的配合度和协调度。具体说来，只有学生评价主体以及参与教育教学活动中的人都能良好地践行他们的德性和发挥他们各自应有的育人作用时，学生评价实践的各个子场域的运行才是良好的。在学生评价作为德性实践时，学生评价是发生在一定的德性实践场域之中的，也只有这样，学生评价才是一种德性实践。

首先，学生评价发生在一定的德性实践场域之中是在时间中展开的，具有一定的时间性特征，并且与其他学生评价实践样态不同的是，学生评价的德性实践场域善于把握时间的结构和利用时间的策略，从而更好地彰显出学生评价作为德性实践的意义。"实践的时间结构。亦即节奏、速度，尤其是方向，构成了它的意义。"[①] 在学生评价实践中，评价时间的把握和评价时机的抓取都会影响学生评价实践的好坏。一方面，作为德性实践的学生评价是发生在基于过去、立足当下和专注未来的连续性时间序列中，基于过去主要是指在当下以及未来的学生评价实践是建基于一定的学生评价理论和学生评价实践经验，立足当下是指学生评价实践着眼于解决当下学生评价存在的主要问题，以及在当下的学生评价实践中积极促进教育教学的改进和学生的德性增长，专注未来是指学生评价实践的开展一直是以教育教学促进学生的发展和以教育教学育人为评价目标的；另一方面，作为德性实践的学生评价在一定的实施时间中，评价主体是善于把握学生评价的节奏、速度和时机的，如在对学生的课堂学习行为的评价中，作为评价对象的学生课堂学习行为是一个正在发生的实践活动过程，其中教师是学生课堂学习行为的主要控制者和影响者，学生是其课堂学习行为的主体行动者。正是在教师的积极影响和学生的主体行动之下，学生课堂学习的活动过程才会在一个连续性的时间内出现不同的学习节奏、速度和时机，作为学生评价主体的教师就是要善于利用这些不断变化的学习时间节奏、速度和时机对学生的课堂学习行为进行适切和恰当的评价。

其次，学生评价发生在一定的德性实践场域之中是在惯习影响之下展开的。"惯习是那些居于同一位置人的'集体无意识'，提供了认知和情感的导向，使个体能够以共同的方式描绘这个世界，以一种特有的态度进行分类、选择、评价和行动。"[②] 在任何学生评价实践的样态中，惯习都会影响和左右人们对学生的评价和判断，如在作为学生评价主体的教师群体中，惯习影响了每个教师在评价

---

① [法]皮埃尔·布迪厄：《实践感》，蒋梓骅译，译林出版社2003年版，第126页。
② [美]乔纳森·H. 特纳：《社会学理论的结构》，邱泽奇等译，华夏出版社2006年版，第472页。

理念、评价标准、评价风格等方面的行为一致性,在此基础上,这一群体中的教师都在同质化地进行着学生评价实践。但作为德性实践的学生评价则是在认识惯习为学生评价实践带来的优势基础上,也正视惯习为其带来的负面影响,并且评价者还善于利用德性的力量来制衡和弥补惯习为其带来的负面影响。在作为学生评价主体的同一教师群体中,教师在面对同质化的学生评价的同时,也彼此重视和尊重各自不同的学生评价差异,并在尊重差异的基础上进行协商和沟通,共同致力于学生评价实践向着良好状态发展。而在此种学生评价实践中,教师还将有共同或相似的德性规则和伦理规范,其中最大化一致性的德性规范便是追寻人的德性增长和实践的良善发展,一旦出现妨碍和排斥这一德性规范的学生评价行为,教师便可及时纠正或制止,以此在最大程度上保障学生评价实践的良善发展。

二 人在学生评价实践中是德性的存在

如果承认作为德性实践的学生评价是发生在一定德性实践场域之中,那么在此场域之中参与学生评价实践的人便应是一种德性的存在。同样,如果学生评价发生在功利化实践场域,那么人就是一种功利的存在;发生在管理化和控制性的实践场域,那么人就会变成一种等级或权力的存在。换言之,如果人在学生评价的德性实践场域中不是一种德性的存在,而是作为功利或等级的存在,那么发生在这个德性实践场域的学生评价便不再是德性实践,这个德性实践场域也随之异化为功利化实践场域或管理化实践场域。德性作为人"灵魂的意向、灵魂的内在态度"[①],从本质上构成了人之所以为人的内在规定性,并且影响着人对世界及周边环境的意义把握和行事态度。人有什么样的德性,他就对他人以及世界有什么样的价

---

① [德]恩斯特·卡西尔:《人论》,甘阳译,上海译文出版社2018年版,第13页。

值观和世界观,并且"具有自为德性自我的人的价值观必定是努力追求与周围世界的和谐,在提升自身德性的同时,逐渐形成并确立善的价值观"①。在学生评价实践中,作为德性存在的人参与其中,必定会形成具有德性的评价观念、评价规则等,并以此不断追寻着良善的学生评价实践,进而促成学生评价作为一种德性实践的存在。在德性实践的学生评价中,人作为一种德性的存在主要有两种方式,即德性在自身上体现在人是一种自律的存在,在与他人交往中是一种关系的存在。

首先,在德性实践的学生评价中,人是作为一种自律的存在。所谓的自律就是人根据自己的德性品质和善良意志而为自己做人行事所制定的德性规范,自律是人不容扰乱的内在本性,是不为外界功利性的利益所侵扰的,而且它所体现的是不把他人当作实现目的的工具,而是主张人是目的,并且"通过自律的道德人格确立普遍性道德法则进一步体现了每个人的自主性,亦即尊重每个人作为立法者的道德主体性特质"②。作为德性实践的学生评价尊重每个人在实践活动中的自主性,承认每个人都是实践活动的德性主体,每个人都有在学生评价实践活动中保持和践行道德自律的必要和义务。因为从根本上来讲,学生评价成为和保持一种德性的实践状态,就必然需要评价活动中的每个人都做到道德自律,而且这种自律并不仅仅是一种形式上的自律,更多的是人精神上的内在自律,因为"道德的基础是人类精神的自律"③。自律对于德性实践的学生评价至关重要,自律的学生评价主体既是学生评价作为德性实践的前提,也是德性实践的学生评价运行的基础条件,如在对学生学习效果评价方面,学生评价主体如果没有自律的德性,那么他就很可能

---

① 俞世伟、白燕:《规范·德性·德行——动态伦理道德体系的实践性研究》,商务印书馆2009年版,第91页。
② 卞绍斌:《法则与自由:康德定言命令公式的规范性阐释》,《学术月刊》2018年第3期。
③ 《马克思恩格斯全集》第1卷,人民出版社1995年版,第119页。

被人情化和功利化诱惑与利用,他们更多关注的是成绩分数高的学生,强化分数的甄别区分意义,而很少会关注到所谓的学困生和边缘学生,此种意义上的学生评价并没有将其结果合理地利用在促进教育教学改进和学生发展之上,由此而沦为一种缺乏德性观照的学生评价实践。近年来,第三方评价在教育评价中扮演着重要角色并迅速发展,但随之而来的问题是,第三方评价并没有统一的行业规范和法律约束,其组织管理和监督便处于相对无序状态。因此,要解决第三方评价组织在学生评价"工作中的中立性、评价过程的公正性以及评价结果的有效性和可信度等"[①]问题就需要其加强组织自律建设,而组织自律建设的核心和基础在于人的自律。而且在一定的评价组织内部,每个人的自律并不是我行我素或与他人自律相冲突的,而是"个体理解基于平等协商自主制定的道德规则的真正意义并且出于义务而自觉遵行规则"[②]。

其次,在德性实践的学生评价中,人还是一种关系的存在,这主要体现在人与他人的交往关系中。在学生评价中,人与人并不是相互独立和相互分离的个体,评价主体之间以及评价主体与评价对象之间是不断发生着交往关系和交互作用的,这时学生评价实践不仅需要个人的自律,更需要尊重他人以及具备与他人平等协商的德性精神。如学生评价主体在对学生学习过程进行评价的时候,在自律的基础之上,评价主体还要分析、理解和诠释学生学习行为,与学生进行交往对话,从而更好地了解该学生学习过程背后的行为态度、情感与价值观等,只有深度的理解和沟通,学生评价主体和学生评价对象才能更好地促进学生学习过程与行为向着育人的方向发展,才会更趋于学习的善。又如在学生学习结果的评价过程中,学

---

① 包国宪、张志栋:《我国第三方政府绩效评价组织的自律实现问题探析》,《中国行政管理》2008年第1期。

② 刘长海:《经典自律理论对新时代学校德育转型的启示》,《国家教育行政学院学报》2020年第4期。

生评价主体不仅要与其他的评价主体相互沟通,而且也要和参与教育教学活动的教师和学生进行沟通和协商,以便各方都能更好地理解和接受学生评价的结果,只有这样,改进教育教学的不足才是各方所积极自愿的行动,教育教学活动也才会走向善。

与人在德性实践的学生评价中作为自律存在和关系存在相呼应,人在德性实践的学生评价中践行德性也有两种表现形式,即学生评价各个场域中的人以参与者的身份践行德性,学生评价主体以观测者的角色践行德性。首先,在作为德性实践的学生评价活动中,各个子德性场域中的人是以参与者的身份践行德性。无论是在对学生的智育、德育、体育、美育、劳育进行评价的场域中,还是在对学生综合素质进行评价的场域中,学生评价主体与评价对象在评价活动中共同合作参与推动教育教学的改进和学生的全面发展。如在对学生智育进行评价的场域中,评价主体需要多方面地掌握和了解学生智育方面发展状态的各种数据信息,用来作为促进教育教学的改进依据;而对于既作为学生评价对象,又可作为学生评价主体的学生,在这一评价场域同样需要积极真诚地参与其中,充分展现自己在智育发展方面的多元化信息,以此为改进教育教学提供更充分的信息。在这一评价场域中,无论是作为学生评价主体还是评价对象,他们的德性都是至关重要的,只有他们是德性的,才能保证学生评价活动以及教育教学活动是德性的,这同样适合其他学生评价场域。总之,在学生评价的各个场域中,相应的评价主体与评价对象如果都能本着德性品质而行动,每个评价场域中的人都各自践履德性,那么相应的学生评价场域也会是德性的。只有全部学生评价实践的子场域中的人在自律和交往中践行德性,那么整个学生评价实践的大场域才会赋有德性的良好运行。其次,在作为德性实践的学生评价的各个子德性场域中的学生评价主体以观测者的角色践行德性。各个子场域中的学生评价主体不仅是参与者,同时也是观测者,作为观测者,学生评价主体既要按照德性的要求客观地观测和评价学生的学习过程与学习结果,也要有德性地观测这些学生在学习中的精神状态和发展状况。因为各个子场域的学生评价实践的目的不仅在于相应的教育教学改进和发展,更在于通过德性的学生评价实践促进学生的德性增长和全面发展,任何子场域中的学生评价实践只要未能关注到学生的发展这一层面,从根本上来说这种学生评价实践就是没有或缺乏德性观照的。

三 德性内生于追求良善的学生评价实践中

德性作为人的一种精神品质、人格特质和行为方式并不是与生俱来的,而是在一定的实践活动中生成和发展的,抑或德性作为人类普遍化的历史基因可能会被人遗传,最典型的就是性善论的观点,但这种与生俱来的德性基因同样需要在后天的实践活动中引发和生长,即无论德性是否为人与生俱来的,它的生长和发展都内生于后天的实践活动中。那么是不是人类所有实践活动都有助于人的德性生发和增长呢?事实上这一点再清楚不过了,人类所有的实践活动是人的价值实践活动,每一种实践活动都有着人类价值选择和目的追求的烙印,也就是说人的实践活动并不是一种自发无根无由的随机事件,而是人有目的和有价值的选择。进一步讲,人的实践活动受到人的价值支配和影响,如若人秉持良善德性的价值去开展实践活动,那么这个实践活动便会在很大程度上是一种德性实践,并且人在这种德性实践的活动中更易得到德性的生成和增长;相反,人如果持有功利或控制的价值去实践,那么这个实践活动很大可能会成为一种功利性的实践和管控性的实践,且人在这种实践中更容易滋长功利的心智和不平等的意识,从而不利于人的德性生发和提升。事实上,"我们每个人都具有一种道德的使命,即为自己塑造出真正的德性人格"[1],而这个塑造德性人格的使命必然需要在

---

[1] 邓安庆:《危机之下人类还有未来吗》,《社会科学报》2020年5月28日第5版。

趋向良善的德性实践活动中完成。学生评价作为人的实践活动之一，同样影响和作用于人的德性的养成和发展，并且德性内在生成于人们追求良善的学生评价实践活动之中。德性内生于追求良善的学生评价实践活动中，主要有两个层面的含义，其一德性是内生于学生评价实践中，其二德性在追求良善和卓越中生成。

就德性内生于学生评价实践中而言，主要是指作为德性实践的学生评价自身就内在蕴含着德性。首先，在作为德性实践的学生评价活动中，人们有着促使学生评价实践达至良善和效果最大化的共同目的，学生评价主体希望通过学生评价更好地改进教育教学和促进学生的发展，作为学生评价的对象也希望借助学生评价更好地促进学习的改进和自身的发展，而促进教育教学改进和学生发展可视作学生评价理论与实践中最大的善和最高的德性，作为德性实践的学生评价就是在追求最大善和最高德性的方向上努力和发展的，从而德性自然而然地内生于人在追求学生评价最大善和德性的目的性实践中。其次，德性内生于作为德性实践的学生评价的各个子场域中。在课程领域中，存在着两个重要的命题，即"什么知识最有价值"和"谁的知识最有价值"，这两个命题始终影响着课程内容的选择、组织和评价，但在这些知识观念的影响之下，人们给予了学生获得知识最大程度的关注，反而置于学生德性的缺位和忽略，进而影响着整个学生评价的方向性和侧重点。具体来说，在对学生进行评价的活动中，评价者更多关注学生对知识的认知、理解和内化，是学生知识的获得量及其所表现出的成绩分数，可见整个学生评价侧重知识的实用主义，而忽略了课程知识及其教学的德性价值。在德性实践的学生评价中，则是弥补以往学生评价实践对德性观照和彰显的不足，在学生评价各个子场域中不仅重视知识的实用价值和政治价值，更注重知识的育人价值和德性价值。最后，德性内生于学生评价实践中，还体现在作为德性实践的学生评价也是一种教育性的实践活动。在前文提及，作为德性实践的学生评价的应然样态是一种育人逻辑的实践，那么作为德性实践的学生评价自然是一种具有教育性意义的实践活动，因为在德性实践的学生评价中，评价者不再是一个冷冰冰或高高在上的裁定者，而是作为一个德性的伦理主体存在，评价者从以往对评价过程的控制和评价结果的关注，转向对学生评价的育人价值和发展价值的重视。总之，学生评价主体在作为德性实践的学生评价中，不应限于评价主体的身份和为评价而评价的行为，而更多的是充任教育者的角色和开展为育人而评价的实践。

德性在追求良善和卓越中生成，是指在作为德性实践的学生评价中，德性促使和保障着学生评价的主体和客体获得内在利益和获得卓越，学生评价主体和客体在追求内在利益和卓越的过程中实现德性的增长。首先，德性是在实践中获得和生成的，它是我们在学生评价实践中获得内在利益和实现学生评价实践卓越的前提条件。"德性是一种获得性人类品质，这种德性的拥有和践行，使我们能够获得实践的内在利益，缺乏这种德性，就无从获得这些利益。"① 辩证地看，我们因为拥有德性而能在学生评价实践中获得卓越和发展等内在利益，反过来，在学生评价实践中追求发展和获得卓越的过程中也促使着德性的增长。这是因为德性"不仅维持实践，使我们获得实践的内在利益，而且也将使我们能够克服我们所遭遇的伤害、危险、诱惑和涣散，从而在对相关类型的善的追求中支撑我们，并且还将把不断增长的自我认识和对善的认识充实我们"②。其次，学生评价主体和评价对象在追求卓越和良善中生成和增长德性是主动的和积极的。"合乎德性的行为并不因他们具有某种性质，譬如说，公正的或节制的。除了具有某种性质，一个人还必须是处于某种状态的。"③ 也就是说，在德性的学生评价实践中，学生评价

---

① ［美］A. 麦金太尔：《德性之后》，龚群等译，中国社会科学出版社1995年版，第241页。
② ［美］A. 麦金太尔：《德性之后》，龚群等译，中国社会科学出版社1995年版，第277页。
③ ［古希腊］亚里士多德：《尼各马可伦理学》，廖申白译注，商务印书馆2019年版，第44页。

主体首先要知道关于德性的学生评价如何开展的相关专业知识,仅有这种认识是远远不够的,他还必须出于主动积极促进教育教学改进和人的发展的稳定德性品质而选择去做的,换言之,就是不仅知道如何去评价的知识,更要明白为什么去评价和积极践行评价的意义,对于学生评价的客体也是如此,教育教学的善和学生的德性同样是在德性的学生评价实践活动中获得增长的,而且学生评价具有德性实践的属性以及学生评价中人的德性品质和教育教学善的品性,是学生评价主体和学生评价客体中的人共同在学生评价实践中主动积极生成和提升的。最后,在德性实践的学生评价中获得德性的增长和卓越,并不是随意为之的,而是需要遵循和服从一定的卓越标准和规则的。进入德性的学生评价实践中,学生评价者"就要接受这些标准的权威性,自己行为活动的不当之处,依这些标准来裁决"[①]。这些标准和规则并不是外在强制性的压迫,而是学生评价者所组成的评价共同体协商和沟通的结果,是为学生评价共同体中每个成员所自愿、主动和积极认同和遵守的,从而这些标准和规则会鼓励并促进而非限制学生评价者在不断向善、不断超越中提升德性。

第三节 学生评价作为德性实践的价值释解

一般说来,人类的实践活动主要有事实和价值两个维度。事实源于人对世界是什么和由什么构成的追问与反思,反映在实践活动中就是关注人的实践环境和客观条件是什么以及实践活动的实然状态。价值则是源于人们对存在意义和价值的反思,表征在实践活动中就是注重人的实践活动的目的、需要与价值是什么和为什么要确认它们,以及人应该怎样存在和实践活动的应然状态。作为人的实

---

① [美] A. 麦金太尔:《德性之后》,龚群等译,中国社会科学出版社 1995 年版,第 240 页。

践活动之一的学生评价实践也存在着事实和价值两个维度,以往的学生评价实践多是侧重事实维度,注重对学生学习活动事实的评价与解释,而能够关注到的价值维度也多是停留在外在利益的功利性价值层面,鲜有追问学生学习活动及其之于学生的多样化存在价值和意义。作为德性实践的学生评价与作为功利化实践、管理化实践的学生评价不同的地方,首要在于它立足价值维度,并将学生评价实践作为一种价值实践,这并不是简单地排斥和否定学生评价实践的事实维度,而是将其事实维度和价值维度辩证统一起来。结合前文对学生评价作为德性实践的概念、存在样态以及理论意蕴的理解,本书认为学生评价作为一种德性实践主要具有目的性、功能性和理想性三个方面的价值。

一 学生评价作为德性实践的目的性价值

目的性价值是客体满足主体某种需要所形成的价值,它是"主体内部规定性的具体化和现实化,是主体价值选择的定向机制"[①]。可见目的性价值规约和决定着人的实践活动的倾向、方式、方法等方面的选择,可以说在每个实践活动中,人的一切主观能动性的发挥都将会服从和围绕这个实践活动的目的性价值而展开。根据马斯洛的需求层次理论,可以知道人的实践活动的目的性价值也是多元和多层次的,我们不禁要问是不是所有满足人的这些多元多层的需求都是目的性价值呢?事实上人类从事的每一种实践活动都有一个终极性的目的,以满足人的最高层次的需要,不管这个终极性的目的是自为自觉的存在,还是内隐在人的意识之中,它都是客观存在的,而这个满足人最高层次的需要所形成的价值就是目的性价值。是故,对于作为德性实践的学生评价也有一定目的性价值,而这一目的性价值就是始终致力于人性的完善和人的全面发展。作为德性

---

① 李德顺:《价值论——一种主体性的研究》,中国人民大学出版社2013年版,第82页。

实践的学生评价并不是将功利化的利益、管理性的权力和简单化的效率等放在首要位置的，而是"始终坚持'人是人的最高本质'，坚决要从人出发、以人为目的、'推翻使人成为被侮辱、被奴役、被遗弃和被蔑视的东西的一切关系'，让人获得彻底的解放"[①]，而人获得彻底解放就意味着人性的完满和自在。而且在作为德性实践的学生评价中，德性是居于重要位置和具有重要作用的，因为正是德性让学生评价主体超越了对权力、分数、名誉等外在利益的追求，使其始终向着服务于人性的完善和德性的完满方向前行，而"由于德性的超越性质，它表现为面向未来的拟设，不受现实标准的束缚，实现人性中优秀性，使人生趋向完美"[②]。同时，作为德性实践的学生评价活动从根本上是属于教育实践活动的范畴，因而作为德性实践的学生评价的目的性价值在一定程度上是与教育实践活动的目的性价值相重合和相一致的。对于教育实践活动来说，其根本目的或终极性的目的也是在于人性的完满和人的全面发展，正是在这个意义上，作为德性实践的学生评价的目的性价值与教育实践活动的目的性价值是一致的。此外，实现学生评价作为德性实践的终极目的性价值并不是一蹴而就和轻而易举的，而是需要人们在漫长的历史发展过程中不断去探寻和追求。在这一追求的过程中，人们必然需要在不同的发展阶段预设不同层次的目的，并实现它，然后逐渐接近并达成其终极性目的。因而学生评价作为德性实践在实现这一终极性目的的过程中也具有一定的阶段目的性价值，而且这种阶段目的性价值具有多元多层性。如促进学生学习活动的改进，促使教育教学活动等走向高质量等都是学生评价作为德性实践的阶段目的性价值。阶段目的性价值的彰显是实现学生评价作为德性实践的终极目的性价值的前提和基础，终极目的性价值的实现是彰显学生评价作为德性实践的阶段目的性价值的旨归。

---

① 孙伟平：《彰显价值维度：马克思主义哲学创新的方向》，《哲学研究》2019 年第 12 期。
② 王凯：《教学作为德性实践》，博士学位论文，华东师范大学，2008 年。

二 学生评价作为德性实践的功能性价值

功能性价值在经济学领域之中常指"产品或服务满足消费者基本需求的能力"[①]。循此逻辑,在学生评价领域,其功能性价值便是学生评价满足教育教学、人与社会等需求的能力。或者从表层意思来看,学生评价在普遍意义上具有诊断、甄别、导向、调节和促进等方面的功能,而这些功能的发挥所体现或创造的价值就是学生评价的功能性价值,即诊断价值、甄别价值、导向价值、调节价值和促进价值等。作为德性实践的学生评价在普遍意义上同样具有以上所言的功能性价值,但这些普遍性的功能性价值更多的是从学生评价的基本作用和功能来说的,是把学生评价仅仅作为一种工具来看待的,其目的性价值并未凸显,而且更没有体现人在其中的德性、交往、协作等价值。因而,对于作为德性实践的学生评价的功能性价值便有了另一个视角的划分,即从体现活动意义和人的价值的视角将作为德性实践的学生评价的功能性价值分为判断价值、发现价值、创新价值和提升价值。[②] 判断价值是学生评价作为德性实践的基本功能性价值,也是学生评价普遍的功能性价值,它主要是指学生评价对学生学习情况、思想品德、个性特征等进行好坏优劣及其程度的判断,其更多地指向学生评价之于学生学习活动的价值和意义,不管我们出于何种目的以及基于何种取向,基本的价值判断对于学生评价来说都是必要的。发现价值和创新价值是作为德性实践的学生评价的重要功能性价值。作为德性实践的学生评价

---

① 张琼芳:《影响在校大学生网络购物忠诚的关键因素分析》,《科技创业月刊》2009年第10期。

② 本书对于作为德性实践的学生评价的功能性价值的划分主要受启于刘志军教授对课程评价的功能诠释,作者在《走向理解的课程评价》一书中认为课程评价应该具有规范性评价和超规范性评价两种不同性质的评价理解,而基于规范性评价和超规范性评价统一的发展性课程评价在现实中应该发挥判断价值、发现价值和提升价值的功能。参见刘志军《走向理解的课程评价》,中国社会科学出版社2004年版,第52—56页。

仅仅局限于判断的功能性价值是远远不足以体现其意义的，它还需要发挥一定的价值发现功能，因为在丰富多样的教育教学现象和纷繁复杂的教育教学活动中有着学生多元丰富的价值存在，价值判断仅仅关注的是整体上的好坏程度，而忽略教育教学价值的多样化存在，这时就需要发挥其发现的功能性价值，寻找教育教学领域中更多益于教育教学发展和学生发展的多元化价值。发现价值的作用不仅仅在于发现，其重要的意义在于为创新价值提供可能，"人类活动不仅在实现已有的价值，同时也在不断开拓着价值的新领域"[1]。作为德性实践的学生评价的创新价值是在其发现价值的基础上进行的，通过评价主体之间的交往活动以及评价主体与评价客体之间的交互活动，从中不断发现学生在教育教学活动中蕴含的多元价值，在此基础上，学生评价主体间及与学生评价客体中的学生有德性地通过交流、协商等活动，"就有可能产生新的价值内涵"[2]。发现价值和创新价值，是为"价值的选择提供有理有据的判断"[3]，是为价值的提升提供理据翔实的判断。提升价值就是作为德性实践的学生评价根本的功能性价值，它通过判断价值、发现价值和创新价值的发挥来达到提升教育教学育人的质量以及学生的德性增长、人性完善和全面发展，在这一层面上，与作为德性实践的学生评价的目的性价值是一致的，不过提升价值不仅仅是在学生评价的根本目的和根本方向上发挥作用，它对于教育教学质量同样具有提升价值。

三　学生评价作为德性实践的理想性价值

理想性价值是人超越现实而追求精神和理想境界的价值表达，

---

[1] 刘志军：《发展性课程评价研究》，博士后研究论文，华东师范大学，2002年。
[2] 刘志军：《走向理解的课程评价》，中国社会科学出版社2004年版，第54页。
[3] 蒋雅俊：《课程评价：课程价值的创造与实现》，《华南师范大学学报》（社会科学版）2014年第3期。

由于它"并非为了现实生活而设，它便能够更为充分地表达人们的文化趣味和精神理想"[①]。纵观人类历史上所形成的理想性价值，最具有代表性、典型性和概括性的理想性价值莫过于真、善、美。据此理解，作为德性实践的学生评价也具有真、善、美的理想性价值。

首先，作为德性实践的学生评价的真的价值在于其提供真知识、发现真问题和开展真评价三个方面。第一，真知识是思想与行为碰撞而生发的结果。陶行知认为："思想与行为结合而产生的知识是真知识，真知识的根是安在经验里的。"[②] 与真知识相对，不是从经验中得出的知识则是伪知识。那么作为德性实践的学生评价通过分析和评判教育教学活动所传递的知识是否为真知识，以及学生经过知识学习后获得的是否为真知识。如果是，那么作为德性实践的学生评价就要检验真知识传递和学习的效果；如果不是，那么作为德性实践的学生评价就要将重点放在怎样来改进和保障真知识的传递和学习。第二，在纷杂繁芜的教育教学活动中，在学生方面存在着多种多样的问题和不足，作为德性实践的学生评价则是要从这些问题域或问题群中寻找和发现哪些是真问题，这样人们才会意识和认识到哪些问题是必须解决的，哪些是当下亟须解决的，哪些是需要花费长时间的努力才能解决的。第三，作为德性实践的学生评价开展的是基于证据的真评价。基于利益关系、权力关系等方面的评价相应地多会产生伪评价，伪评价顾名思义就是不尊重客观事实和没有证据的评价，而对于任何真评价而言，最核心和关键的是提供证据，做到有据可考、有证可查。

其次，作为德性实践的学生评价的善的价值主要体现为在追求良善的学生评价实践中实现人的德性增长。"人的好的生活是在寻求好生活之中度过的生活，对追寻所必需的德性是将使我们懂得更

[①] 王南湜：《关于新世纪价值趋同与价值多元的思考》，《天津社会科学》2001年第1期。
[②] 张哲英：《论陶行知的知识观——基于社会改造的视角》，《湖南师范大学教育科学学报》2008年第2期。

多的有关人的好生活是什么的那些德性，我们把德性不仅置于与实践相关的情形中，而且置于与人的好生活相关的情形中。"① 这意味着学生评价中人的德性不仅内生于学生评价实践之中，更是生成于追求良善的学生评价实践之中，反过来，学生评价中人的德性对于追求良善的学生评价实践具有重要价值，它规引着学生评价中的人追寻良善的学生评价实践的方向性和坚定性。"德性人格则是人格的高尚境界，标志着一个人无论身处怎样的情境，都能以优良的品质和真善美的理想作为价值导向规范自己的言行。"②

最后，作为德性实践的学生评价的美的价值在于基于审美和超功利的立场，发现以及创造为培育人的全面和谐发展的个性而服务的价值。审美是作为德性实践的学生评价的一个重要理想性价值，有赖于"审美需要及其满足是非功利的、无私的，是对自由的一种感觉和体验"③。作为德性实践的学生评价主体才更容易超越功利的拘囿而对学生进行客观评价和反思以及对学生评价进行元评价。而且"真正的审美价值是批评价值，对他们的限定需要某种生活智慧和经过培养的辨别力"④。它要求学生评价者在作为德性实践的学生评价中具备一定的批判智慧，对不符合学生评价作为德性实践的现象和活动进行批判，以此实现作为德性实践的学生评价真正实现和发展。

第四节　学生评价作为德性实践的基本特征

作为德性实践的学生评价与以往作为功利化实践、管理化实践、技术化实践、情感化实践的学生评价不同的是，它更强调人的

---

① ［美］A. 麦金太尔：《德性之后》，龚群等译，中国社会科学出版社1995年版，第277页。
② 施建平：《在活动情境中培育德性人格》，《教育研究与评论》2020年第1期。
③ 李德顺：《价值论——一种主体性的研究》，中国人民大学出版社2013年版，第97页。
④ 冯平：《现代西方价值哲学经典：经验主义路向（下册）》，北京师范大学出版社2009年版，第691页。

德性在学生评价实践中的重要性，更注重在实践中追求良善的学生评价，以及更关注人在学生评价实践中获得内在利益。具体说来，学生评价作为德性实践的基本特征有三点，分别是以人为核心，注重实现人的德性完满和个性发展；以德性为中心，强调学生评价主体的德性整全；以实践为重心，着重追求学生评价实践的良善。

一 以人为核心，注重实现人的德性完满和个性发展

学生评价作为德性实践的根本特征是以人为核心，注重实现人的德性完满和个性发展。以人为核心，主要表现为作为德性实践的学生评价是一种依据目标，但更侧重过程的评价。以往的学生评价主要受泰勒的目标学生评价模式的影响，常常将其看作教学目标达成程度的价值判断，这种学生评价实践将目标置于首要位置，而忘了人才是学生评价实践中始终需要重视的根本价值目标，从而自然造成学生评价实践只顾眼前利益而遗忘人的发展这一长远目的，以及忽视学生评价过程价值的现象。作为德性实践的学生评价则是将人作为核心位置，评价目标与评价过程都将始终依据人的发展这一根本标准，在评价实践中做到依据目的，但不唯预设目标是举，而是根据学生评价活动的实际和人的发展动态调整评价目标；在评价实践中重视和发现评价过程的多元价值，毕竟教育教学的改进和人的发展都需要在一定的学生评价实践过程中才能逐步实现。当然，学生评价目标和学生评价过程都是学生评价实践中不可或缺的存在，但相比学生评价目标而言，作为德性实践的学生评价更加注重学生评价的过程价值。另外，以人为核心还体现在，作为德性实践的学生评价的终极目的在于实现人的德性完满和个性发展，而尊重和发展人的个性本身就是一种德性。实现人的德性完满不仅是西方实践哲学所力求在实践活动中实现的根本价值，也是东方儒家思想在实践活动中所最终指向成己成人的理想价值目标和人格境界。这是因为人的德性完满不仅促进自我成为从自在走向自为自觉的人，

而且"群己关系上的群体关怀（安人），奠基于主体人格境界的提升（修己）；人的内在价值及其本质力量唯有通过人格的完善，才能得到展现和确证"[①]。

二　以德性为中心，强调学生评价主体的德性整全

学生评价之所以作为一种德性实践的存在，就在于这种学生评价实践具有一定的德性。从理论上来讲，学生评价作为一种实践活动或事件，其本身并不具有德性，但因学生评价是人为和为人的教育实践活动，其中人的德性存在便赋予了学生评价实践的德性负载，而就学生评价实践活动中的所有参与者而言，学生评价主体的德性最为关键和重要，它直接影响和规约学生评价实践是否具有德性以及具有德性的程度。据此，以德性为中心，强调学生评价主体的德性整全，便构成了学生评价作为德性实践的基本特征。具言之，学生评价主体在学生评价的德性实践中首先要具有一定德性主体意识，主动意识到自身所具有的德性人格，积极并乐于投入到学生评价实践之中。在学生评价作为德性实践的活动中，主体意识不仅表现为学生评价主体承担和行使学生评价权利的主动性和自由性，即开展学生评价是在合规律和合目的的基础上，契合并遵从自己的德性意愿，而非为外在权力的钳制或外在利益的诱逼。还表现为学生评价主体要做到评价权利、义务与责任的统一，乐于投入到学生评价实践中。这就要求学生评价主体在学生评价的德性实践中，"既是自我行为的引导者，又是行为过程的实践者，同时也是行为结果的负责者"[②]。同时还要做到乐于评价，即学生评价主体在评价实践中基于情感和理性的支撑始终保持对学生评价的热情、兴趣和积极性，从而保障学生评价主体的意识德性在评价实践中一以贯之和整全连续。其次，学生评价主体在学生评价的德性实践中要

[①] 杨国荣：《善的历程：儒家价值体系研究》，北京师范大学出版社2018年版，第6页。
[②] 闫慧：《共享经济主体的德性研究》，博士学位论文，武汉理工大学，2018年。

始终秉持公平、正义的良心。公平和正义是任何评价为善的重要维度，学生评价主体基于公平和正义的良心不仅要明白在学生评价中应做的实践之知，也要时常具有拷问和反思是否践行公平和正义德性的情感体验，"具体包含了无视责任、放弃责任所带来的愧疚和履行了责任而带来的心灵平静"[①]。最后，学生评价主体在学生评价的德性实践中还要具有仁爱、诚信、合作等德性品格。仁爱主要表现为无论在评价实践中谁作为评价主体都要始终保持对学生的仁爱之心，以做到学生评价最终服务于实现学生发展的目的；诚信主要表现为学生评价主体在评价实践中"对自己责任、义务或承诺的恪守与履行，具体表现为不弄虚作假、诚信记录、诚信评价等"[②]；合作主要表现为学生评价主体之间以及与学生评价客体中的学生，基于平等关系的沟通、协商等开展评价实践、交流评价意见和达成评价共识等。

三 以实践为重心，着重追求学生评价实践的良善

作为德性实践的学生评价是以实践为重心，着重追求良善的学生评价实践的评价，它反映着学生评价作为德性实践的重要特征。以实践为重心似乎是任何学生评价实践都应具备的特征，但以往像功利化实践、管理化实践的学生评价等则是过于注重学生评价的实践性和现实性，而与应然或理想的学生评价理论相脱离。作为德性实践的学生评价则是在学生评价理论与实践相统一的基础上，更加强调实践的重要性以及在实践中实现学生评价的德性价值，它不仅不拒斥和脱离学生评价理论，反而是在学生评价理论的指导下通过实践验证和更新学生评价理论。而且作为德性实践的学生评价在有限度地追求合理的外在利益的同时，更加注重对良善的内在利益的

---

① 刘庆昌：《教学主体的角色德性》，《教育理论与实践》2011年第10期。
② 张红霞：《综合素质评价"内外全程式"诚信机制的理论构想与实践路径》，《中国教育学刊》2017年第7期。

获得。并且从理论上来讲，认识和实践是人类把握世界的两种基本形式，认识来源于实践并最终需要付诸实践和在实践中完善和发展。实践哲学给予了实践之于人类生存和发展的重要价值认可，尤其是马克思主义哲学将实践提到了首要位置并依据实践构筑了其整体的实践哲学系统，学生评价作为德性实践正是体现了实践哲学的核心思想以及马克思主义哲学的世界观和方法论。此外，作为德性实践的学生评价与以往诸多学生评价最大的不同在于通过人在学生评价实践中的德性发挥和提升来达至学生评价实践的良善。在人们普遍追求美好和高质量教育教学生活的新时代，作为德性实践的学生评价不再仅仅将评价单纯地用作获取外在利益的工具，而是要通过评价促进学生评价实践活动以及教育教学实践活动成为一种德性化、人性化和良善化的社会存在。而且这个学生评价实践良善的实现是由该实践中作为德性主体的人的德性发挥所赋予和支撑的，因为"德性主体在追寻人生价值和社会理想时，总要反思主体的实践尺度和价值标准，当人类实践偏离了正确的轨道，德性主体有能力纠正实践的偏差"[1]。由此，作为德性实践的学生评价总是在这样的德性实践活动中不断推进学生评价实践走向良善，并且在学生评价走向良善实践的过程中，人也获得了一定的德性增长和素养提升。

---

[1] 刘芳：《论德性养成》，博士学位论文，东北师范大学，2013年。

第五章

德性智慧：学生评价作为德性实践的实现路径

学生评价作为德性实践是本书基于学生评价现实存在的问题所进行的理论改进，是对追求良善的学生评价实践的理论想象，是对学生评价真正促进人的发展的理论向往，因而提出学生评价作为一种德性实践是一种善的理论思考和构想。但善的理论构想并不是一种不切实际的幻想，它是有着理论根据和实践依据的合理性想象，更是一种面向实践和为了实践的可行性设想。所以为了能够使学生评价作为德性实践得到实现，我们必须将其付诸实践和落于行动，因为对于我们任何一个人来说，我们"不仅要思考善、思考光明磊落的事情，还要付诸行动，行动就是你存在的目的，全然不要再谈论一个高尚的人应当具有的品质，而是成为这样的人"[1]。但实践和行动并不是盲目冲动的，它需要人们发挥一定的主观能动性和运用一定的智慧给予支持，因而富有智慧的实践是学生评价作为德性实践的实现所必要的条件和途径，当然，这个智慧也必须符合一定的德性，或是一种德性智慧，只有这样才能保证学生评价在实践之中是一种德性实践。德性智慧是理论智慧与实践智慧的统一，理论智慧是德性之知，实践智慧是德性之行，简单说来，理论智慧与实践

---

[1] ［古罗马］马可·奥勒留：《沉思录》，何怀宏译，中央编译出版社2008年版，第6页。

智慧的统一就是仅要知道什么是作为德性实践的学生评价，更要知道如何实现作为德性实践的学生评价。但德性智慧并不会直接促成学生评价作为德性实践的实现，它必然需要借助或赋予一定的中介才能发挥功用，对于任何评价而言，其实践总是离不开价值定位、评价主体、评价标准、评价方法、评价话语等方面的合力作用。基于此，借助德性智慧支持，本书尝试从学生评价的价值层、主体层、标准层、方法层、结果层和话语层分别提出实现学生评价作为德性实践的行动策略和建议。

第一节 价值层：作为德性实践的学生评价价值引领和阐释

学生评价作为一种德性实践是复杂多变的系统工程和动态发展的变化过程，它的整体实践和发展必然需要一定的价值进行引领，并且这个价值还需要做好一定的阐释和传播工作，如果这种价值只存留在理想或文本或理论者头脑之中，即使我们认识到这种价值引领的重要性，但在现实中社会公众的不理解同样制约着学生评价作为德性实践的价值践行和实现。因而，从价值层面来实现作为德性的学生评价，需要明确和发挥学生评价作为德性实践的价值引领作用，同时还要论证好和做好学生评价作为德性实践的价值阐释和传递。

一 发扬作为德性实践的学生评价价值引领作用

长期以来，人们总是将学生评价的标准统一化和结果确定化作为学生评价实践的重心，而未认识到一定的价值引领在学生评价实践中的必要性和重要性，造成的结果就是人们总是依照标准和瞄准结果的效用化与功利化开展学生评价，这更引发了学生评价理论与学生评价实践不断割裂的问题。学生评价理念是发展性和育人性的，但因缺乏一定的价值引领，学生评价实践总是沦为效率性和功利性的，学生评价实践的结果也总是不甚理想和备受诟病。所以要实现作为德性实践的学生评价，必然首先需要重视和发挥价值引领的作用。其一，明晰并发挥学生评价作为德性实践的价值引领作用，学生评价的"实践、改革与发展就有了明确的方向"[①]，作为德性实践的学生评价也会有了实现目标与方向，其实践才不会脱靶而偏向功利性、效用性、主观性和管理性的方向。其二，明晰并发挥学生评价作为德性实践的价值引领作用，作为德性实践的学生评价的整个实施步骤和程序就会有一个可以参照和围绕的逻辑主线，一系列的学生评价实践工作也会更容易和更顺利地得以开展。其三，明晰并发挥学生评价作为德性实践的价值引领作用，作为德性实践的学生评价才会更加注重和高扬人的主体性价值以及德性价值，从而保证和规约学生评价实践不受功利的侵蚀、强权的压制等。

在论述如何发挥学生评价作为德性实践的价值引领作用之前，还需要对以下三个问题进行澄清，即确定学生评价作为德性实践的价值引领的对象，也就是哪些对象是需要进行价值引领的，以及明晰一定的价值秩序或价值集合或价值定位，来明确需要哪些价值对作为德性实践的学生评价进行引领，以及将作为德性实践的学生评价进行价值引领的方向或归宿是哪里。在需要引领的对象方面，作为德性实践的学生评价是有着诸多利益相关者影响和作用的评价，包括学生评价主体、评价客体等在内，甚至是对作为德性实践的学生评价产生直接或间接影响的社会公众等，都需要对他们进行一定的价值引领，只有整个利益相关者群体获得了一定的价值认同，并产生一定的价值理解和价值创生，那么实现作为德性实践的学生评价在理念上的阻力才会有所降低。在明确需要哪些价值进行引领方

---

① 石中英：《穿越教育概念的丛林》，教育科学出版社2019年版，第8页。

面，概括来看，包括评价促进教育教学发展的价值、人的发展的价值和社会发展的价值等方面。具体说来，促进教育教学发展的价值包含促进教育教学改进、教育教学优化、教育教学创新等方面的价值；促进人的发展的价值包括促进人的德、智、体、美、劳等方面发展的价值；促进社会发展的价值包括促进文化传承、民族振兴、社会和谐、国家认同、国际理解等方面的价值。在价值引领的归宿方面，作为德性实践的学生评价是以育人为目的，是以人的全面而有个性的发展为旨归的，是以促进人的德性增长为方向的，因而这些便构成了作为德性实践的学生评价的归宿所在。

如何发挥作为德性实践的学生评价的价值引领作用是重中之重，可以确定的是其价值引领作用的发挥必然要在特定的实践情景之中，只有这样才是真实的和实在的。具体言之，首先，就研究层面而言，在理论研究和实践研究相互统一中发挥学生评价作为德性实践的价值引领作用。学生评价理论研究是支持学生评价实践走向深度长远发展的重要动力，尽管现实中有着众多的学生评价理论研究，但相关研究存在较大的同质性和表面性，这启示着作为德性实践的学生评价不仅要加大和深化相关理论研究，更要在理论研究中始终凸显价值引领。理论研究最终是要走向实践的，而实践又是因时空、情境等因素的影响而丰富多样，这样丰富多样的学生评价实践存在着多元化的价值，这些价值是以往重结果的学生评价实践所忽略的，相比而言，作为德性实践的学生评价则是在价值引领之下更加注重发现、研究和理解学生评价实践中多元化的价值，以此通过这些价值的利用多方面地促进学生评价目的与价值的实现。作为德性实践的学生评价的理论研究与实践研究的统一共同促进着价值引领，价值引领也同时促进着作为德性实践的学生评价的理论研究和实践研究的统一。其次，就实践层面来说，在顶层设计和基层探索相互协调中发挥学生评价作为德性实践的价值引领作用。顶层设计在一定程度上也是一种实践，或其本身就是实践的组成部分或行动方式，它在实践之中具有蓝图规划和引领的作用，顶层设计如若科学合理，那么实践就会推进得顺利。基层探索同样作为实践的一种方式，它能够弥补顶层设计带来的可能同质和僵化的不足，更能为实践提供创新思路和实现捷径。顶层设计和基层探索两者协调融合更能推进实践的顺利实施，不过这还需要一定的价值引领为之保驾护航。作为德性实践的学生评价必然要做到顶层设计和基层探索的相互协调和统一，并在两者之中都要发挥价值引领的作用，以此保证学生评价的顶层设计和实践探索是德性实践的，而非是其他的。

二 做好作为德性实践的学生评价价值阐释传递

明晰和发挥学生评价作为德性实践的价值引领是其实践的思想前提和理念引擎，但其真正的实践落地还需要做好学生评价作为德性实践的价值阐释和价值传递，以此最大化和最优化地在教育领域或社会层面上达到价值理解、价值认同和价值共识，从而达到解放人们简单或落后的学生评价思想和认识的目的，减少作为德性实践的学生评价在落地时所遭遇的思想阻力和认识障碍。在以往多数的学生评价实践中，人们一方面未能对学生评价理论和思想的价值传递给予重视，更忽略了对其价值阐释的意义；另一方面未做好学生评价理论和思想的价值传递工作，急功近利地将其直接投入实践之中，进而造成学生评价理论和思想在实践中发生脱轨和偏离。这启示着学生评价作为德性实践的落地不仅要做好一定的价值传递事务，更要做实相关的价值阐释工作，为价值传递提供素材前提和意义基础。

做好学生评价作为德性实践的价值阐释，首先要理解对学生评价作为德性实践进行价值阐释的意义。对于作为德性实践的学生评价，我们可以用经验或知识去了解和认识它，但真正要理解和践行作为德性实践的学生评价的价值和意义，必须通过阐释来完成，因为只有阐释才能够达到对学生评价作为德性实践的价值理解和意义把握，也只有认识和理解阐释的方法对于实现学生评价作为德性实践的重要意义，才能真正深度开展和做好对学生评价作为德性实践的价值阐释。其次正确认识学生评价作为德性实践进行价值阐释的本质。作为德性实践的学生评价无论是作为一种学生评价理论还是一种学生评价系统，其本身就具有一定的价值内涵，包括目的性价值、功能性价值和理想性价值等，这决定了学生评价作为德性实践的价值阐释具备一定的内容基础。学生评价作为德性实践的价值内容具有一定的深层性和隐匿性，只有通过阐释的方式方法来对学生评价作为德性实践的价值内容进行理解和转化，使其真正与实践紧密结合，并为人们所理解、认同和共享。最后采用多元的阐释方法对学生评价作为德性实践的价值进行阐释。运用概念阐释方法对学生评价作为德性实践的价值内容进行理论的概括和概念的解释，并促使人们达到对学生评价作为德性实践的价值内容的概念化理解；运用实证阐释方法对学生评价作为德性实践的价值内容进行形象化和具体化的阐释，即通过具体的实践案例或者评价实验等实证方式在具体的评价实践情境之中阐释学生评价作为德性实践的价值内容，使人们对学生评价作为德性实践的价值内容产生更经验化和具象化的理解；运用分析阐释方法对学生评价作为德性实践的价值内容进行阐释，即通过政策分析方法对学生评价作为德性实践的价值内容的主次进行分析，确定其一定的价值秩序或价值序列，运用话语分析方法等对学生评价作为德性实践的价值内容的深层含义与真实用意进行揭示。

价值传递是指通过一定的条件和途径，使人们对社会文化中的某种价值观念获得理解和认同的过程和方式，它构成了价值实现的重要思想基础和观念条件。在价值阐释的基础上做好学生评价作为德性实践的价值传递，其一，明确学生评价作为德性实践的价值传递的基本目标。学生评价作为德性实践的价值传递旨在将其价值内容在教育领域和社会层面达到最大化的公众理解和认同，从而为学生评价作为德性实践的实现获得观念支持。其二，创设一定的条件或通过一定的途径实现学生评价作为德性实践的价值传递。如在研究中进行价值传递，即研究本身就是一种价值传递的过程和方式，任何一种研究本身都在进行着某种价值的传递和实现，因而通过一定的研究，并在研究中传递学生评价作为德性实践的价值；在实践中进行价值传递，即作为德性实践的学生评价的落地必然需要一定的人员支持，只通过一定的价值阐释和讲解未必会使人们达到对其价值的真正理解，因而需要提供或开展一些实践，让人们在真实的实践情境之中体验和领会学生评价作为德性实践的价值传递；在政策制定和解读中进行价值传递，即将学生评价作为德性实践的价值内容贯穿在相关学生评价政策制定过程中，并通过一定政策解读过程向公众进行学生评价作为德性实践的价值传递；在制度建设和完善中进行价值传递，与政策制定相似的是，学生评价作为德性实践的制度建设过程同样需要其价值内容的规约和指引，而且其相关制度的建设和完善过程因有着一定的价值内容的支撑和引导，从而具备了学生评价作为德性实践的价值传递的可能。

第二节　主体层：作为德性实践的学生评价主体德性与智慧

评价作为人的实践活动之一，总是需要一定的评价主体基于某种价值立场和评价视角，选择一定的评价客体，依据一定的评价标准和评价方法，对一定的评价客体信息进行解释和评价。而在整个评价过程中，每一个流程和阶段都需要评价主体的参与和介入，而且是基于一定德性品质和智慧的参与和介入，只有如此，整个评价才能在最大程度上成为德性实践的和为人发展的。同时，任何评价都不是一种随意的判定和绝对客观化的评判，它都需要借助评价主体的德性和智慧在评价实践中进行理解和评估。因为"对事物，不能只看到它是客体，不能只对它作直观的理解，而应该把它同主体联系起来，从实践方面，包括主体方面去理解"[①]。此外，我们考察或认识任何评价活动，评价主体不仅要平衡和把握评价的主观性和客观性方面，同时还要从文化、从价值、从人的意义层面来深度认识、揭示和解释评价之中的价值关系，而这都需要评价主体凭借一定的德性品质和实践智慧。依循以上对评价的认识逻辑，要实现作为德性实践的学生评价，必然需要正视学生评价主体的重要性和必要性，并充分发挥学生评价主体的德性品质和评价智慧。

一 充分彰显作为德性实践的学生评价主体的德性

无论是从学生评价作为德性实践的应然样态和理论意涵来看，还是从学生评价作为德性实践的基本特征和模式构想来说，德性毋庸置疑在其中具有重要的价值存在，本书所说的德性不只是在作为德性实践的学生评价活动中的人，尤其是学生评价主体要具有一定的德性，而且也指作为德性实践的学生评价活动是一种良善德性的实践，而达至学生评价作为德性实践活动的良善，就必然需要作为德性实践的学生评价主体具备一定的德性并使之得到彰显。

彰显作为德性实践的学生评价主体的德性，作为德性实践的学生评价主体要充分认识和发挥自身的主体性价值。学生评价主体认识和实践自身的主体性本身就是一种德性，因为作为德性实践的学生评价与大多数评价活动一致的是离不开评价主体在观念中建构价值世界的事实，也就是作为德性实践的学生评价离不开评价主体的主观性参与和主体性发挥，这就易受到来自外界权威和利益的压制与侵蚀，以及来自内部的情感和经验的影响，而主体性的发挥则可以将这些不利于学生评价实践的内外影响因素置之度外，坚守学生

---

① 李德顺：《价值论———一种主体性的研究》，中国人民大学出版社2013年版，第171—172页。

评价实践的初心与目的。而且学生评价主体发挥自身的主体性价值就是要处理好理性与非理性的关系，在学生评价实践中把握好自身理性与非理性的尺度，这也是一种德性智慧。因为作为德性实践的学生评价主体要尊重人是一种有限理性的存在，这也反证人不可能是没有情感的存在，即学生评价主体是一种理性与情感统一的存在者，也就意味着彰显作为德性实践的学生评价德性，要使学生评价主体做到理性中有情感，情感中有理性。"自孔子开始的儒家精神的基本特征便正是以心理的情感原则作为伦理学、世界观、宇宙论的基石。它强调：'仁，天心也'，天地宇宙和人类社会都必须处在情感性的群体人际的和谐关系之中。"① 这就是理性中有情感的意义。"如果我们毫无情感，如果我们的头脑只能承载思想，那么我们就会在瞬间失去我们所有的喜好和厌恶之情，并因此无法指出生活情景或经历的价值或意义。"② 这蕴含着情感中有理性的理解。

彰显学生评价作为德性实践的主体德性，作为德性实践的学生评价主体还要处理好德性之知与德性之智的统一、规范与德性的统一以及德性与德行的统一。在德性之知和德性之智相互统一方面，按照亚里士多德将德性做理智德性和品格德性的划分，理智德性更多的是一种德性之知，它是可以通过教育手段来获得的，而品格德性更多地表现为一种德性之智，它需要在习惯性的实践中生成，也就是说作为德性实践的学生评价主体在进行评价的过程中，既要知道关于什么是学生评价作为德性实践的知识，又要在具体的评价实践中具备学生评价作为德性实践如何践行和行动的智慧。在规范与德性相互统一方面，通常情况下，如果我们要实现作为德性实践的学生评价，就必须使学生评价主体的思想和行动符合某种或某些规范，可见规范是具有普遍性甚至是无人格的律令，它需要被动去执

---

① 李泽厚：《中国思想史论（上册）》，安徽文艺出版社1999年版，第314页。
② [美] 威廉·詹姆斯：《论人类认识之盲点》，郝瑞丽等译，中国对外翻译出版有限公司2013年版，第1页。

行和履行一定的义务,"道德义务在规范性范畴中通常被认为处于核心地位"[①]。而德性更多的是体现于人们的内在品格中,是一种主动的行为和积极的行动,亦即是在学生评价作为德性实践中,学生评价主体不仅要符合一定的规范,尤其是道德规范,同时也要积极主动地践行和滋养内在于个体的德性品格。在德性与德行相互统一方面,依前文论述,德性更指向一种积极向善的德性品格或品性,而德行则更侧重德性的行动或践行,德性是德行的内在品性,德行是德性的外在彰显,如正义是一种德性品质,"人们追求'正义',就是追求崇高"[②],就是追求人性的完善,而这个追求崇高与人性完善的过程就是德性品质的德行。因此,彰显学生评价作为德性实践的主体德性,既要在作为德性实践的学生评价中具有和增长一定的德性,又要付诸德行实践。

二 善于利用作为德性实践的学生评价主体的智慧

任何一种评价都不是中立的,都需要评价主体的心理背景系统和社会文化系统的加工和整理,即评价是主客观因素共同作用的结果。具体说来,作为德性实践的学生评价必然受到来自评价主体内部的生理基础、意识水平、知识系统、情感方式、思维方式、价值取向等多方位因素的统摄,以及来自评价主体外部的价值规范、技术水平、组织文化、政治权威、经济利益等多方面因素的规约。而对这些方面的把握和平衡仅仅依靠学生评价主体的德性还是不足以最大化和最优化地实现作为德性实践的学生评价,还需要学生评价主体善于利用自身的德性智慧,包括理论智慧和实践智慧。

从学生评价主体的内部自身建设来说,善于利用德性智慧就是要做到理论智慧与实践智慧的统一。在哲学、教育学等学科转向实践哲学的大背景下,人们认识到了实践的重要性,并且给予了实践

[①] 徐向东:《道德哲学与实践理性》,商务印书馆2006年版,第56页。
[②] 高清海:《人就是"人"》,辽宁人民出版社2001年版,第240页。

智慧的重要地位和优先选择。实践智慧改变了以往着重对是什么的本体论探讨与如何理解的认识论阐发，而是将重心放在了"探讨'应当如何'或'怎么做'的理性判断和价值关切……重点关乎实践理性的卓越运用，优先强调'改变世界'的实践合理性"①。德性实践的学生评价更多地应该是在实践或行动中进行和实现，而评价实践是一种受主观和客观的多元因素综合影响的复杂活动或复杂系统，其中难以避免会遇到各种各样且棘手难办的阻碍或者突发状况，这就需要学生评价主体在实践中积极发挥德性机智和实践智慧，在实践中有智慧地解决作为德性实践的学生评价所遇到的真题和难题。实践智慧对于作为德性实践的学生评价主体而言至关重要，但理论智慧同样是不可忽略且需要具备的德性智慧，"理论智慧在于尽可能地从抽象向具体进展，以在理论世界内达到更大程度的具体性"②。它弥补实践智慧只关注实践具体而忽略实践思想抽象的价值的不足。而且"理论智慧作为一种智慧具有个体性和特殊性，它是通过长期的理论运思习得的结果，是心得与领悟"③。这种理论智慧和理论思维能力对作为德性实践的学生评价主体的评价知识、评价素养、评价能力以及评价智慧的获得与提升都有着重要意义，这是因为在具体的评价实践中有着太多的实践问题需要借助一定的理论智慧和理论思维对之进行研究。如"由于评价要受到利益相关者、参与项目或计划的行动者的影响，或者受项目或计划影响的有关行动者也会影响到评估，因此应该从评估实施的角度对这种概念以及与参与项目或计划的人员和组织有关的各种利益状态进行进一步的研究"④。

从学生评价主体的外部环境创设来说，作为德性实践的学生评价主体不仅要善于利用德性智慧，外部也要为学生评价主体提供和

---

① 田海平：《"实践智慧"与智慧的实践》，《中国社会科学》2018年第3期。
② 王南湜：《理论智慧的实践意义》，《南京师大学报》（社会科学版）2013年第1期。
③ 黄志军：《走向理论智慧和实践智慧的辩证法》，《学术研究》2015年第10期。
④ ［德］赖因哈德·施托克曼、沃尔夫冈·梅耶：《评估学》，唐以志译，人民出版社2012年版，第306页。

营造善于发挥德性智慧的条件和环境支持。其一，国家、地方或学校要为作为德性实践的学生评价主体提供一系列高质量的评价培训条件和机会，使他们掌握一定的评价的知识和具备一定的评价素养，并且也要多为其提供一定的评价实践训练，知识与实践相结合，共同促进学生评价主体的评价能力提升。其二，作为德性实践的学生评价主体要发挥一定的德性智慧，除了一定的评价知识和评价能力外，还需要借助一定的中介工具或技术手段，尤其是在技术日新月异的时代，先进的评价技术能够助力和赋能学生评价主体的德性智慧的高效发挥，因为借助于前沿技术，"他们能够推算财政效率、制定规则，以及监督、规范和维持复杂的组织或者由多种组织构成的复杂系统的稳定性"[1]。其三，作为德性实践的学生评价主体德性智慧的发挥还需要营造和创设适合评价共同体建设的文化环境，因为作为德性实践的学生评价并不是仅仅需要单独的评价主体就能完成，事实上它需要多元的评价主体共同完成，这就使得要实现作为德性实践的学生评价就不得不面对评价共同体的建设，而社会要为此评价共同体的建设提供一定民主和谐、平等互惠、轻松愉快的沟通和协商的氛围，使多元评价主体在这样的环境中真诚交流评价信息和协商达成评价共识。其四，作为德性实践的学生评价在实践中必然会触及诸多利益相关者的利益，而社会要给予他们发挥社会能力和德性智慧的包容环境。学生评价主体的社会能力和德性智慧包括以下多个方面，如"评估方式和评估标准的透明、对参与者的顾虑和期望的开诚布公、冲突情境中的妥协、对情感上表现出来的指控采取容忍和不'粗暴'的态度、在同时考虑到合理歧义情况下的执行力等"[2]。这些都需要社会公众或利益相关者对其进行理

---

[1] [美] 埃伦·康德利夫·拉格曼：《一门捉摸不定的科学：困扰不断的教育研究的历史》，花海燕等译，教育科学出版社2012年版，第236页。

[2] [德] 赖因哈德·施托克曼、沃尔夫冈·梅耶：《评估学》，唐以志译，人民出版社2012年版，第329页。

解和包容，社会也应提供和创设这种理解和包容的评价环境。

第三节　标准层：作为德性实践的学生评价标准反思与建构

在任何评价活动之中，评价标准是一种不可或缺的存在，一个评价可以没有技术支持，可以不用话语表达，可以不问评价结果，但不可少了评价标准作为基本的评价依据，可以说没有评价标准的评价就构不成一种评价，至多是一种认识活动，可见评价标准构成了一个评价之所以成立的基本要素之一。评价标准是评价主体在进行评价之时的价值原则和尺度凭借，它在实现作为德性实践的学生评价价值的行动之中起着诊断、导向、规范的功用，更连接和拉近作为德性实践的学生评价理论与其实践之间的距离，使得作为德性实践的学生评价有了落地的参照和可能。在作为德性实践的学生评价中，评价标准并不是简单地设计出来一套评价准则或评价细则并据此进行评价就可以了，而是需要借助一定的德性智慧，在评价实践之中反思作为德性实践的学生评价标准，以及在发展变化中动态建构作为德性实践的学生评价标准。

一　在实践中反思作为德性实践的学生评价标准

一种评价标准不管是有效还是无效的，合理还是不合理的，科学还是不科学的，可靠还是不可靠的，总是需要通过人的评价实践来验证。作为德性实践的学生评价标准不仅需要在评价实践中进行简单的检验和改进，更注重在评价实践中反思作为德性实践的学生评价标准的合理性、科学性等问题，以此为实现作为德性实践的学生评价提供合理有效的评价中介和标准参照。在具体的评价实践中反思作为德性实践的学生评价标准至少需要解决以下问题。

首先，在实践中反思作为德性实践的学生评价标准是否符合内在的评价目的和外在的利益相关者需求合理统一的问题。在反思作为德性实践的学生评价标准是否符合人的内在需要时，至少有三点需要考虑：第一，评价标准是否符合被评价的对象，也就是说评价标准一定是能够反映出评价实践的真经验与真问题，这是其评价标准是否具有合理性或达至有效性的先决条件；第二，要看评价标准是否符合人的内在发展需要，作为德性实践的学生评价的根本目的在于促进人的全面发展和德性增长，评价标准是否符合评价的这一根本目的是评价标准是否合理有效的实质性标志；第三，要反思评价标准是否符合社会发展的需要，作为德性实践的学生评价根本目的在于促进人的发展，同时也在于促进社会的发展，包括符合国家利益的具体诉求、政治经济发展的需要等。反思作为德性实践的学生评价标准还要照顾和平衡不同利益相关者的需要，因为作为德性实践的学生评价受到来自教师、学校、家庭、国家等不同利益相关者的资本需求或利益诉求的影响。

其次，在实践中反思作为德性实践的学生评价标准的科学性与人文性统一的问题。作为德性实践的学生评价是一个由诸多评价层次组成的评价系统，在这个大范围的评价实践之中，或者说是在宏观或中观层面的评价实践之中，作为德性实践的学生评价标准应该是以人文性为主，强调学生评价实践要符合一定的人文精神、道德规范、良善品性等。强调人文性的评价标准并不是简单地将评价实践看作是符合德性规范和人文关怀的，其实它需要评价主体具有更加扎实的知识素养以及复杂的思维能力和理解基础，以充分理解学生评价乃至教育的目的与价值，"人文性标准相对于科学性标准更为复杂，因此需要正确理解人的全面发展"[1]。作为德性实践的学生评价具体到微观层次的评价实践，其依据的评价标准就要以科学性为主，因为具体的评价操作和评价细节都需要一定的标准参照进行

---

[1] 刘五驹：《评价标准：科学性还是人文性——"第四代评估"难题破析》，《教育理论与实践》2014年第16期。

比较并据此进行判断，这个时候人文性的评价标准便会显得力不从心，只有科学性的评价标准才更利于和便于具体层次的评价实践，但整个具体微观的学生评价实践在整体上还是要契合一定的人文性评价标准。

最后，在实践中反思作为德性实践的学生评价标准的一元性和多元性统一或普遍性和个性化统一的问题。一元性的学生评价标准总是具有一定普遍性，而多元化的学生评价标准总是具有一定的个性化，本书在此对之进行一并论述。作为德性实践的学生评价标准在整体或宏观层次上具有一定的一元性或普遍性，如符合人和社会发展的需要就是其整个评价实践的普遍化标准，这对它来说是必要存在的。同时，作为德性实践的学生评价又总是受着来自不同利益相关者不同需要和不同心理系统的影响，每个评价主体可能对学生评价实践存在不同的侧重点和关注面，在这个层次上来说，评价标准又是多元化或个性化的，这也是在具体的学生评价实践中所不可避免的。对于作为德性实践的学生评价来说并不需要去遏制、否定或忽视多元化和个性化评价标准的存在，而是要对此充分认识和理解，并根据具体的评价实践情况以及评价对象的不同，"用分值、等级、描述等多种评价形式表现评价结果"[①]，从而形成个性化和多元化的学生评价标准，以此用更加契合和适切的评价标准促进作为德性实践的学生评价的实现。

二 在发展中建构作为德性实践的学生评价标准

在具体的评价实践中反思作为德性实践的学生评价标准，是为了更好地建构合理和适切的评价标准，从而使整个学生评价实践更能反映评价对象的本质和特征，更能促进教育教学的改进和人的发展。反思评价标准是建构评价标准的前提，在哪里建构以及如何建

---

① 刘志军等：《促进教师不断发展的评价体系构建》，《清华大学教育研究》2015 年第 6 期。

构是核心。传统的学生评价大都是自上而下给予的既定标准,评价主体不用参与评价标准的制定,而是基于现成的标准进行评价,或模仿或借鉴已有的评价标准进行改造而制定普遍性和固定性的评价标准,这是现实中学生评价标准建构的两个重要方式和途径。这两种评价标准建构的方式大致可归为以方法为中心的建构方式,而且它确实能为学生评价实践带来便捷和速效,但也容易造成对学生评价育人目的的遮蔽化、学生评价实践过程的简单化以及复杂的学生评价信息的失真化。是故,作为德性实践的学生评价标准建构,要从方法中心的建构方式转向实践中心的建构方式,即不仅需要反思以往学生评价标准建构的方式和途径,更需要在学生评价实践的动态变化发展中进行建构。以实践为中心,在实践的动态变化发展中建构作为德性实践的学生评价标准,就是要符合一切从实际出发的原则,符合以人为中心的原则,以及符合以问题为中心的原则。

一切从实际出发,就是在动态发展中建构作为德性实践的学生评价标准时,要尊重学生评价实践的客观事实和规律。学生评价实践同任何评价一样都是一个活动过程,不同的是它面临的评价对象是复杂的教育教学实践活动,学生评价对象的复杂变化性决定了学生评价实践过程的复杂多变性。而且学生评价实现评价目的的过程并不是简单地做到结果的对照和比较,它"通过判断价值和发现价值,实现着提升教育价值的目的,也就是说,达到教育价值增值的目的"[①]。可见这个评价目的实现过程本身就具有一定的复杂多变性。而我们以往的学生评价标准建构多是运用还原论、本体论、科学主义等方法将丰富复杂的学生学习实践活动当作不变的实体进行原子化和要素化,这本身就是一种不符合学生学习实践活动实际的做法,与此不同的是,作为德性实践的学生评价则是在尊重学生学习实践活动的复杂多变的客观实际和规律的基础上,在学生评价实

---

① 刘志军:《教育评价的反思和建构》,《教育研究》2004 年第 2 期。

践活动中动态发展地建构学生评价标准，使学生评价标准符合发展的学生学习实践活动，而非让学生学习实践活动契合学生评价标准而展开。

以人为中心，就是在动态发展中建构作为德性实践的学生评价标准时，要以人为建构主体和以人的发展为建构目的。以人为建构主体，主要是指以学生评价者为主体和一定的学习评价利益相关者，在动态发展的评价实践中协商建构学生评价标准。学生评价主体是学生评价实践的主要实施者和亲历者，因而在学生评价标准建构中应具有更多的话语权，但学生评价的对象是复杂多变的，它所牵扯的利益相关者较为广泛，而且不同身份或层次的利益相关者都可转变为学生评价主体，从其特有的角度去分析和评价，他们同样可以为学生评价标准的建构建言献策。而且，从理论上来讲，任何固定不变的评价标准都很难反映丰富多变的学生学习实践活动，实践上也是如此，故而在作为德性实践的学生评价标准建构过程中，在发挥学生评价者主体地位的同时，还要与一定的利益相关者进行对话、沟通、交流与协商，共同在动态发展的学生评价实践中促进学生评价标准的建构。而以人的发展为建构目的，则是指在动态发展中建构作为德性实践的学生评价标准的过程，始终都要以促进人的发展为建构目的和建构主线，因为想要建构覆盖学生评价对象的全体和全貌似乎是不可能的事情，其中蕴含标准建构本身就是一个过程的事实，同时也启示着标准建构要有侧重和选择，而这个标准选择必须以人的发展为根本参照。而且标准不是唯一的，它不能标准化，更不能批量化，而要在具体的评价情境中去分析和建构，不是要唯标准是举，而是要始终以人的发展为根本遵循。

以问题为中心，就是在动态发展中建构作为德性实践的学生评价标准时，不是将学生评价标准建构的方法放在第一位，而是以学生评价实践所遇到的评价问题解决为主要参照的。学生评价作为德性实践的功能和价值之一就是通过一定的评价标准，去诊断和判断教育教学实践活动中哪些阻碍着育人目的的实现和人的全面发展以及阻碍和限制的程度,从而为教育教学改进提供一定的评价依据,可见其构建的评价标准侧重于发现问题和评估问题。而以往的学生评价标准建构总是追求用什么方法建构更为科学或依靠什么方法能够建构出来的问题,往往忽略学生评价标准建构的目的和功能,更"忽视了价值观念的多元性和评价目的的复杂性,从而导致评价目的与评价方法(手段)的分离"①。可见以往的学生评价标准建构方式是一种发展和方法本末倒置的行径,其建构出的学生评价标准难免具有方法主义的痕迹以及存在一定的虚无性和失当性。是故,要使作为德性实践的学生评价标准建构得合理有效,"须从'方法中心'回归到'问题中心',把标准制定的原则转移到评价问题上来"②。

第四节 方法层:作为德性实践的学生评价方法分析与选择

同学生评价标准一样,学生评价方法之于学生评价而言也是一种不可或缺的存在,不论我们依据什么进行评价,或选择什么做出评价,也不论我们是有意识地进行评价,还是无意识地做出评价,只要评价发生,评价方法总是一个避免不了或客观存在的中介。与学生评价标准不同的是,学生评价方法是影响学生评价实践最为敏感或最为直接的因素,评价方法的选择、更替与变革会为学生评价性质、评价效率以及评价结果等带来更加明显的变化或跃进式的发展。可见学生评价方法的科学选用和正确选择与否,将直接影响作为德性实践的学生评价实施的方向性、价值性和有效性。学生评价方法事关如何进行学生评价的问题,自学生

---

① 王海涛等:《教育质量评价标准的价值建构》,《湖南师范大学教育科学学报》2017年第1期。
② 苏启敏:《价值反思与学生评价》,北京师范大学出版社2010年版,第167—174页。

评价伊始，尤其是正式化和系统化的学生评价产生以来，从最初的混沌模糊性的评价方法，到追求精确和科学的评价方法，到寻求问题解决和有效性的评价方法，再到重视在协同实践中选择和应用评价方法，已经有形形色色和林林总总的评价方法存在和应用于学生评价领域之中，并促进着学生评价的不断发展和变革。而且，学生的学习活动既有可量化的方面，又有标准、价值和目标的阐述，无论是质性方法还是量化方法，单一取向的方法都无法客观地对学生进行全面分析与评价，这也从根本上决定了学生评价方法选择和使用的多元化。对于实现作为德性实践的学生评价而言，在方法论方面需要对众多的评价方法进行分析、选用和总结，并在此基础上选择适切作为德性实践的学生评价的方法，并为其提供有效合理的方法支持。

一　分析多元的作为德性实践的学生评价方法

实现作为德性实践的学生评价必然需要借助一定的评价方法，而在选择方法之前需要对多元化的评价方法进行一定的分析，既然是分析就要具有一定的分析对象，即要系统性认识和总结多元化学生评价方法以供分析。方法是人们认识世界和改造世界而采取的手段途径和行为方式，也是人主观能动性发挥和观念思想创造的重要体现，又是人类文明进步和发展的重要标志，人类的发展和进步正是伴随着方法的运用、改造与革新而获得的。人类文明发展至今，已经产生了不计其数的方法，这些方法并不是杂乱无章的，而是具有一定的系统性并可分属不同的集合阵营。

按照学科属性来分，可以分为哲学的、社会学的、历史学的、数学的、物理学的、心理学的等。在哲学的方法产生之前，人类也是有方法存在的，只是这种方法多是经验总结的或经由自然神秘启示的或具有宗教性质的，并没有太明显的学科属性和学科意识，但这种方法却是人们最为原初或者具有文化基因性质的选择方式，尤其是经验的方法对于作为德性实践的学生评价有着重要的启示，抑或任何评价活动都难以摘除评价主体的经验。哲学的出现为人类的方法带来了理性和逻辑，并大大提高了人们认识世界和改造世界的能力，如中国的易哲学、古希腊哲学、西方哲学等为人类认识世界和改造世界提供了更大的可能性和合理性，而且有了这些方法，"我们就能从普遍接受所提出的任何问题来进行推理；并且，当我们自己论证时，不至于说出自相矛盾的话"①。对于我国现代学生评价方法影响较大的当属马克思主义哲学的方法论，包括辩证的方法、发展的方法和矛盾的方法等。此外还有心理学的方法也为学生评价方法提供了可选项，简单来说，学生评价是人为和为人的实践活动，是人所主导和人所参与的实践活动，尤其是学生评价主体在评价时更少不了心理背景系统的参与，可见借用和改造心理学的方法使之成为学生评价方法是具有一定的合理性和必要性的，而且心理学与数学、统计学交叉的心理测量的方法更是影响着学生评价测验方法的产生和运用。

按照方法性质可将方法大致分为实证化和人文化或科学主义和人文主义两类。实证化或科学化的方法将评价对象进行客观化，并采用自然科学的观察或经验、实证的量化与统计等具体方法，发现、收集和处理而得的学生评价信息与资料，进而做出判断结果，这个结果倾向于清晰具体和一目了然的事实，或以分数呈现，或以等级呈现，并且这个评价结果是整个评价方法使用所一直关注和重视的，即实证化或科学化的评价方法是服务于或趋向于具体评价结果的获得。尤其是时下人工智能技术的革新更为实证化的学生评价方法提供了强有力的技术支持。而人文化或质性的方法则是常用哲学的和社会科学的方法来评价复杂的学生学习实践活动，该方法主张研究社会现象和活动不能脱离具体的情境，尊重人在社会实践活

---

① 苗力田主编：《亚里士多德全集》第 3 卷，中国人民大学出版社 2016 年版，第 353 页。

动中的主体性和价值性，反对将其视作自然物质而进行绝对性和价值无涉的评价，而且主张在具体的评价方法使用过程中，注重对人的需要和价值进行分析和诠释，注重对意义和价值进行解释和判断，注重人的心理背景和情感体验，注重人与人之间的对话交流与合作协商，人文化的评价方法为学生评价带来了更加具有人性化和德性化的品质，丰富和发展了学生评价的方法论体系。

在总结多元的学生评价方法的基础上对此进行分析，需要做到对不同学生评价方法的利弊进行考量。如哲学的方法在具体的学生评价实践中可能会力不从心，但其对于学生评价方法的选择以及学生评价实践的目标给予哲学视角的筛选；数学或测量学的方法在具体的评价实践中可能会更易操作化和明晰化，但其却容易带来学生评价过度量化和绝对化的风险。还如在方法性质方面，实证化或科学化的评价方法总是对复杂的学生评价对象做本质还原，即"把复杂现象还原到简单现象，把整体看作是部分的叠加。在事物变化因果关系的分析中，用线性分析作为基本的思维模式"[①]。而且还主张价值中立，排除人的价值、态度与情感等方面的参与，这明显有着忽视人的主体性和能动性的意味，同时追求精确化和数量化的学生评价结果，也易使学生评价方法陷入单一化和方法中心主义的泥潭，进而造成学生评价整体效果大打折扣和学生评价流于形式化的境地。虽然实证化或科学化的学生评价方法具有一定的不足，但其在具体的学生评价实践中所发挥的简明性、便捷性和严谨性是其他方法所不可替代和不具有的。人文化或质性的学生评价方法从整体上照顾到了学生评价对象的具体性、复杂性和情境性，也关注到了人的主体性，主张评价主体间的沟通与协商以及评价主体与评价对象的互动交往，它在寻求普遍化、共同性和整体性的价值、规律的评价实践中具有一定的优势，但在具体的学生评价实践中却是因为

---

① 叶澜：《教育研究方法论初探》，上海教育出版社 2014 年版，第 259 页。

难以数量化而不易操作。总之，凡此种种的多元化评价方法在作为德性实践的学生评价实施之前都需要对此进行分析，以此为选择适切的学生评价方法提供方法依据和确定方法域。

二 选择适切的作为德性实践的学生评价方法

通过一定的分析，接下来选择适切的学生评价方法对于实现作为德性实践的学生评价便至关重要。依据不同的视角，选择适切的学生评价方法就会有不同的路径。按照使用方或委托方的视角来看，选择适切的学生评价方法有自上而下和自下而上两种模式。自上而下的选择模式主要是指按照顶层设计或评价委托方所提供的评价流程或评价程序所选择的学生评价方法，甚至是评价委托方已经将学生评价方法确定在一个方法集合内以供选择或直接确定下来直接"被"选择，可见这种自上而下的选择模式对于评价主体来说是较为被动的或是具有强制性的。自下而上的选择模式则是充分发挥评价方或评价被委托方的专业优势和主体能动性，评价委托方只是提供它们的评价需要、评价目的、评价资金、评价意见等，至于学生评价方法的选择则是根据具体评价实践的境遇、评价主体的专业知识和能力等进行多元化和个性化的选择，从而为实现作为德性实践的学生评价提供更多的创造性和可能性。从评价主体的角度来看，选择适切的学生评价方法主要是根据学生评价主体的需要、知识背景、心理系统背景等进行综合考量，如具有理学背景的评价主体更倾向于选择实证化或定量化的学生评价方法，而具有文史哲等背景的评价主体则更倾向于选择人文化或经验化的学生评价方法，可见不同背景或不同层次的学生评价主体在学生评价方法上有着不同的选择，而且每个评价主体都有自由和个性选择评价方法的权利，作为德性实践的学生评价要正视和尊重评价主体的方法选择权和主动权，并采取一定的措施引导评价主体进行正确理性的抉择。从评价结果使用倾向进行考量，选择适切的学生评价方法主要可分为形成性评价和终结性评价两种方式,形成性学生评价在其评价结果使用上在于反馈不足、促进发展,并提出一定的改进策略,其学生评价方法倾向于人文化的评价方法,其方法使用主要是对学生评价信息进行一定的描述、批判、鉴赏等。而终结性学生评价在其评价结果使用上则重于等级判定和数量计算等,一般不指向改进和发展,其学生评价方法倾向于实证化和定量化的,其方法使用的目的主要在于分等划级、甄别奖惩等。

学生评价方法依据不同的视角便会有着不同的选择方式或选择路径,作为德性实践的学生评价方法选择既要在尊重多元选择视角的基础上分析方法的合理性和适切性,还要根据作为德性实践的学生评价的自身性质、价值系统、目的方向等来适切地选择学生评价方法。作为德性实践的学生评价的自身性质是倾向于人文社会学科的属性,而不是自然科学性质,它的最高目的在于促进人的全面发展和德性良善,而且它是对教育教学实践活动中的特定文化和价值系统的评价,也是学生评价主体及教育教学活动中的人的德性参与和彰显的实践活动,在对其进行评价方法选择时,应充分根据这些准则和标准进行,而不能是从方法出发以及用方法裁决评价,进而避免学生评价陷入唯方法主义或方法中心主义的泥沼。因而,对于作为德性实践的学生评价而言,虽然"在方法的选择上,不应刻意追求评价方法属于什么范围,而应注意评价方法与评价目的的契合"[①]。但依照前文分析而言,作为德性实践的学生评价方法的适切选择,就是要在合理利用实证化或定量化评价方法的同时,更倾向于使用人文化、形成性的评价方法。形成性的评价方法指向改进和发展以及提出针对性和建设性的改进或发展建议,这更加适合作为德性实践的学生评价促进人的发展这一最高目标,而且形成性评价方法的实践"最能发展学

---

① 刘志军:《课堂评价论》,广西师范大学出版社2002年版,第76页。

生的能力，帮助其监控和调整自己的学习"①。人文化的学生评价方法选择则以教育批判的方法和建构主义的评价方法较为适切。教育批判的评价方法是一个综合性的质性评价方法，它大致有描述、解释、规范和主题式四个向度，②每个向度都对实现作为德性实践的学生评价有着一定价值意义。描述向度注重评价主体置身于具体的评价实践情境之中，并充分发挥知觉、经验、顿悟等方面的作用，通过艺术化的鉴赏和批判，从丰富繁杂的学习活动世界中辨识复杂性、差异性以及细微精确之处。解释向度重在对复杂难测的学习实践活动和现象进行描述性的解释，从而"寻求社会性事件的深层结构、规则或者赋予他们次序的模式"③。规范向度主要是侧重对学习活动中价值观的研究，利于检视学习实践活动的多元价值观。主题式向度则强调从个别化的学生评价实践中选取一些具有普遍性、发现性、创新性等方面的信息或事件，从而启发学生评价主体就评价信息的讨论更加敏锐和灵活。建构主义的评价方法强调在具体或自然真实的环境之下进行评价，主张多元评价主体对评价信息的共同建构，以及利用"解释学辩证环节的综合重复"④得出以个案报告呈现的最终成果等，都为实现作为德性实践的学生评价提供更加多元而又适切的评价方法启示。

---

① ［美］Jan Chappuis：《学习评价7策略：支持学校的可行之道》，刘晓陵等译，华东师范大学出版社2019年版，第5页。

② 对于教育评判方法的四个向度划分，本书主要是借鉴于教育批判作为一种质性研究方法的四个向度，即教育批判作为描述性研究、教育批判作为诠释性研究、教育批判作为规范性研究以及教育批判作为主题式的研究。详情参照［美］Daniel L. Stufflebeam等《评估模型》，苏锦丽等译，北京大学出版社2007年版，第232—239页。

③ ［美］埃利奥特·W. 艾斯纳：《教育想象——学校课程设计与评价》，李雁冰译，教育科学出版社2008年版，第239页。

④ ［美］埃贡·G. 古贝、伊冯娜·S. 林肯：《第四代评估》，秦霖等译，中国人民大学出版社2008年版，第129页。

第五节　结果层：作为德性实践的学生评价结果解释与使用

学生评价结果的解释和使用是学生评价活动的重要环节。可以说，我们在学生评价目标、评价标准和评价方法上付出了巨大的努力和很多精力与时间，其直接目的就是得出一定的学生评价结果，并在对此结果分析和解释的基础上，引导学习实践活动方向、甄别学习活动优劣、改进学习活动和促进学生全面发展。如果没有合理正确的学生评价结果出现，我们所进行的学生评价实践活动将会是无用之功，而没有有效的学生评价结果利用，学生评价引导、改进、发展等系统功能将得不到有力发挥。而且，我们进行的学生评价实践活动属于人的实践活动的范畴，它自然受真理尺度和价值尺度的制约，即我们的学生评价实践既要在遵循学习发展和人的发展的客观规律基础上进行，又要在符合自己内在需要的价值尺度上开展。而学生评价结果的得出和使用不仅要符合客观规律，更要符合自身发展的价值需要，只有这样，我们才能更好地认识学习活动和改造学习活动，从而更好地实现教育教学育人的根本目的。

一　审慎做出和解释作为德性实践的学生评价结果

在作为德性实践的学生评价活动中，评价主体如何做出评价结论，以及是否对这一结果进行具有说服力的描述和解释，将直接关系学生评价各个利益相关者是否和如何使用评价结果。因而，在有效利用学生评价结果之前，需要审慎做出和解释作为德性实践的学生评价结果。

在审慎做出作为德性实践的学生评价结果方面，首先，学生评价结果的得出要建立在教育教学育人的基本理念和学习活动的基本规律，以及学生发展需求的基础之上。作为德性实践的学生评价所得出的评价结果必须是为育人服务的，这是与学生评价的育人本质目的和功能相符的，如果得出的评价结果并不是在这一目的基础上进行的，那么评价结果将不会促使学生评价导向育人目标，反而有可能会偏离学生评价育人的价值诉求。作为德性实践的学生评价所得出的评价结果必须尊重教育教学活动的基本规律，如促进学生知识获得和道德增长的统一，或促进学生掌握知识和发展能力的统一。作为德性实践的学生评价结果的得出需要在尊重这一基本规律的前提下进行，也就是不仅要得出学生评价在促进学生知识获得和掌握知识方面的情况，还要得出学生评价在促进学生德性增长和发展能力方面的结论。作为德性实践的学生评价所得出的评价结果要尊重教育教学与学生的发展需求，教育教学有改进和完善的需求，学生有着短期利益和长远发展的需求，所有这些需求都需要在得出评价结果时有所考虑。

其次，学生评价结果的得出是建立在丰富多样的数据信息的基础上。作为德性实践的学生评价结果的得出需要对丰富多样的数据信息进行系统分析，丰富多样的数据信息来自教师、学生、家长等不同评价主体，有来自测评、调查、访谈等不同评价方法所收集的评价数据，这些评价信息既有通过量化方法得到的，也有通过质性方法得出的，既有可量化统计的结构化数据，也有可描述的非结构化数据，我们可以根据不同目的、不同需要和不同问题对如此丰富的评价信息和评价数据进行处理分析，得出能够相互补充和印证的评价结果。

最后，学生评价结果的得出是基于多方利益相关者的协商。作为德性实践的学生评价结果的得出需要多方利益相关者协商，即学生评价主体在对评价数据信息进行收集、分析和处理，并得出结论时，需要充分考虑不同利益相关者的不同利益诉求，而且还需要通过召开研讨会等协商方式，使利益相关者可以有建设性和坦率地面对评价结果。"通常在一个具有展开批评的氛围、经常公开讨论质量或者有'评估文化'的组织中，评价结果和建议（前提是评估有依据）会比在没有这些情况的组织中更容易被接受，更有转化应用的机会。"①

在审慎解释作为德性实践的学生评价结果方面，其一，对作为德性实践的学生评价结果多做一些解释性描述，少做因果推论。在学生评价作为德性实践的活动中，不能简单根据片面的数据和信息，就判定教育教学的优劣或学生的好坏，因为教育教学或人好坏的判定属于价值层面，从一定量的数据信息不一定能推论出价值结果，我们可以通过这些事实信息来辅助我们进行价值判断，而不是必然导致价值判断结果，这是我们需要注意的。而且作为一种结果，教育教学与人的发展状态或程度是由错综复杂的原因造成的，依靠分析而得出必然结果是不可能做到的，人们永远不可能完全占有一件事情的所有信息和原因，这是人的有限性必然导致的结果。所以作为德性实践的学生评价结果要注重对评价对象进行多方面的素描和画像，全方位和多方面地呈现评价信息，根据不同的目的和需要对此进行一定的价值判断。

其二，对作为德性实践的学生评价结果的审慎描述，要遵循一定的目的性原则、综合性原则和多样化原则。目的性原则，就是作为德性实践的学生评价结果的解释要有明确的目的，主要的目的是指向育人的，当然也有其他的甄别、改进等其他目的，针对不同的目的做出合理科学的解释，才能更好地发挥评价结果的使用价值。综合性原则，就是在对作为德性实践的学生评价结果进行解释时，要综合考虑学生发展状态、教育教学实际、反馈对象需要、数据分析技术等多方面的因素，从而做出系统全面的解释，以此促进学生评价育人的实现。多样化原则，主要是指作为德性实践的学生评价结果解释对象和解释方式的多样化，评价结果的解释对象，包括教

---

① ［德］赖因哈德·施托克曼、沃尔夫冈·梅耶：《评估学》，唐以志译，人民出版社2012年版，第227页。

师、家长、学校、教育行政部门、学生等多方利益相关者，不同的利益相关者对评价有着不同的期待和需要，所以需要对他们做出不同的解释，做出不同的解释意味着评价结果解释方式的多样化。评价结果解释方式的多样化，也指要积极看待评价结果，发挥评价结果的正向价值，多看到不同教育教学活动和不同学生的优点和进步，多提出对发展和育人有益的针对性解释和建议。

其三，在作为德性实践的学生评价结果的解释形式方面，要采取书面报告和口头陈述的形式。撰写评价结果报告，报告中要包括摘要（对评价结果的重要认识和建议）、主体部分（对评价结果的得出过程、方法、结论、解释和评价）和行动建议（对评价结果的使用建议）。评价结果报告的撰写在很大程度上让评价者进一步清晰对评价数据和从评价数据中得出的结果描述，而对于其他利益相关者未必如此，因此需要评价者向其他利益相关者简明扼要地对评价结果和建议进行口头阐述，此举不仅能够对评价的主要结论进行详细讨论和强调说明，更能进一步使评价结果能在利益相关者之间获得普遍的认同和理解。评价报告不仅局限于评价者所做出的，还需要学生做出一定的自我报告。学生在撰写自我报告的同时，不仅是其自我反思的一个重要手段和过程，也是评价和促进学生学习的一个重要参照，这是因为"自我报告对于捕捉学生的情绪、动机、策略使用和元认知等驱动人类学习的心理过程是必不可少的"[1]。

二 合理参考和使用作为德性实践的学生评价结果

在审慎做出和解释学生评价结果后，接着就是如何对作为德性实践的学生评价结果的参考和使用，其评价结果如何参考和使用将直接关系整个学生评价的质量，以及学生评价的可持续性。因而，在评价结果层面，合理参考和使用作为德性实践的学生评价结果是

---

[1] Pekruna, R., "Commentary: Self-report is indispensable to assess students' learning", *Frontline Learning Research*, No. 3, 2020, pp. 185-193.

非常必要的。

在合理参考作为德性实践的学生评价结果方面，首先，需要在多样化的评价结果分析和解释的基础上合理参考。因为通过不同评价技术和评价方法所得出的学生评价结论，都有一定的优越性，也都存在一定的局限，我们在参考评价结果时，要充分认识和了解每种评价结论背后的产出路径与产出方式的优劣，以及它可能会带来哪些负面影响。如我们在参考通过评价测验得出评价结果时，就要认识到任何评价测验都会存在一些不足，标准参照测验在评价对象有没有达标和常模参照测验在评价对象的群体位置方面具有一定的优势，但在评价对象的个性特质方面显得无力，一些质性的评价方法在评价对象的个性特长和发展优势方面具有很高的价值，但又因其评价过程容易主观化而存在一定的不足。而且，对评价结果的解释不同，也需要我们对这种多样的评价结果解释进行一定的了解和分析，然后针对不同的评价目的、评价问题、评价情境以及不同利益相关者的利益与需要进行参考。

其次，在区分和分析评价结果效益基础上合理参考评价结果。学生评价结果一般会产生工具性效益、问题性效益和观念性效益。工具性效益指的是利益相关者对学生评价结果直接使用所产生的效益，如学生评价结果直接用于甄别选拔、教学决策等；问题性效益指的是学生评价结果对于提出新的学生评价问题的思路产生影响，从而促进学生评价的可持续性，如通过分析和处理学生评价结果，发现新的评价问题，需要再次进行评价来加以解决；观念性效益指的是学生评价结果被用于改变旧的评价观念或教学观念，促进教育观念的更新与发展，如通过学生评价结果的解释、论证和协商，使得学生评价结果获得最大程度的认同，评价结果中所蕴含的发展或育人观念能够被他人接受和认同，这种效益是颠覆性的。我们在参考作为德性实践的学生评价结果时，首要追求评价结果的观念性效益，然后是力求评价结果的问题性效益，最后才是重视评价结果的直接性效益，只有这样，我们才有可能对学生评价结果进行最大化的使用。

在合理参考作为德性实践的学生评价结果方面，首先，需要明确评价结果的使用标准。学生评价结果的使用标准指的是我们在使用学生评价结果之前，要对学生评价结果满不满足我们使用条件进行判断。大致来说，学生评价结果的使用标准有准确性、有用性、公正性和可实施性四个标准。准确性标准是评价结果能够准确反映评价对象或评价内容的信息和状态；有用性标准是确保评价结果符合评价目的和评价使用者的需求；公正性标准是确保评价结果建立在尊重和公正对待评价对象及相关人员或群体的基础之上；可实施性标准是评价结果能够经得住实践的检验和在可接受的使用成本范围之内。作为德性实践的学生评价结果如果能够满足以上四个使用标准，就可以对此评价结果进行合理使用。

其次，要针对不同的目的合理使用评价结果。如用于甄别选拔的目的，根据作为德性实践的学生评价结果，分析每个学生经过教育教学活动而获得各个方面经验的基本结果、优势特长和不足之处，然后进行一定的排名和选择，在这一过程中，一定要注意淡化结果的高利害性，积极引导每个学生正确认识自己的优势和不足，树立不以一时成败论英雄的结果意识，从而促进学生不断地反思和进步；用于教育教学改进的目的，根据作为德性实践的学生评价结果，认识教育教学活动的质量和问题，分析原因和研究对策，有针对性地提出教育教学活动需要改进的建议；用于评价观念传播和更新的目的，作为德性实践的学生评价结果要充分发挥其导向作用，积极通过对其评价结果阐释和传播，被大多数人接受，从而获得更广泛的社会认同，"引导社会树立全面的教育质量观，逐步扭转'唯分数论'，促进学生身心健康和全面发展"[①]。

---

① 辛涛：《评价结果怎么用才科学？》，《中国教育报》2014年3月4日第6版。

最后，评价结果的使用要兼顾长期利益与短期利益的统一、甄别功能与育人功能的统一。使用作为德性实践的学生评价结果，不应仅着眼于学生发展的短期利益和评价甄别功能的发挥，诚如前文所述，这些都只是学生评价的工具性目的和工具性效益，并不是作为德性实践的学生评价最终所追求的，但为了追求学生发展的长期利益和育人功能，并不是要摒弃这种短期性利益，而是要做到两者的相互统一，不可偏废。

第六节 话语层：作为德性实践的学生评价话语生成与转化

话语是人类心智与精神的表达，是人与人沟通和理解的桥梁，也是人们开展社会实践活动的理解基础和交流工具。普遍来看，话语"是一种心智活动，也是一种社会现象"[①]。在这一普遍理解意义上，学生评价理念与目的选择、学生评价内容认识、学生评价信息解释、学生评价结果应用等都从属于学生评价话语的体系结构。从知识的视角来看，话语也是学科的知识要素或知识结构的表达，不同的学科具有不同的话语，学生评价之为学生评价，就是因为它具有自身特有的话语表述与话语结构，以区别于其他学科。无论是哪种意义的话语理解，学生评价作为德性实践的理论与实践都需要用恰当适切的话语去表达和理解，学生评价作为德性实践的理论是人的思想建构和智慧结晶，当它被人们用语言所讲述出来或文字记录下来，话语就会出现并成为这一思想表达的主要载体；学生评价作为德性实践的实施是一项复杂的社会实践活动，它不可能仅靠人的思想推演和头脑运转就能进行或实现，而是需要诸多的利益相关者共同谋划、参与和支持才能得以运行，进而才有实现的可能，而

[①] 陈嘉映：《简明语言哲学》，中国人民大学出版社2013年版，第2页。

这些都需要话语作为交往、沟通、理解和协商的基本前提，并且学生评价的实践过程本身也是一种话语的实践和实践着的话语。实现作为德性实践的学生评价，彰显和发挥学生评价者的德性智慧，必然需要借助评价话语这一交往互动的载体，具体表现为在交往中生成学生评价作为德性实践的话语和在交互中转化学生评价作为德性实践的话语。

一　在交往中生成作为德性实践的学生评价话语

话语部分上也许是由一定先天的社会基因遗传而产生的，但更多的是后天人类心智、认知机制以及周边环境等相互运作而生成的结果。在人类的实践活动中，话语生成的方式可以是在经验中生成，可以在行动中生成，可以在权力中生成，也可以在交往中生成。在讨论如何在作为德性实践的学生评价中生成评价话语之前，有必要对话语的种类做一定的区分。根据不同视角可以将话语分为不同的种类，从理论与实践关系的角度，可以将话语区分为理论话语、政策话语和实践话语，理论话语主要是用于人类思想总结和知识概括等方面的表达，其表达方式是理论的话语方式，注重话语之间的逻辑性、关联性和理论性；实践话语主要是用于人类日常的实践活动之中，其表达方式是实践或日常的话语方式，侧重话语的经验性、情境性和时空性；政策话语是介于理论与实践之间的话语，"理论语言是普适的，而日常语言则是情景性的"[①]，政策话语既具备一定理论上的普适性，又兼具对实践有着直接指导意义的情景性。从话语权力的视角可将话语分为官方话语和民间话语或正式化话语和非正式化话语，官方话语是由代表国家主要意志和主流意识形态的人或组织向社会发布权威信息、传达公共政策、颁行法令法规等所生成的话语，它具有一定的公信性、强权性、强制性和规约

---

① 王南湜：《社会哲学》，云南人民出版社2001年版，第86页。

性；民间话语则是由社会中弱权型的团体组织、人民大众、非正式的出版物和传播物等所生成的话语，它具有一定的松散性、自由性、开放性等特征。值得注意的是，官方话语与民间话语两者并不是完全相对和无关的，官方话语影响着民间话语的生成范围和限度，民间话语则为官方话语的生成提供着素材来源。从话语产生的来源来看，可将话语分为本土话语和外来话语，本土话语是指对某些事物或事件的概念认识、行为逻辑、实践方式等有着一套属于本地或一定共同体组织的表达系统或语言方式，具有一定的地方性、保守性；外来话语则主要是指与本土传统不相符合的和舶来的话语逻辑或话语表达，它具有一定的包容性和开放性。随着社会的发展和信息技术的进步，本土话语和外来话语的边界变得越来越模糊，两者融合的可能也随之增大，甚至是在一些融合度比较高的地区，本土话语和外来话语的界限更加难以区分。

在学生评价领域同样有着话语的存在和生产，并且评价话语的生产方式及其语意表达影响着学生评价思想的传播、学生评价结果的理解以及学生评价实践的成效。以往的学生评价话语生产方式大致是由官方话语主导和政策话语规约而生成的，即由国家颁布一定的学生评价政策或者行政主导的学生评价实践，为学生评价话语的生产模式或生成范围提供了较为固定的框架和模板，学生评价者只需按照此话语模式进行话语表达或话语生产。以往的学生评价话语生产方式也是由外来话语输入和模仿生产的，最基本的如学生评价、测量等话语就是一种舶来品，我们只是对此照搬过来而已，而且还有像学生评价思想、评价流程、评价工具、评价标准、评价方法等一整套的学生评价话语表达体系，我们也总是采取"拿来主义"的方式进行话语的硬性植入，而鲜有问及它们是否能与本土化的话语相适合。从以上论述，不难发现以往的学生评价话语生产方式多是一种被动或给定的，缺乏人的主动性和交往性，而对于作为德性实践的学生评价而言则更多的是在交往中生成话语，体现的是人的主动性、智慧性和生成性。在交往中生成学生评价话语，主要是指作为德性实践的学生评价话语是在理论者、政策制定者和实践者之间的交往中生成的，不是理论者和政策制定者直接赋予和给定的；是在官方人员或组织与民间人员或组织之间的交往中生成的，不是官方强制和威慑的；是在本土话语与外来话语之间的交往中生成的，而不是外来话语直接移栽和植入的，并且这些交往是主体之间平等、合理和有德性的交往，交往的话语也"必须符合真实性、正确性和真诚性的要求"[1]。在交往中生成作为德性实践的学生评价话语，需要学生评价主体增强自身的话语主体意识，增长自身的话语德性人格，提升在交往中生成话语的能力，还需要在社会层面或学校层面为主体间的交往提供民主、宽容和自由的话语空间。

二 在交互中转化作为德性实践的学生评价话语

实现作为德性实践的学生评价，在交往中生成作为德性实践的学生评价话语只是基本的前提，而重点在于如何将在交往中生成作为德性实践的学生评价话语进行实践转化，使其为人们所正确理解和容易接受，以及促进作为德性实践的学生评价的常态化和持续化实施。转化是作为德性实践的学生评价话语付诸实践的逻辑必然，是沟通其不同层次的话语体系之间的中介，如以往学生评价理论与学生评价实践之间总是处于一种相互割裂甚至是相互背离的状态，其根本原因之一就在于两者具有不同的话语体系并难以做到最大程度和合理有效的通约，归根结底是由于人们未能意识到或真正做到学生评价理论话语与学生评价实践话语之间的相互转化。作为德性实践的学生评价话语转化是面向实践和基于实践的转化，或言"转化本身就是一种教育实践"[2]。当学生评价理论指导学生评价实践

---

[1] 牛海彬：《批判与重构——教育场域的教师话语研究》，博士学位论文，东北师范大学，2005年。

[2] 李政涛：《论教育实践的研究路径》，《教育科学研究》2008年第4期。

时，其必然将学生评价理论话语通过一定的方式转化为学生评价实践者所能理解的实践话语，而学生评价实践在升华为学生评价理论时，其必然也伴随着学生评价实践话语的理论转化，可以说没有转化的学生评价理论将是一种浮华的虚无存在，没有转化的学生评价实践将是一种无序的无根存在。作为德性实践的学生评价话语转化并不是一种随意和自由的转化，而是需要一定的条件和前提的，这个前提就是主体间在基于平等和持守德性的交互中进行转化，因为没有这样一种平等而具有德性的交互空间和环境，转化将易流于形式而无实质内容，这也将进一步阻滞作为德性实践的学生评价的实现进程。

在交互中转化学生评价作为德性实践的话语，真正实现作为德性实践的学生评价，首先，需要各个转化主体树立一定的平等交往意识和具备一定的德性交往品质，这是学生评价话语进行转化的基础。同时各个转化主体要有目的意识、有德性意识和有理性意识地进行学生评价话语的转化，而促进人的全面发展和德性的增长以及学生评价实践的良善，是作为德性实践的学生评价话语在交互转化中需要始终恪守的目的意识和价值观念，具体来说，"把外在的知识、价值观念和规范等文化转化为个人的内在精神，是教育活动中最本质的转化"[①]，也是学生评价话语最本质的转化。其次，在交互中转化学生评价作为德性实践的话语，需要遵从一定转化原则，如转化的双向性原则，其强调学生评价理论话语或学生评价政策话语转化为学生评价实践话语并不是一种单向性的，而是三种不同的学生评价话语体系之间的交互转化，即学生评价理论话语可以转化为学生评价政策话语或学生评价实践话语，学生评价政策话语可以转化为学生评价理论话语或学生评价实践话语，而学生评价实践话语也可以转化为学生评价理论话语或学生评价政策话语。此外，还存

[①] 叶澜：《教育研究方法论初探》，上海教育出版社 2014 年版，第 330 页。

在其他一些转化原则需要遵循，如"正义性、系统性、科学性、可操作性和推广性是一个评价话语体系保持生命力的基本元素，也是其转换成话语权的基础"[①]。再次，在交互中转化学生评价作为德性实践的话语，还需要充分考虑和分析学生评价话语转化的现实背景，没有对背景的思考和分析，学生评价话语的转化则易被空泛化和抽象化。如"评价的政治和组织背景与理性而又理想化的测量之间的差距是必须考虑的因素，以确保评价的准确性和实用性"[②]。此外还有学生评价话语转化的文化背景、地理背景、技术背景等都需要对之进行考量。最后，学生评价主体既是诸多学生评价话语体系的主要理解者和践行者，也是新的学生评价话语体系的生成者和宣传者，他们处于学生评价话语转化的中心地带，他们对学生评价话语如何转化和生成都将对实现作为德性实践的学生评价有着至关重要的作用。这就要求学生评价主体在交互中转化学生评价作为德性实践的话语转化时，具备一定的复杂性、生成性和非线性的思维能力。具体说来，就是在进行学生评价话语转化时不能对各种不同的学生评价话语体系进行简单的相加和组合，而要用一定的理论智慧和实践智慧对其背后的价值观念、思维方式、话语逻辑等进行深度的分析，并结合具体的实践背景和情境进行适切合理的转化，而且有些学生评价话语相对于具体的实践存在着一定矛盾和障碍，这都需要学生评价主体对之进行有限度和创造性的转化与生成。

[①] 郭剑鸣：《国际清廉评价话语体系认知与中国清廉评价话语权建设——以公众感知与政府自觉的耦合为视角》，《政治学研究》2017年第6期。

[②] ［荷］雅普·希尔伦斯等：《教育评价与监测——一种系统的方法》，边玉芳等译，教育科学出版社2017年版，第57页。

第六章

德性反思：学生评价作为德性实践的实现限度

　　学生评价作为德性实践是学生评价转向实践哲学的本质要求，是破除学生评价实践功利化、技术化、非理性化、数量化等弊病的现实要求，也是促进学生评价理论与实践趋于有效统一的内在要求，提出学生评价作为一种德性实践的观点和理论对于学生评价的改革和发展具有重要的价值意义。德性智慧是实现作为德性实践的学生评价的重要途径，只有在学生评价的价值、主体、标准、方法、结果和话语等层面发挥和彰显德性智慧，作为德性实践的学生评价才可能顺利实现和推进。尤其是学生评价主体的理论智慧、实践智慧等德性智慧的发挥有益于协调作为德性实践的学生评价利益相关者之间的利益平衡和分配，有助于多元的学生评价主体不同层次的评价权力有理性和有德性地高效运行，也有利于学生评价实践在主体交往、平等协商的基础上获得实现最大程度或认同度高的公平和正义，从而减少学生评价实践的功利化、技术化和随意化的倾向，确保作为德性实践的学生评价得到实质的实现和发展，进而在整体上建立良性健康的学生评价生态。值得注意的是，学生评价作为德性实践是在反对学生评价实践功利化、技术化、非理性化的基础上而被提出的，而且德性智慧相比于其他措施更有利于祛除学生评价实践的功利化等不良倾向，但这并不意味着实现作为德性实践的学生评价必然会消除这些不良倾向，相反它的实现还需要承认和发挥功利、技术和非理性等因素在学生评价实践中的正向价值，它反对的只是过度追求外在利益的功利化、技术崇拜的工具化和情理失调的非理性化。同时我们还应意识到，以往的学生评价理论也是趋向于一定的美好愿景和契合教育教学改革的时代潮流，但为何总是难以落地或实践偏差呢？原因可能在于这些理论更多的是一种教育教学理论的演绎，不是面向或是脱离于具体的教育教学实践的，但更多的是我们对于学生评价理论的功能限度未做全盘的考量，而且以往所提出的学生评价理论的实践路径主要集中于学生评价主体改进、标准建构、方法探讨等方面，而常常忽略学生评价作为一种复杂的组织系统一直受着外部诸多因素和条件的制约。任何学生评价理论总是有一定的适用限度和范围，任何学生评价实践也总有难以预测的阻抗和偏离，这就需要我们对作为德性实践的学生评价理论及其实现的德性智慧路径进行必要的反思。反思学生评价作为德性实践的理论限度和实践限度，在此基础上提出实现学生评价作为德性实践的其他路径选择，进而在学生评价内外对策协同、实践与理论协同中最大化地实现作为德性实践的学生评价。

第一节　学生评价作为德性实践的实现限度

学生评价作为教育教学改革和发展的主要瓶颈已成共识，新世纪以来的教育教学改革，在其功能、结构、内容、制度、建设等方面取得了显著的改进和发展，唯有学生评价领域的改革进程迟缓和收效甚微，这也从侧面说明了学生评价改革是一项错综复杂的系统工程，需要全方位和多方面的谋划和协同推进。反思以往学生评价的不足，作为德性实践的学生评价即便在学生评价目的的确定、评价价值的引领与传递、评价主体的德性与智慧提升、评价标准的反思与建构、评价方法的多元与适切、评价结果的解释与使用以及评价话语的生成和转化等学生评价内部方面做到最大化成功，也并不能确保学生评价作为德性实践的价值能够圆满实现，因为作为德性实践的学生评价本身存在着一定的理论限度和实践限度，这都需要对此做进一步的认识和分析。

一 学生评价作为德性实践的理论限度

教育从来都是人们一种追求美好生活和良善秩序的重要方式和途径，正因如此，价值、德性、美德等这些人们对善的愿景和期望始终贯穿和根植于教育活动的全方位、全过程，从苏格拉底的"知识即美德"，到柏拉图认为善的理念是包括教育在内的一切事物或事件的最高理念，到赫尔巴特明确将伦理学作为教育学的理论基础，再到"杜威较早正式提出教育伦理学作为一门学科"[①]，以及我国自古以伦理教化为主的文化传统，都印证教育是人有价值、有德性的实践活动，学生评价同样是这样一种承载人的价值愿景和德性谱系的实践活动。但这种人类美好的价值愿景和德性期盼只是存在或流行于理论探讨之中，而且在实践领域也始终为人们所不满，其主要的原因在于人们只是将有关人类价值愿景的哲学理论简单地推演和应用于学生评价实践之中，缺乏属于学生评价自身专门化和规范化的评价理论。"像'美德''道德'这些较高的目的，如果没有具体化为一个理想心理倾向的复杂结构的话，没有任何意义。这就需要独立的规范哲学的教育理论，它是相对独立的，并不是伦理学应用于教育目的的决定。"[②] 而本书在学生评价转向实践哲学的前提下或以实践哲学为理论基础所尝试提出的作为德性实践的学生

---

① 王正平：《教育伦理学：作为一门学科的形成与发展》，《上海师范大学学报》（哲学社会科学版）2019年第2期。

② 唐莹：《元教育学》，人民教育出版社2002年版，第194页。

评价理论，就是这样一种具有专门化和规范化的学生评价理论，它具有对学生评价作为德性实践的目的、价值、标准、行为规范等进行合理性和逻辑性的辩护功能。同时作为德性实践的学生评价理论也是一种面向实践和为了实践的学生评价理论，因为它从学生评价的价值论、主体论、标准论、方法论、结果论和话语论等层面，建议在具体或特定的社会文化情境中，学生评价者有德性地采用适切的手段或方式完成学生评价目的或任务，它还在一定程度上激励学生评价者实施与主流价值观和道德观相一致的学生评价行动。值得注意的是，作为德性实践的学生评价理论虽然能够在理论上有着传统学生评价理论不可比拟的优势，但任何理论都不是无所不能和包揽一切的，而是都有其适用的范围和限度。学生评价作为德性实践的理论限度主要表现在理论概念、理论转化、理论研究、理论内容等方面。

理论概念限度。作为德性实践的学生评价理论的概念系统从应然层面来说应是"一种开放动态非平衡的系统"[1]，而作为德性实践的学生评价理论也应该建立在这样的概念系统之上，但事实上由于理论建构总是相对滞后于其概念的生成、变更与创新以及难以囊括所有相关的概念，本书所构建的学生评价作为德性实践的理论正是存在着无法吸纳正在变化和创新的相关概念，以及无法囊括所有与学生评价相关概念的限度。这一方面是因为学生评价作为德性实践的理论概念不是人们研究的固定物质或自然事件，而是人们对复杂多变的教育教学活动世界进行价值判断的主观反映，其中，作为学生评价对象的复杂多变的学习活动世界及其评价是一个不断变化和发展的实践过程，在这个发展的过程中，相关的学生评价概念都在不断进行着拓展、生成、重组和创新，加之研究者自身的视野、时间与精力限度。本书所尝试构建的学生评价作为德性实践的理论

---

[1] 徐继存：《教学理论反思与建设》，甘肃教育出版社2008年版，第201页。

概念自然只是建立在理论建构之前的教育教学及学生评价领域已存在的概念体系之上的，而并非能够完全做到依据一种开放动态且非平衡的概念系统。另一方面则是本书有关学生评价作为德性实践的理论所涉及的概念较为广泛，而在应然层面上这些广泛的概念存在于不同的历史时空之中，鉴于研究者自身的局限性，必然存在未能涵盖全部与此相关概念的问题，由此必然造成学生评价作为德性实践的理论概念涵括不全的限度。

理论转化的限度。作为德性实践的学生评价理论同大多数理论一样，其存在和构建的重要价值在于转化为实践和改善实践，使实践符合人的价值愿景和目的期盼，将其换成常用的表述话语则是关于作为德性实践的学生评价理论转化为实践的关键问题。将两者分别来看，学生评价理论与学生评价实践是学生评价之间两种不同的存在事物或事件，既然是两个不同事物，在逻辑上就不可能完全重叠或相同，最简单地说就是世界上没有两片相同的树叶，更不存在完全相符的理论与实践，即学生评价理论与学生评价实践天然存在着鸿沟和差距。但将两者统一在学生评价这一整体或系统之中来看，学生评价理论与学生评价实践又是作为学生评价这一整体的正反两面而统一存在的，两者又有着统一和重合的可能。但无论基于哪个角度，学生评价理论与学生评价实践之间是有必要相互转化而走向趋同的，转化成了两者沟通和联结的中介，同时也表明了学生评价理论在付诸学生评价实践过程之中存在着必然的转化限度，即两者永远只是趋近或趋同而不能完全做到重合。而且学生评价理论在实践之中受实施者自身的理解水平、心理状态以及周边环境的影响也存在着一定的转化限度和转化阻力，进而造成学生评价理论在转化成实践的过程中总是难以避免理论失真。

理论研究的限度。本书所构建的学生评价作为德性实践的理论虽然是根据实践和面向实践的，但其更多的是建基于对现实学生评价实践的反思和批判之上的，而不是将一定数量的学生评价作为德性实践的真实案例直接构建或总结归纳的,缺乏一定真实的实践案例支撑,这在一定程度上也构成了该理论研究不全面的限度。虽是如此,却并不意味着现实的学生评价实践中不存在作为德性实践的学生评价案例,如教学专家本着对教育教学与学生发展高度负责的态度去理性和德性地评价学生课堂活动,教师本着以学生发展为中心和关爱学生的良善之心评价学生学习活动,如此等等,都在一定程度上可算作是作为德性实践的学生评价,只是这些实践案例过于分散或未被做此理解,本书所构建的学生评价作为德性实践的理论只是建立在对这些零散的作为德性实践的学生评价实践经验的把握和抽象之上。此外,在理论研究限度方面,还对相关研究者的知识、能力、理论等素养的要求比较高,更是缺乏相当专业的作为德性实践的学生评价理论研究专家。正如有学者对课程改革缺乏课程专家所论述的,"遗憾的是,我们尚缺乏真正可以称为课程专家的专家,我们更缺乏探明自我不完美和局限的勇气,以至课程专家之间志趣相左,价值取向歧异,甚至相互攻讦,似乎五位拍卖师的叫卖声比莫扎特的一曲五重奏还动听,不能说不影响着课程改革引领的有效性"[①]。

理论内容的限度。正如任何理论都不可能涵盖此领域的一切一样,它也同样无法统合所有的研究视角,因为从一个视角切入和研究所得的学生评价理论必然会导致对其他视角的忽视或轻视,即理论研究在选择视角方面总是一种顾此失彼的状态。本书所建构的作为德性实践的学生评价理论是从实践哲学出发的,其结果必然忽视理论哲学为学生评价理论建设的更多启示和可能。而且即使是从实践哲学出发,而实践哲学之中也包含许多视角,实践哲学从学科角度来看可以是政治学、伦理学,也可以是文化哲学等,本书所建构的作为德性实践的学生评价理论虽是从实践哲学出发,但其视角更

---

① 徐继存、车丽娜:《课程与教学论问题的时代澄明》,山东教育出版社2008年版,第213页。

多的是具有倾向于一种强调德性的伦理学意味，而未重视实践哲学之中的政治学、文化哲学等影响之下的学生评价理论探讨，这也说明在其理论内容研究上存在着一定的限度。

二 学生评价作为德性实践的实践限度

在作为德性实践的学生评价之中，学生评价理论与实践的关系，"不是一种从理论到实践的运用的关系，而是一种辩证的关系，理论在实践中得到实践智慧的判断、调整、改造，与实践一样服从变化，改善实践，也发展自身"①。在这样一种前提下，作为德性实践的学生评价在其理论方面存在着一定的限度，那么它在实践方面也必然存在着一定的限度，因为理论自身存在着限度，那么其实践转化也必然带来一定的实践限度。而且普遍来看，人的任何实践活动都是处在一定条件、范畴、环境、时空等不同因素的共同影响之下，作为德性实践的学生评价实践也概莫能外，加之虽说作为德性实践的学生评价是依据一定的学生评价实践经验与反思而建构的，并且是一种面向实践的存在，但只要其进入实践之中就必然受制于实践主体、实践环境等内外部因素的影响而存在或产生一定的问题，而这些问题则构成了它的实践限度。此外，作为德性实践的学生评价还"是一个以实践问题开始且以实践问题结束的过程，是一个不断公开接受实践者及其共同体的理性批判和反思"②，从而求得自我发展的过程。而这个以一个实践问题到另一个实践问题的循环发展过程，也反证作为德性实践的学生评价存在实践限度的必然性。作为德性实践的学生评价实践大致在实践主体、实践条件、实践范围、实践效果等方面存在着一定的限度。

实践主体的限度。学生评价主体是将作为德性实践的学生评价转化和辅助于实践之中的重要执行者，他的实施方式和实施程度直

---

① 唐莹：《元教育学》，人民教育出版社2002年版，第334页。
② 唐莹：《元教育学》，人民教育出版社2002年版，第327页。

接关系着作为德性实践的学生评价的实现深度，因而这对学生评价主体自身的知识素养、专业素养以及德性素养要求比较高，尤其是要具有德性的实践智慧。"实践智慧是一种综合的道德能力，它将善的实践知识与对具体情境中善的适当表现的合理判断结合在一起。因此，判断是实践智慧中的重要因素，它把审议、实践智慧与行动联系起来。"[①] 在现实的学生评价实践之中，具备如此实践智慧的学生评价主体可能是存在的，但只是少数人，这难以促进作为德性实践的学生评价实践得以广泛推进和深度实施。而且从另外一个角度来看，作为德性实践的学生评价实践主体是人，即使他们有着高尚的德性品质和专业的评价素养，但人不仅作为一个道德人，他还是一个经济人、政治人或社会人等，其在整个学生评价实践过程之中难免会受到来自外在利益的侵扰、行政权力的威慑以及社会环境和文化的制约，这些都难以保证学生评价主体能够完全做到作为德性实践的学生评价。

实践条件的限度。作为德性实践的学生评价是一种彰显德性价值、育人价值和发展意义的评价样态，它虽是面向实践和为了实践的，但更多的是一种趋近理想化的学生评价，抑或与功利化、管理化和数量化的学生评价相比，其实践难度较大和要求较高，这不仅体现在要求学生评价实践主体具备较高的知识素养、专业能力、德性品质等方面，还体现在它的实践需要更加良好的外在条件和环境。但就目前的学生评价生态而言，很难为之提供充分的实践条件，因为在内部的实践条件方面，很难有足够多的学生评价实践主体具备较高的德性品质与德性智慧以胜任作为德性实践的学生评价工作。就其外部的实践环境，当下的学生评价生态和文化环境，更多是依附在高利害的考试评价生态文化之下的，同其他教育评价一样很难摆脱这种功利化评价文化的影响，尽管作为德性实践的学生

---

① 唐莹：《元教育学》，人民教育出版社2002年版，第333页。

评价是要致力于遮蔽和祛除这种功利化的评价文化，使其形成一种低控制、低竞争和弱功利的新评价生态，但在具体的实践中，作为德性实践的学生评价将会在很长时间之中一直受到功利评价文化的影响。而且作为德性实践的学生评价实践还要具有一定良性的评价制度和评价法规等为之顺利实施提供保障，还需要在实践中照顾、协调和融合诸多利益相关者的不同需求，还需要适当的学生评价政策提供引导，这些都构成了学生评价作为德性实践的条件限度。

实践范围的限度。从理论和逻辑上来讲，任何一种理论都不是万能的，即任何理论并不能适用于所有实践活动，它总有一定的实践范围和实践边界。虽然本书所论述的学生评价主要的实践范围理论上是对学生的课业、思想品德、身体素质、心理素质和综合能力等方面的评价。作为德性实践的学生评价在应然的理论层面上是适用于以上所有的学生评价范围内的，但在实然层面，学生评价的范围是复杂的，学生评价种类也是多样的，学生评价可以是对教育教学实践活动中学生参与的任何现象或事件进行静态或动态的评价、过程或结果的评价、部分或系统的评价，在这些纷繁复杂和交叉难辨的学生评价实践范围中，很难肯定地说这些对于作为德性实践的学生评价都是适用的，这需要具体而论。

实践效果的限度。作为德性实践的学生评价最终追求的是实现人的全面发展和德性增长，以及学生评价实践达至良善状态，这也是学生评价作为德性实践的理想效果。但现实看来，不同的实践条件、实践背景、实践地域、实践主体将会导致不同的学生评价结果，这些结果可能是千差万别的，也可能是相近趋同的，但必然不可能是完全相同一致的，这就导致了学生评价的具体实践效果一定是有差别的，也就是说即使作为德性实践的学生评价能够取得一定理想满意的评价效果，也不可能在所有方面和所有实践中都得到完全满意的评价结果，如果可能的话，学生评价将会进入一种绝对良善或至善的运行状态，将会失去发展和改革的必要，事实上这是不可能的。而且作为德性实践的学生评价最终是要取得促进人的全面发展和良善实践的评价效果的,其实践能够促进人的发展这一点是毋庸置疑的,但在现实中这样的实践并不能促进所有人的全面发展;其实践也能够促进学生评价实践趋向一定的良善状态,但在现实中这样的实践也并不能使学生评价完全达到一种最高程度的良善或至善的实践状态,以及彻底做到学生评价理论与实践的绝对统一。

第二节 协同促进学生评价作为德性实践的实现

作为德性实践的学生评价在理论和实践上都存在一定的限度,但这并不意味着是对作为德性实践的学生评价的任意否定和消极认同,事实上我们应当承认,作为德性实践的学生评价的理论限度和实践限度是其他评价也会具有的,当然其本身也有着专属于自身的理论限度与实践限度,但这些共有和特有的限度并不是不可以规避和改善的。因而我们对这些限度可以选择视而不见地消极回避,也可以选择迎难而上地努力解决,不过在经验的众多选择中,较为恰当和比较优化的选择应是基于一种审慎理性的协同治理。所谓协同,主要是指通过协调两个或两个以上的不同个体或事件,在理念、意图、决策、行动等方面高度协调和统筹的过程中,共同促进某一目的或目标的实现。对于学生评价作为德性实践的实现而言,不仅需要在作为德性实践的学生评价价值、评价主体、评价标准、评价方法、评价结果以及评价话语等内部方面最大化发挥德性智慧,也需要借助协同的智慧来规避和弥合其理论和实践方面的限度,具体则需要做到强化理论研究与实践推进的协同互补,加大政策制定与制度建设的协同支持,以及促进评价文化与评价生态的协同培育。

一 强化理论研究与实践推进的协同互补

育人价值和德性意义是作为德性实践的学生评价始终关注的命题，而要实现这一命题就必然需要好的作为德性实践的学生评价理论与实践，因而我们需要追求完善的学生评价作为德性实践的理论和实践，更需要在这一追求过程之中始终保持努力实现育人价值和彰显德性意义的初心，因为"'人'和'人的生成'，无疑是教育学研修的前提式第一问"[①]。如果说育人的价值和德性的意义是追求完善的学生评价理论和实践的根本动力，那么破解学生评价的理论限度和实践限度则是追求好的学生评价理论和实践的直接动因。寻求破解作为德性实践的学生评价的理论限度和实践限度，可以采取对其理论和实践进行分而化之或逐个击破的策略，这或许能够在一定程度上促进作为德性实践的学生评价理论与实践的发展。但从逻辑上来看理论与实践二者是统一于作为德性实践的学生评价之中并构成其不可折断的两翼存在，两者应该是处在一种动态平衡发展的良性状态，如果将两者进行分开研究的话，势必会在两者之间造成难以弥合的鸿沟，因而将理论与实践进行协同互补式的研究是较为合理恰当的破解之道。

强化理论研究与实践推进的协同互补，首先需要做到在作为德性实践的学生评价理论研究中观照实践，在作为德性实践的学生评价实践推进中完善理论。作为德性实践的学生评价理论研究是在学生评价转向实践哲学的基础上构建的，并未给予其他的学生评价理论以及研究视角过多的关注，事实上理论研究的补充和发展不仅建立在严密合理的逻辑推理和实践建构之上，它同时还要在不同理论比较借鉴之间和不同视角对比之下增益补损，从而使理论研究能够得到较快发展和完善。值得说明的是，这里的对比和借鉴并不是简

[①] 叶澜等：《"新基础教育"研究史》，教育科学出版社2010年版，第305页。

单的纯理论对比和视角比较，而是在考察和检视这些不同的学生评价理论以及不同视角之下的学生评价理论背后的实践案例与经验，并且在比较和借鉴中将其进行一定的试验，从而获得实践案例和实践经验的真实比较，只有如此，在比较和借鉴中改善的作为德性实践的学生评价理论才更加具有现实的生命力。在作为德性实践的学生评价实践推进中完善理论，即作为德性实践的学生评价理论不能仅仅停留在理论想象层面，而是要切实地在实践之中进行实验和推广，只有将其在实践中展开，作为德性实践的学生评价理论的不足才得以显现，而不只是停留在预见或想象层面，只有理论的不足在切实的实践中暴露无遗，我们才能够更有实践依据对作为德性实践的学生评价理论进行有针对性的改进。而且如前文所述，在以往的学生评价之中存在着一定的作为德性实践的学生评价实践，我们还要善于收集、整理和总结这些尚未系统化和组织化的作为德性实践的学生评价实践案例或经验，并对其进行抽丝剥茧式的分析和处理，将其转化为一定的作为德性实践的学生评价理论。

强化理论研究与实践推进的协同互补，还需要做到提升作为德性实践的学生评价理论研究者与实践者的专业素养和德性智慧，积极创建作为德性实践的学生评价研究共同体，以促进作为德性实践的学生评价理论研究者与实践推进者之间的交互转化。相较于功利化、实证化等倾向的学生评价而言，作为德性实践的学生评价不仅在理论研究方面要求理论研究者具备一定的理论素养和理论智慧，也在实践推进方面要求实践主体具有一定的实践能力和实践智慧。对于作为德性实践的学生评价理论研究与实践推进的协同互补方面，其要求将会更进一步，即不仅要求理论研究者具备一定的理论素养与理论智慧，同时也要求他们具有一定的实践智慧，对于实践推进者的要求同样如此，因为只有这样，理论研究者和实践推进者之间才会拉近沟通的距离，降低理论话语与实践话语沟通的难度，从而使作为德性实践的学生评价理论研究与实践推进的协同互补能够顺利发展，欲达此目的，就需要提升作为德性实践的学生评价理论研究者与实践者的专业素养和德性智慧。

在理论研究者与实践推进者的专业素养和德性智慧提升的基础上，还要注重作为德性实践的学生评价研究共同体的建设。作为德性实践的学生评价研究共同体是指理论研究者和实践推进者在共同愿景、价值认同、目标一致、彼此尊重等的前提之下，在研究、实践、反思协同互补的过程中共同促进评价目的的实现而形成的团体或集体，它不是一种强制性和正式性的组织，而是一种自愿合作的评价机制。在这种良性的共同体评价机制运行之中，作为德性实践的学生评价理论研究者与实践推进者之间的交互转化才会有更多的生成与创新空间。交互转化包括理论研究者或实践推进者内部的理论与实践之间的转化，以及理论研究者与实践推进者之间的外部转化。学生评价理论研究者内部的理论与实践转化是指研究者不仅要能够在理论上定义概念，也要能够读懂实践并从中建构理论，而诸多理论研究者实际上却是"没有真正读懂丰富生动的课程与教学改革实践所蕴含的思想和鲜活经验，教育改革仍存在压抑自我原创性的盲目追风现象，理论工作者的智库角色有待到位"[1]。学生评价实践推进者内部的理论与实践转化是指实践者不仅具有反思实践和批判实践的意识和能力，也要能够从具体的实践之中析出理论，即可以"通过使教育实践者为自己而提高他们的实践理性，创造教育实践者的理论共同体，鼓励实践者把他们实践的常识性知识，作为批判的、评价的对象，从而促使产生有关具体教育情境中应该怎么做的实践知识，并逐渐使之系统化为教育理论，建立起实践者自己的批判和自我批判的研究传统"[2]。理论研究者与实践推进者之间的外部转化是指两者共同作为德性实践的学生评价的参与者、合作者、主动创造者的角色，通过摸索实验、话语转换、研讨反思、身份互

---

[1] 裴娣娜：《论课程与教学论学科发展的中国特色》，《中国教师》2019 年第 10 期。
[2] 唐莹：《元教育学》，人民教育出版社 2002 年版，第 338 页。

换等方式，在协同互补彼此限度的过程中促进理论的重构和实践的提升。

二 加大政策制定与制度建设的协同支持

内外因辩证原理认为事物的内部矛盾是事物发展的根本原因，外部矛盾是事物发展的第二原因，事物的发展是内部矛盾和外部矛盾共同作用的结果，促进事物的发展不能仅仅致力于解决内部矛盾，同时还要竭力解决外部矛盾。强化理论研究与实践推进的协同互补，以及在前一章中从学生评价的价值、主体、标准、方法、结果和话语层面所提出的对策，是从解决内部矛盾的视角提出弥补学生评价理论限度和实践限度的，根据内外因辩证原理可知，仅仅提出解决内部矛盾的可能策略是难以促进作为德性实践的学生评价的最大化实现和发展的，还需要通过一定手段和方式解决外部矛盾，从而为更顺利地实施作为德性实践的学生评价提供外部保障和支持。作为德性实践的学生评价是一个整体的评价系统，它的外部矛盾解决不能只从具体的技术介入和改进等微观层面进行，而需要从政策、制度、文化等中宏观层面进行规约，文化是一种较为长远但最为有效的改进机制，对此将放在下面单独论述，在这一部分仅对政策和制度两个方面进行讨论。之所以将政策和制度结合论述，是因为政策和制度都具有一定的规范和协调功能，对人们的学生评价行为都具有一定的约束力和规引性，两者接近或相似的功能很大程度上决定了对策建议上的一致性。政策主要是指，"国家（政府）执政党及其他政治团体在特定时期为实现一定的社会、政治、经济和文化目标所采取的政治行动或所规定的行为准则，它是一系列谋略、法令、措施、办法、方法、条例等的总称"[1]。那么学生评价政策就是政府及教育行政部门为了实现学生评价目标所采取的系列行动或

---

[1] 陈振明：《公共政策分析导论》，中国人民大学出版社2015年版，第21页。

制定的行为准则，它是一种纲领性和总体性的规范系统，而学生评价制度则是一种较为具体的规范流程和行为准则，两者协同互补可以为学生评价作为德性实践的实现提供更有效和更全面的支持。

加大政策制定和制度建设，为实现作为德性实践的学生评价提供政策支持和政策保障。首先要明确政策制定和制度建设的价值取向。作为德性实践的学生评价追求的是实现人的全面发展和德性增长，是实现良善又有质量的学生评价理论与实践，因而作为德性实践的学生评价政策制定和制度建设应明确以育人为本、德性为重、质量高效的价值取向。坚持育人为本就是政策制定和制度建设"必须把人作为出发点和落脚点，把人的生存和发展作为最高的价值目标，体现对人的尊重和关注"[1]。德性为重就是政策制定与制度建设必须坚守一定的公平、正义、平等、仁爱等道德立场，防止学生评价实践偏向功利化和形式化，而且德性为重还体现在通过良善的政策和制度促进学生评价中的人在评价实践中获得德性增长。质量高效就是政策制定与制度建设还要注重提高学生评价的质量效益，促进学生评价过程与结果利用的效益最大化，因为没有质量和效益的保证，再完美的学生评价理论和实践终究是竹篮打水，沦为一种中看不中用的笑柄。其次要注重政策制定与制度建设主体的广泛协同参与。对于政策制定来说，其制定主体理所当然地多由政府和教育行政部门担任，但这容易造成政策制定的片面性和空泛性，因而政策的制定过程还需要包括个体和组织部门在内的多元主体的协同参与。个体之间的协同主要是指研究者与实践者的协同，评价者与利益相关者的协同等；"教育领域部门协同既包括政府、学校、社会、行业的协同，又包括学校与教育行政部门的协同，还包括政府部门之间的协同"[2]。甚至有必要在协同的基础上建立作为德性实践的学

---

[1] 柯春晖：《城乡统筹发展中的教育政策取向和政策制定》，《教育研究》2011年第4期。

[2] 阙明坤等：《教育政策制定的利益博弈与渐进调适——基于民办学校分类管理政策的分析》，《中国教育学刊》2019年第7期。

生评价政策智库，包括国家层面、地方层面和学校层面的政策智库，也包括正式的与非正式的政策智库。值得注意的是，在主体协同政策制定和制度建设的过程中，还要防止主体之间的相互掣肘和相互推诿的不良现象出现。而制度建设虽然在主体上比政策制定主体较为宽泛，但制度建设也需要进行良性互动和协同建设，广泛吸收和接纳不同制度主体或利益相关者的建设经验，规避制定过程中多元主体利益合谋或责任推诿的潜在风险。最后要注重整体和具体方面的政策制定和制度建设。整体方面的政策制定和制度建设是指要从整体和全局方面建立一个包含作为德性实践的学生评价的内容、原则、组织、程序、保障等在内的系统化政策和制度；具体方面的政策制定和制度建设是指要有针对性地对作为德性实践的学生评价某一方面单项制定出较为具体的政策或制度，包括学生评价实施政策或制度、学生评价培训政策或制度、学生评价支持政策或制度等。此外，作为德性实践的学生评价政策制定和制度建设还要基于一定理论基础和实践经验而进行，即遵循自然演进模式、理性模式、渐进模式等多元的制定模式。同时政策的制定和制度的建设还要为其实施留有一定调适空间，因为即使再完善的政策和完美的制度都不可能完全适应所有的作为德性实践的学生评价实施，时间、地域、主体、情境、文化等方面的不同和差异决定了将政策和制度一刀切是徒劳无功的，而且政策和制度自身的内容建设也无须太过追求面面俱到，规定也无须太过严格具体，要为实施者主观能动性的发挥及评价理论和实践的创新留有充足的空间。

三 促进评价观念与评价文化的协同培育

理论研究与实践推进的协同互补，政策制定和制度建设的协同支持，都能够为短时期内实现作为德性实践的学生评价提供一定的可能性，但作为德性实践的学生评价并不止于一时效益的获得和短期目的的达到，它还要在此基础上追求作为德性实践的学生评价常态化和持续化实施，这就需要与此相应的评价观念和评价文化介入。评价观念是人们在认识评价活动和实践评价活动中对事物或事件所持有或形成的看法、态度或倾向等，然后依据这个评价观念开展一系列的评价活动，可见评价观念支配着评价行为。评价文化是人们在长期的评价实践之中，通过不断的交往建构而生成的价值观念、情感态度、行为习惯等，然后人们在这个稳定的评价文化中约定俗成地开展评价和认同评价，可见评价文化深层影响着人们的评价观念和行为。评价观念与评价文化两者有着较强的一致性，评价观念是评价文化在人们身上具体的反映，评价文化则是人们评价观念的集合，不同的是评价观念更多地体现在个人层面，不同的人会有不同的评价观念，而评价文化则是更多地体现在群体层面或时空层面，在一定时空内的特定群体会有着特定的评价文化，但无论怎样不同，评价观念和评价文化都从根本上深层地影响着人们的评价行为，甚至是决定着人们的评价行为。因此，要实现作为德性实践的学生评价的常态化发展，还需要加强和促进评价观念与评价文化的协同培育力度。

促进正确的学生评价观念与良性的学生评价文化的协同培育，首先需要通过教育、政治、制度等方式唤醒人的良知和滋养人的德性，并在此过程中营造一种大正义和真公平的社会文化。教育之所以为教育，就是因为通过教达到育，育不是培育出只会接受知识的机器，育的真义在于对于人的良知唤醒和德性培育，在于把人之为人的人性唤醒，通过这样的教育，所育之人才更有可能在认识和践行评价之时注重良知和遵照德性内心，从而避免为外界功利诱惑和权力威逼所困扰。良好的政治环境和制度设计也是培育人的良知观念的重要保障，因为"好的政治制度必须着力于唤醒民众的良知并对其进行保护"[①]。同时，良好的政治环境和制度设计也是塑造和培育良善的学生评价文化的关键所在。而且只要更多的人养成重良知

---

① 高伟：《良知正义论的重建——现代教育正义论的中国话语》，《华东师范大学学报》（教育科学版）2018年第4期。

和德性的评价观念，那么就很容易形成滴水成河和聚沙成海的效应，通过这种效应，公平正义良善的评价文化就会形成，这样在人的正当评价观念和社会的良善评价文化共同形成之下，作为德性实践的学生评价便会在一个良性的大环境下顺利进行。

其次，促进正确的学生评价观念与良性的学生评价文化的协同培育，还需要对高利害性的考试评价进行改革。因为从整个学生评价甚至是教育评价的改革和发展来看，之所以会形成一种难以破除的顽瘴痼疾，主要的原因之一就在于我国的整个教育评价都附庸在高利害性的考试评价之下，古有科举考试，今有中考高，所有的教育评价都要让位于这些考试，甚至整个教育都被高利害性的考试评价牵着鼻子走，所以不对这些高利害性的考试评价进行变革，人的评价观念和社会的评价文化很难从根本上扭转过来。

最后，促进正确的学生评价观念与良性的学生评价文化的协同培育，还要警惕和规避不正当的评价观念和不道德的评价文化的传播和蔓延。作为德性实践的学生评价要在社会中形成一种稳定的良性文化，就需要经过一定的宣传途径，宣传因其直接影响着人们对此评价观念和评价思想的接受和理解而不容小觑，如果一些宣传媒介为了博取社会公众的眼球和使社会公众对此感兴趣，他们便很可能对作为德性实践的学生评价信息进行选择过滤、重新评价和赋予其新的解释，那么很有可能因为把作为德性实践的学生评价的中心思想进行扭曲化和粉饰化，从而极易误导社会公众对此评价思想的理解，并形成不正确的评价观念和不恰当的评价文化。而且有损伦理道德的评价行为也会误导错误评价观念和恶性评价文化的形成，例如人们将不利于评价对象和有可能损害人的发展的学生评价结果进行公布，这样的评价结果本身在一定程度上是不正义的，再经过人的夸张放大和媒介的肆意宣传，不明就里的社会公众可能会受其误导而形成错误的评价观念，进而在整个社会层面形成一种不良的评价文化。

结语

构筑富有良善德性的
学生评价育人生态

　　社会发展绝不是一个永动机，人们必须借助德性智慧采取果断的实践或行动驾驭它朝着合目的和合规律的持续发展方向前进。要对社会变革过程产生影响，就必须借助评价来了解和预测人们进行哪些行动干预会带来积极影响。评价觉醒于现代社会，它不仅与社会发展和人们更高的愿景期待联系在一起，也协助人们形成对社会发展的可行性和可控性的信仰，从而促使人们更加积极主动地参与到社会改革和发展的历史洪流之中。同社会发展一样，人们同样对评价实现教育教学育人的愿景充满期待，立德树人，培养全面而有个性发展的人，培养具有良知德性的人，都是这种教育教学育人愿景的表达。丰满的理想愿景却总是给骨感的现实当头棒喝，在现实的教育教学实践活动之中，人们总是避重就轻地谈及教育教学改革和发展的细枝末节问题，而对于已成为发展瓶颈和顽疾的学生评价总是隔靴搔痒地小打小闹，甚至是充耳不闻，这也是近二十年的新课程改革虽然在许多方面取得了令人欣喜的成绩，但如今却总是难以深度推进的主要原因之一，加之历史沉疴积弊和时下新疾的综合效应，学生评价改革以及课程改革更是难以为继。当然，也许此言过甚，但言辞激烈并不意味着我们对于学生评价的改革和发展绝望透顶和无计可施，而是希望能够通过这种低沉的呐喊稍微达到一语惊醒梦中人的效果，进而促使更多的人深度参与到学生评价改革之中，同为革除学生评价积弊和实现学生评价育人建言献策。

长期以来，学生评价理论和实践之间总是处在一种割裂的状态，学生评价理论常存于理想的愿景之中，成为一种空中楼阁的存在，而学生评价实践则在本质主义的还原逻辑、实证主义的量化情结、功利主义的利益至上和情感主义的偏好原则的影响之下而逐渐沦为操作化、功利化、技术化或数量化的评价实践，这种评价实践缺乏德性品质的观照而成为一种只见评价不见人的无人性评价。有鉴于此，建构或勾画一种既能够祛除学生评价实践的功利化倾向和弥合学生评价理论与实践之间的鸿沟，又能够彰显育人和发展的德性价值的学生评价理论或愿景已迫在眉睫，而提出学生评价作为一种德性实践的理论观点可算作一种新的尝试。此新并不是真的新，因为人之所以为人，就在于人是一种德性的存在，德性内在规定着人性的本质，人虽然受其动物性以及周边环境的制约而不能长期进行德性实践活动，但人在追求自我完满和社会幸福的过程总是少不了德性的规约和介入，这种由德性引发的实践活动一定程度上就是德性实践活动，在学生评价领域同样散落着德性实践的身影，所以学生评价作为一种德性实践不是新的。而言此新又是新，则在于学生评价作为德性实践被功利化和技术化等的学生评价实践活动遮蔽，将其从幕后推向台前又可算作是新，而且明确提出学生评价作为德性实践的观点有极大可能尚属首次。

将学生评价作为德性实践，不仅是扭转学生评价作为功利化实践的一种出路和举措，也是从实践哲学视角审视和考量学生评价的应有之义。当然，德性实践只是学生评价实践的一种状态和属性，它或许还有如政治实践、文化实践、话语实践等其他属性，只是本研究在实践哲学视域之下着重考察和研究了学生评价作为一种德性实践的应然状态、基本内涵、价值特征等，进而提出实现学生评价作为德性实践的可能路径。而且，学生评价作为德性实践的理论探讨和落地本身就是一个大课题，能够做好这一点，就足以改观学生评价作为功利化实践的现实状态和困境，至于学生评价实践的其他属性，将成为后续研究的一个重要方向和内容。将学生评价作为德性实践，其最大的创新在于，从理论层面析出了学生评价应该是发生在一定的德性实践场域，而人在这一德性实践场域中是一种德性的存在，并且人的德性内生于追求良善的学生评价实践中。在这样的学生评价实践中，需要具备以人为核心，注重实现人的德性完满和个性发展；以德性为中心，强调学生评价主体的德性整全；以实践为重心，着重追求学生评价实践的良善等特征，唯有如此，学生评价才能成为一种德性实践。而要实现作为德性实践的学生评价，不仅需要在评价的价值、主体、标准、方法、结果和话语等内部层面下功夫，也需要从评价的研究、政策、制度、观念、文化等外部层面进行协同改进，多方齐头共进，内外协同互补，这样才更有利于学生评价作为德性实践的最大限度实现。

  理论建基于一定的概念之上，借助于一定的理论视角形成分析框架，来源于对实践的批判和反思，并面向于服务实践。学生评价作为德性实践是在综合批判和反思学生评价作为功利化实践的基础上，借助学生评价转向实践哲学的理论东风，提出对作为德性实践的学生评价理论体系的构想。在此需要说明的是，从逻辑上来讲学生评价作为德性实践和作为德性实践的学生评价并不是一回事，但为了言语表达的顺畅和行文叙述的便利，两者在本书中是一种同义的话语表述。本质上来讲，理论本身只是一种理智的或方法论的工具，它只有在应用于实践之中才能得到验证、发展和完善。虽然学生评价作为德性实践的理论体系是来源于实践的批判和反思以及面向实践的，但它作为一种理论必然需要在具体的学生评价实践应用中获得生机和发展，这也是本研究的不足之处，需要在后续实践应用研究中进行验证和补充。而且本书只是简单提出学生评价作为德性实践的理论观点，并从理论上对之进行了一些基础性的论述工作，加之个人学识浅陋和能力有限，从而造成了本研究缺乏对作为德性实践的学生评价理论的深度分析与论证，以及缺乏对隐蔽散落的作为德性实践的学生评价实践案例与资料的总结和厘析等方面的遗憾，这也是后续研究需要加以关注和补足的。

  作为德性实践的学生评价是追求学生评价实践的良善和实现人的全面发展以及人性完满的评价，是对人的德性素养和智慧要求较高的一种评价，它虽是建基于实践哲学和指向实践的，但也难以消除这一理论的理想性，这就要求我们在憧憬学生评价作为德性实践的理论美好的同时，也要对学生评价的现实保持清醒和理性的认识，审慎地将作为德性实践的学生评价理论适切地付诸实践之中。此外，尽管本书在学生评价作为德性实践的实现方面做了大量工作，唯恐其不能在现实中顺利开展和实施，但即使再完满的理论和完满的实践对策，都难以防止学生评价实践的问题出现。而且本书也不认为提出学生评价作为一种德性实践的理论构想，就会使学生评价作为功利化实践不久或立刻出现重要转变和质的变革，但本书认为提出这一理论方案或观点是必需且必要的，否则学生评价实践的功利化倾向将会陷入越来越深的泥潭之中。因而我们应当正视学生评价痼疾的破除与学生评价作为德性实践的实现，都非一日之功，也不会有完美无瑕和无可挑剔的实现对策与路径，而只有在综合谋划的设计和系统全面的实施的基础上，一切从实际出发，长期坚持和扎实稳妥推进作为德性实践的学生评价工作，加之众多具有高尚德性的人的参与，以及一种良性的学生评价制度体系和一种良善的学生评价文化得以建立，我们相信，终有一日会促进学生评价作为德性实践的实现的最大化和最优化，进而形成一种良性的和育人的学生评价生态。

参考文献

一 著作类

[巴西]保罗·弗莱雷:《被压迫者教育学》,顾建新等译,华东师范大学出版社 2014 年版。

[德]奥特弗里德·赫费:《康德的〈纯粹理性批判〉:现代哲学的基石》,郭大为译,人民出版社 2008 年版。

[德]奥特弗里德·赫费:《实践哲学:亚里士多德模式》,沈国琴、励洁丹译,浙江大学出版社 2011 年版。

[德]恩斯特·卡西尔:《人论》,甘阳译,上海译文出版社 2018 年版。

[德]康德:《纯粹理性批判》,蓝公武译,商务印书馆 2005 年版。

[德]康德:《论教育学》,赵鹏、何兆武译,上海人民出版社 2005 年版。

[德]康德:《判断力批判》,邓晓芒译,人民出版社 2002 年版。

[德]康德:《实践理性批判》,邓晓芒译,人民出版社 2004 年版。

[德]赖因哈德·施托克曼、沃尔夫冈·梅耶:《评估学》,唐以志译,人民出版社 2012 年版。

[德]尤尔根·哈贝马斯:《合法化危机》,刘北成、曹卫东译,上海人民出版社 2018 年版。

[法]皮埃尔·布迪厄:《实践感》,蒋梓骅译,译林出版社 2003 年版。

［古罗马］马可·奥勒留：《沉思录》，何怀宏译，中央编译出版社 2008 年版。

［古希腊］亚里士多德：《尼各马可伦理学》，廖申白译注，商务印书馆 2019 年版。

［荷］雅普·希尔伦斯等：《教育评价与监测——一种系统的方法》，边玉芳等译，教育科学出版社 2017 年版。

［美］A. 麦金太尔：《德性之后》，龚群等译，中国社会科学出版社 1995 年版。

［美］Daniel L. Stufflebeam 等：《评估模型》，苏锦丽等译，北京大学出版社 2007 年版。

［美］Grant Wiggins：《教育性评价》，项目组译，中国轻工业出版社 2005 年版。

［美］Jan Chappuis：《学习评价 7 策略：支持学校的可行之道》，刘晓陵等译，华东师范大学出版社 2019 年版。

［美］埃贡·G. 古贝、伊冯娜·S. 林肯：《第四代评估》，秦霖等译，中国人民大学出版社 2008 年版。

［美］埃利奥特·W. 艾斯纳：《教育想象——学校课程设计与评价》，李雁冰译，教育科学出版社 2008 年版。

［美］埃伦·康德利夫·拉格曼：《一门捉摸不定的科学：困扰不断的教育研究的历史》，花海燕等译，教育科学出版社 2012 年版。

［美］赫伯特·马尔库塞：《单向度的人》，刘继译，上海译文出版社 2018 年版。

［美］拉尔夫·泰勒：《课程与教学的基本原理》，施良方译，人民教育出版社 2014 年版。

［美］劳伦斯·马奇、布伦达·麦克伊沃：《怎样做文献综述：六步走向成功》，陈静、肖思汉译，上海教育出版社 2011 年版。

［美］罗蒂：《实用主义哲学》，林南译，上海译文出版社 2009 年版。

[美] 玛莎·努斯鲍姆:《功利教育批判：为什么民主需要人文教育》，肖聿译，新华出版社 2017 年版。

[美] 乔纳森·H. 特纳:《社会学理论的结构》，邱泽奇等译，华夏出版社 2006 年版。

[美] 伍德（Allen W. Wood）:《黑格尔的伦理思想》，黄涛译，知识产权出版社 2016 年版。

[英] 怀特:《再论教育目的》，李永宏等译，教育科学出版社 1992 年版。

[英] 卡尔:《新教育学》，温明丽译，台湾师大书苑 1998 年版。

包利民:《至善与时间：现代性价值辨证论》，浙江大学出版社 2018 年版。

《陈伯海文集》第 5 卷，上海社会科学院出版社 2015 年版。

陈嘉映:《简明语言哲学》，中国人民大学出版社 2013 年版。

陈玉琨:《教育评价学》，人民教育出版社 2003 年版。

程志民、江怡:《当代西方哲学新词典》，吉林人民出版社 2004 年版。

杜殿坤:《原苏联教学论流派研究》，陕西人民教育出版社 1993 年版。

方克立:《中国哲学大辞典》，中国社会科学出版社 1994 年版。

冯平:《评价论》，东方出版社 1995 年版。

冯平:《现代西方价值哲学经典：经验主义路向（上册）》，北京师范大学出版社 2009 年版。

冯平:《现代西方价值哲学经典：经验主义路向（下册）》，北京师范大学出版社 2009 年版。

冯平:《现代西方价值哲学经典：先验主义路向（上册）》，北京师范大学出版社 2009 年版。

冯平:《现代西方价值哲学经典：先验主义路向（下册）》，北京师范大学出版社 2009 年版。

冯平：《现代西方价值哲学经典：心灵主义路向》，北京师范大学出版社 2009 年版。

冯契：《哲学大辞典（下）》，上海辞书出版社 2007 年版。

高凌飚：《基础教育教材评价：理论与工具》，人民教育出版社 2002 年版。

高清海：《人就是"人"》，辽宁人民出版社 2001 年版。

韩庆祥：《现实逻辑中的人：马克思的人学理论研究》，北京师范大学出版社 2017 年版。

何萍：《生存与评价》，东方出版社 1998 年版。

黑龙江大学英语辞书研究室：《英汉科技大词库（第四卷 S－Z）》，黑龙江人民出版社 1988 年版。

胡中锋：《教育评价学》，中国人民大学出版社 2013 年版。

黄颂杰：《西方哲学论集》，上海人民出版社 2016 年版。

金娣、王刚：《教育评价与测量》，教育科学出版社 2002 年版。

金生鈜：《教育研究的逻辑》，教育科学出版社 2015 年版。

瞿葆奎：《教育学文集·教育评价》，人民教育出版社 1989 年版。

李长伟：《实践哲学视野中的教育学演进》，湖北科学技术出版社 2012 年版。

李存山：《老子》，中州古籍出版社 2008 年版。

李国钧、王炳照：《中国教育制度通史》第 8 卷，山东教育出版社 2000 年版。

李淮春：《马克思主义哲学全书》，中国人民大学出版社 1996 年版。

李水海：《世界伦理道德辞典》，陕西人民出版社 1990 年版。

李德顺：《价值论———一种主体性的研究》，中国人民大学出版社 2013 年版。

李雁冰：《课程评价论》，上海教育出版社 2002 年版。

李泽厚：《论语今读》，安徽文艺出版社 1998 年版。

李泽厚：《中国思想史论（上册）》，安徽文艺出版社 1999 年版。

李政涛:《交互生成:教育理论与实践的转化之力》,华东师范大学出版社2015年版。

刘放桐:《新编现代西方哲学》,人民出版社2012年版。

刘光霞:《中小学学生评价技巧集粹》,浙江教育出版社2005年版。

刘志军:《教育评价》,北京师范大学出版社2018年版。

刘志军:《课堂评价论》,广西师范大学出版社2002年版。

刘志军:《走向理解的课程评价》,中国社会科学出版社2004年版。

《马克思恩格斯文集》第1卷,人民出版社1995年版。

毛礼锐、沈灌群:《中国教育通史》第1卷,山东教育出版社1985年版。

《毛泽东选集》第1卷,人民出版社1991年版。

苗力田主编:《亚里士多德全集》第3卷,中国人民大学出版社2016年版。

苗力田主编:《亚里士多德全集》第8卷,中国人民大学出版社2016年版。

人民教育出版社教育室:《马克思恩格斯列宁论教育》,人民教育出版社1993年版。

石中英:《穿越教育概念的丛林》,教育科学出版社2019年版。

石中英:《教育哲学》,北京师范大学出版社2012年版。

苏启敏:《价值反思与学生评价》,北京师范大学出版社2010年版。

孙正聿:《哲学修养五十讲》,北京大学出版社2008年版。

唐莹:《元教育学》,人民教育出版社2002年版。

陶西平:《教育评价辞典》,北京师范大学出版社1998年版。

田友谊:《当代学生评价的理论与实践》,华中师范大学出版社2005年版。

王本陆:《教育崇善论》,广东教育出版社2001年版。

王斌兴:《新课程学生评价》,开明出版社2004年版。

王南湜:《社会哲学》,云南人民出版社2001年版。

王南湜：《追寻哲学的精神：走向实践哲学之路》，北京师范大学出版社 2012 年版。

肖远军：《教育评价原理及应用》，浙江大学出版社 2004 年版。

徐继存、车丽娜：《课程与教学论问题的时代澄明》，山东教育出版社 2008 年版。

徐继存：《教学理论反思与建设》，甘肃教育出版社 2008 年版。

徐向东：《道德哲学与实践理性》，商务印书馆 2006 年版。

许世红：《基础教育学生评价研究：历史沿革、现实状况与未来走向》，广东高等教育出版社 2014 年版。

杨国荣：《善的历程：儒家价值体系研究》，北京师范大学出版社 2018 年版。

叶澜等：《"新基础教育"研究史》，教育科学出版社 2010 年版。

叶澜：《教育研究方法论初探》，上海教育出版社 2014 年版。

叶秀山：《苏格拉底及其哲学思想》，人民出版社 1986 年版。

余清臣：《教育实践的哲学》，北京师范大学出版社 2018 年版。

俞世伟：《白燕．规范·德性·德行——动态伦理道德体系的实践性研究》，商务印书馆 2009 年版。

张岱年、程宜山：《中国文化与文化论争》，中国人民大学出版社 1990 年版。

张能为：《理解的实践——伽达默尔实践哲学研究》，人民出版社 2002 年版。

二　期刊类

［德］尼古拉斯·洛布科维奇：《关于理论和实践的历史》，葛英杰译，《求是学刊》2013 年第 6 期。

［德］W. 布雷岑卡、李其龙：《教育学知识的哲学——分析、批判、建议》，《华东师范大学学报》（教育科学版）1995 年第 4 期。

［加］A. 德雷森、施经碧：《关于阿恩·奈斯、深生态运动及个人

哲学的思考》,《世界哲学》2008 年第 4 期。

包国宪、张志栋:《我国第三方政府绩效评价组织的自律实现问题探析》,《中国行政管理》2008 年第 1 期。

卞绍斌:《法则与自由:康德定言命令公式的规范性阐释》,《学术月刊》2018 年第 3 期。

蔡敏:《学生评价应坚守伦理规范》,《教育测量与评价》2017 年第 10 期。

车玉玲、刘庆申:《当代资本控制逻辑的批判性反思》,《学术研究》2017 年第 12 期。

陈桂生:《实践教育学》,《上海教育科研》2002 年第 10 期。

陈瑞、王巍:《学生评价中的伦理问题及对策研究》,《现代教育科学》2009 年第 2 期。

陈闻晋、薛玉刚:《教育评价中的伦理问题研究》,《中国教育学刊》2004 年第 3 期。

程红艳、Jing Lin:《跨越边界的教师实践哲学——从"文化无视型"教育到"文化关涉式"教育》,《教育研究与实验》2012 年第 5 期。

程亮:《教学是麦金泰尔意义上的实践吗?》,《教育研究》2013 年第 5 期。

崔保师等:《扭转教育功利化倾向》,《教育研究》2020 年第 8 期。

邓安庆:《第一哲学作为伦理学——以斯宾诺莎为例》,《道德与文明》2015 年第 3 期。

邓国民:《智能时代教育研究的认识论变革与方法论转变》,《现代教育技术》2020 年第 5 期。

丁三东:《"承认":黑格尔实践哲学的复兴》,《世界哲学》2007 年第 2 期。

段建宏:《教育学研究的新径向——论实践教育学及其研究核心》,《求索》2010 年第 12 期。

冯琳、宋锡同：《实践哲学的"史"与"思"——杨国荣教授学术访谈》，《江汉论坛》2013 年第 11 期。

高连福：《实践：马克思哲学与孔子哲学会通的思想基点》，《世界哲学》2020 年第 5 期。

高伟：《良知正义论的重建——现代教育正义论的中国话语》，《华东师范大学学报》（教育科学版）2018 年第 4 期。

郭剑鸣：《国际清廉评价话语体系认知与中国清廉评价话语权建设——以公众感知与政府自觉的耦合为视角》，《政治学研究》2017 年第 6 期。

郭元祥：《论学科育人的逻辑起点、内在条件与实践诉求》，《教育研究》2020 年第 4 期。

郝立新：《植根于当代中国实践的哲学智慧——论习近平同志对马克思主义哲学的运用和发展》，《甘肃社会科学》2016 年第 6 期。

郝亿春：《美德与实践——在亚里士多德与麦金泰尔之间》，《哲学动态》2014 年第 11 期。

何祥迪：《柏拉图德性伦理学的基础和原则》，《华中科技大学学报》（社会科学版）2013 年第 2 期。

何永松：《功利主义：特征、界限和理想之维》，《理论月刊》2014 年第 2 期。

胡传顺：《论实践哲学的三次变革——从亚里士多德、康德到马克思》，《东南学术》2015 年第 6 期。

胡定荣：《实践哲学视野中的课程改革理论》，《外国教育研究》2004 年第 7 期。

黄继锋、陈美灵：《论马克思的实践批判理论》，《西北大学学报》（哲学社会科学版）2016 年第 4 期。

黄培森、叶波：《教学作为学术何以可能：实践哲学的立场》，《高等教育研究》2017 年第 11 期。

黄涛等：《数据驱动的精准化学习评价机制与方法》，《现代远程教育研究》2021 年第 1 期。

黄志军：《走向理论智慧和实践智慧的辩证法》，《学术研究》2015 年第 10 期。

黄子瑶、李平：《概念的功能：表征与概念能力》，《哲学动态》2016 年第 11 期。

贾媛媛：《马克思实践哲学的人本主义内涵及现代效应》，《黑龙江社会科学》2009 年第 4 期。

江怡：《实证主义在我国当代哲学中的命运》，《哲学动态》1999 年第 9 期。

姜勇、钱琴珍：《实践哲学视域下幼儿园职前教师教育课程的转向》，《学前教育研究》2016 年第 3 期。

蒋雅俊：《课程评价：课程价值的创造与实现》，《华南师范大学学报》（社会科学版）2014 年第 3 期。

金生：《教育哲学是实践哲学》，《教育研究》1995 年第 1 期。

柯春晖：《城乡统筹发展中的教育政策取向和政策制定》，《教育研究》2011 年第 4 期。

柯森、王凯：《学生评价：一种基于新课程改革的探讨》，《当代教育论坛》2004 年第 8 期。

李长伟：《从善恶论到价值论：教育哲学的古今之变——基于实践哲学的视角》，《苏州大学学报》（教育科学版）2015 年第 3 期。

李长伟：《作为实践的教育——从亚里士多德实践哲学的角度分析》，《教育理论与实践》2012 年第 28 期。

李红惠：《实践哲学视域中教育哲学的困境与出路》，《湖南师范大学教育科学学报》2012 年第 4 期。

李慧军：《以"四维质量评价"托举学生"全人成长"》，《中小学管理》2021 年第 4 期。

李剑：《教师功利化批判》，《当代教育科学》2011 年第 3 期。

李孔文：《课程实践哲学的逻辑分析》，《课程·教材·教法》2017

年第 12 期。

李乐：《"仁"字英译的哲学诠释》，《浙江外国语学院学报》2015年第 2 期。

李楠明：《实践哲学是一种新的哲学形态和思维方式》，《东岳论丛》2001 年第 4 期。

李润洲：《学生评价模式探析》，《中国教育学刊》2003 年第 5 期。

李显君：《关于管理整合的初步研究》，《中国软科学》2003 年第 4 期。

李佑新：《毛泽东实践哲学论要》，《哲学研究》2007 年第 12 期。

李政涛：《论教育实践的研究路径》，《教育科学研究》2008 年第 4 期。

李政涛：《实践哲学场域内的教育学派之构建——重审"理论与实践关系"的初步构架》，《教育学术月刊》2014 年第 6 期。

李志超：《德性实践：教学生活的价值之维》，《教育理论与实践》2014 年第 19 期。

刘长海：《经典自律理论对新时代学校德育转型的启示》，《国家教育行政学院学报》2020 年第 4 期。

刘长铭：《数字化学生评价的理论框架与操作方法》，《教育研究》2012 年第 5 期。

刘华：《教学实践智慧的养成：实践哲学与现象学的考察》，《教育发展研究》2010 年第 4 期。

刘健、丁立群：《技术实践论：问题的进路与出路——基于哈贝马斯实践观》，《理论探讨》2020 年第 4 期。

刘隽：《情感主义的继承与反叛》，《哲学动态》2013 年第 2 期。

刘庆昌：《教学主体的角色德性》，《教育理论与实践》2011 年第 10 期。

刘庆昌：《教育是一种情感实践》，《河南师范大学学报》（哲学社会科学版）2017 年第 4 期。

刘庆昌:《一种弱功利的教育评价哲学》,《教育发展研究》2018年第12期。

刘五驹:《评价标准:科学性还是人文性——"第四代评估"难题破析》,《教育理论与实践》2014年第16期。

刘旭东:《从知识的教育学到实践的教育学》,《高等教育研究》2008年第7期。

刘玉军:《马克思的实践批判思想及其启示》,《河南社会科学》2013年第2期。

刘志军等:《促进教师不断发展的评价体系构建》,《清华大学教育研究》2015年第6期。

刘志军:《发展性课程评价体系初探》,《课程·教材·教法》2004年第8期。

刘志军:《关于综合素质评价若干问题的思考》,《课程·教材·教法》2016年第1期。

刘志军:《教育评价的反思和建构》,《教育研究》2004年第2期。

刘志军:《课程评价的现状、问题与展望》,《课程·教材·教法》2007年第1期。

刘志军、徐彬:《教育评价:应然性与实然性的博弈与超越》,《教育研究》2019年第52期。

刘志军、徐彬:《面向未来的课程与教学评价:困顿、机遇与走向》,《课程·教材·教法》2020年第1期。

刘志军、徐彬:《我国课堂教学评价研究40年:回顾与展望》,《课程·教材·教法》2018年第7期。

刘志军、徐彬:《综合素质评价:破除"唯分数"评价的关键与路径》,《教育研究》2020年第2期。

刘志军、张红霞:《普通高中学生综合素质评价:现状、问题与展望》,《课程·教材·教法》2013年第1期。

柳夕浪:《学生综合素质评价定位研究》,《教育研究》2019年第

11 期。

卢海弘、张也：《综合素质评价研究：最新进展、主要难点及破解思路》，《现代教育管理》2020 年第 5 期。

卢立涛：《测量、描述、判断与建构——四代教育评价理论述评》，《教育测量与评价》（理论版）2009 年第 3 期。

陆雪莲：《发展性学生评价的内涵及标准建构》，《教学与管理》2013 年第 36 期。

罗生全：《全面而有质量的人的发展：课程评价的价值归属》，《教育发展研究》2020 年第 10 期。

骆方等：《教育评价新趋向：智能化测评研究综述》，《现代远程教育研究》2021 年第 5 期。

马积良等：《游戏化评价模式下的校园虚拟货币体系》，《教学与管理》2019 年第 16 期。

缪雅琴等：《长沙市区域推进学生综合素质评价之十年探索》，《教育测量与评价》（理论版）2016 年第 1 期。

穆艳杰、张士才：《论三种社会形态与三种实践观》，《内蒙古民族大学学报》（社会科学版）2003 年第 1 期。

宁虹、胡萨：《教育理论与实践的本然统一》，《教育研究》2006 年第 5 期。

宁虹：《教育的实践哲学——现象学教育学理论建构的一个探索》，《教育研究》2007 年第 7 期。

欧阳康、张明仓：《康德实践哲学及其意义探析》，《河北学刊》2008 年第 3 期。

潘婉茹、吴欣遥：《小学教师在学生评价中应遵循的伦理原则与实践策略》，《教育探索》2021 年第 3 期。

潘文国：《语言的定义》，《华东师范大学学报》（哲学社会科学版）2001 年第 1 期。

裴娣娜：《论课程与教学论学科发展的中国特色》，《中国教师》

2019 年第 10 期。

彭鸿雁：《中国哲学的特质是实用理性还是实践理性?》，《江淮论坛》2015 年第 3 期。

阙明坤等：《教育政策制定的利益博弈与渐进调适——基于民办学校分类管理政策的分析》，《中国教育学刊》2019 年第 7 期。

萨·巴特尔：《关于德性与德行的一种思考》，《北京师范大学学报》（社会科学版）2007 年第 5 期。

萨·巴特尔：《论休谟的德性效用价值论》，《北京师范大学学报》（社会科学版）2008 年第 6 期。

桑德拉·米丽根等：《大数据、人工智能与学习评价方式》，《北京大学教育评论》2019 年第 4 期。

沈斐：《否定性辩证法与财富的哲学澄明》，《马克思主义研究》2010 年第 7 期。

沈茜：《我国学生评价的历史变迁及其本质反思》，《上海教育科研》2018 年第 5 期。

施建平：《在活动情境中培育德性人格》，《教育研究与评论》2020 年第 1 期。

宋立华：《实践哲学视角下教师倾听智慧及其生成策略》，《教育理论与实践》2019 年第 4 期。

宋钰、朱晓宏：《实践、实践哲学与教育——全国教育哲学专业委员会第十六届学术年会综述》，《教育研究》2013 年第 3 期。

苏启敏：《学生评价的民主意蕴》，《教育研究》2010 年第 2 期。

孙彩平：《小学品德课程核心素养刍议——一个实践哲学的视角》，《中小学德育》2016 年第 9 期。

孙伟平：《彰显价值维度：马克思主义哲学创新的方向》，《哲学研究》2019 年第 12 期。

孙自挥：《教师教学研究情境性、介入性与机会性——基于科学实践哲学的解读》，《中国教育学刊》2013 年第 2 期。

田海平：《"实践智慧"与智慧的实践》，《中国社会科学》2018年第3期。

田养邑、樊改霞：《教育哲学是实践哲学——教育价值观的视角》，《教育理论与实践》2013年第1期。

田友谊：《新课程背景下生命课堂的构建》，《思想理论教育》2008年第18期。

王斌华：《学生评价的发展轨迹》，《华东师范大学学报》（教育科学版）2012年第1期。

王东：《谁的教育理想推动教育改革——基于一种教育实践哲学的考察》，《当代教育科学》2011年第7期。

王芳：《浅谈素质评价标准——兼谈美国学生评价标准》，《教育发展研究》2011年第4期。

王海涛等：《教育质量评价标准的价值建构》，《湖南师范大学教育科学学报》2017年第1期。

王罕哲：《马克思的实践概念与亚里士多德的实践概念的比较研究》，《求索》2015年第9期。

王洪席、刘志军：《从实体性到过程性：基于过程哲学视域下的我国课程语言变革》，《河南大学学报》（社会科学版）2018年第5期。

王华云：《共情式评价让学生评价更有效》，《中国教育学刊》2021年第7期。

王焕霞：《发展性学生评价：内涵、范式与参照标准》，《山东师范大学学报》（人文社会科学版）2017年第1期。

王健、邓睿：《简论学生评价的伦理属性和伦理特征》，《南通大学学报》（教育科学版）2007年第4期。

王健：《学生评价的伦理缺失及价值重塑》，《教育理论与实践》2008年第11期。

王凯：《教学作为德性实践——基于麦金太尔实践概念的教学理解》，《全球教育展望》2007年第10期。

王南湜：《关于新世纪价值趋同与价值多元的思考》，《天津社会科学》2001 年第 1 期。

王南湜：《理论智慧的实践意义》，《南京师大学报》（社会科学版）2013 年第 1 期。

王姝彦：《回望与反思：实证主义之于科学哲学的影响》，《晋阳学刊》2015 年第 6 期。

王小明、丁念金：《历史与嬗变：普通高中学生综合素质评价改革十年》，《现代教育管理》2015 年第 11 期。

王晓诚：《PISA 2018 阅读素养评估的特征解读》，《首都师范大学学报》（社会科学版）2019 年第 3 期。

王玉樑：《论理论哲学和实践哲学》，《清华大学学报》（哲学社会科学版）2012 年第 4 期。

温雪梅、孙俊三：《论教育评价范式的历史演变及趋势》，《现代大学教育》2012 年第 1 期。

文翔、倪志安：《实践哲学的元语言与现实逻辑》，《河南社会科学》2019 年第 2 期。

肖绍明、扈中平：《教育人性化的实践哲学基础、范畴与意义》，《教育研究与实验》2013 年第 3 期。

肖绍明：《教育人性化的实践哲学转向》，《教育导刊》2014 年第 7 期。

辛涛、贾瑜：《国际视野与本土探索："国际学生评估项目"的作用及启示》，《教育研究》2019 年第 12 期。

徐彬：《2014 年以来我国综合素质评价的研究现状与前景展望》，《教育测量与评价》2019 年第 2 期。

徐彬等：《论课程评价制度创新的阻力及其化解》，《课程·教材·教法》2021 年第 1 期。

徐彬、刘志军：《指向核心素养的课程评价探析》，《课程·教材·教法》2019 年第 7 期。

徐彬、苏泽：《论教育评价改革的动因、阻力与路向》，《当代教育科学》2020年第2期。

徐长福：《关于实践的哲学与作为实践的哲学——中国马克思主义实践哲学范式的危机与出路》，《学习与探索》2008年第6期。

徐长福：《实践哲学的术语考释与学科素描》，《天津社会科学》2020年第5期。

徐朝晖、张洁：《分数崇拜的价值扭曲及矫正》，《高教发展与评估》2020年第2期。

徐洪兴、陈华波：《德性实践与德性之知——论二程经学诠释的转向》，《哲学研究》2017年第3期。

薛晓阳、班华：《模式研究与教育的实践哲学》，《清华大学教育研究》2002年第3期。

闫引堂：《学生评价中的伦理问题及对策》，《上海教育科研》2003年第1期。

阎孟伟：《对形而上学的实践哲学反思》，《哲学研究》2019年第4期。

阎孟伟：《马克思的实践哲学及其理论形态》，《哲学研究》2012年第3期。

杨道宇：《"教育作为实践"的意蕴——基于西方实践哲学的历史考察》，《华东师范大学学报》（教育科学版）2013年第2期。

杨道宇：《走向实践智慧的课程目的——实践哲学视野下的教育目的观》，《教育理论与实践》2012年第25期。

杨国荣：《道德系统中的德性》，《中国社会科学》2000年第3期。

杨国荣：《伦理生活与道德实践》，《学术月刊》2014年第3期。

杨国荣：《实践哲学：视域与进路》，《学术月刊》2013年第5期。

易森林：《"教育理论指导教育实践"的实践哲学审思》，《当代教育科学》2015年第24期。

于海洪：《生态哲学视野中的教师教育创新》，《大学教育科学》

2014年第3期。

余闻婧:《中国学生的阅读素养弱在哪里——基于PISA 2015测试结果的分析》,《教育发展研究》2018年第10期。

郁建兴:《实践哲学的复兴与黑格尔哲学的新发现》,《浙江社会科学》1999年第5期。

喻丰:《论人工智能与人之为人》,《人民论坛·学术前沿》2020年第1期。

袁建林、刘红云:《合作问题解决能力的测评:PISA 2015和ATC21S的测量原理透视》,《外国教育研究》2016年第12期。

袁小平:《学生评价的伦理视角》,《当代教育论坛(综合研究)》2010年第5期。

詹世友、傅适也:《康德的"实践"概念格义》,《华中科技大学学报》(社会科学版)2017年第1期。

占小红、温培娴:《PISA 2018全球素养测试述评》,《比较教育研究》2018年第9期。

张頔:《实践哲学视角下高职学生职业能力培养——以常州工程职业技术学院为例》,《常州大学学报》(社会科学版)2013年第6期。

张红霞、侯小妮:《我国高中学生综合素质评价研究述评及展望》,《教育测量与评价》2019年第12期。

张红霞:《综合素质评价"内外全程式"诚信机制的理论构想与实践路径》,《中国教育学刊》2017年第7期。

张宏伟、沈辉:《生命哲学视域下体育课程评价特征分析》,《武汉体育学院学报》2010年第3期。

张军霞:《小学科学的学生学习评价方法》,《中国教育学刊》2007年第12期。

张淼:《实践的哲学:美国学界对中国哲学的一种认知》,《南京社会科学》2019年第7期。

张民选等:《专业视野中的PISA》,《教育研究》2011年第6期。

张能为:《西方实践哲学传统与当代新发展——从亚里士多德、康德到伽达默尔》,《中国高校社会科学》2018年第2期。

张琼芳:《影响在校大学生网络购物忠诚的关键因素分析》,《科技创业月刊》2009年第10期。

张汝伦:《实践哲学的意义》,《读书》1997年第5期。

张文军、谢一凡:《英国公立小学学生评价机制探究——以伦敦H公立小学为例》,《全球教育展望》2019年第3期。

张夏青:《品格教育的伦理学基础:反思与批判》,《山西大学学报》(哲学社会科学版) 2015年第2期。

张晓明:《康德"德性"概念的三个层次——论Tugend、Sittlichkeit、Moralität三个术语的异同》,《道德与文明》2016年第5期。

张新民:《论王阳明实践哲学的精义——以"龙场悟道"及心学的发生学形成过程为中心》,《浙江社会科学》2018年第7期。

张羽、王存宽:《PISA 2021创造性思维测试述评》,《比较教育研究》2020年第1期。

张哲英:《论陶行知的知识观——基于社会改造的视角》,《湖南师范大学教育科学学报》2008年第2期。

赵德成:《中小学学生评价改革的思路与建议》,《人民教育》2021年第8期。

赵帅、黄晓婷:《依然在路上:教学人工智能的发展与局限》,《北京大学教育评论》2019年第4期。

赵伟:《美国当代品格教育的德性实践研究》,《内蒙古师范大学学报》(教育科学版) 2014年第2期。

郑臣:《内圣外王之道——孟子实践哲学思想初探》,《社会科学家》2012年第10期。

郑承军、陈伟功:《论怀特海的语言观》,《世界哲学》2019年第3期。

周尚君:《马克思自由观的德性回归》,《华东师范大学学报》(哲学社会科学版）2010 年第 3 期。

朱耀平：《众善相争　德性为上——亚里士多德"德性至上论"在康德实践哲学中的复活》，《中国社会科学院研究生院学报》2007 年第 3 期。

庄友刚：《马克思审理德性问题的方式及其当代意义》，《江西社会科学》2014 年第 5 期。

邹诗鹏：《中国道路与中国实践哲学》，《马克思主义与现实》2012 年第 6 期。

三　论文类

陈朝晖：《普通高中学生综合素质评价实施研究》，博士学位论文，河南大学，2016 年。

丁立群：《实践哲学人类学论纲》，博士学位论文，黑龙江大学，2001 年。

杜建群：《实践哲学视野下的综合实践活动课程研究》，博士学位论文，西南大学，2012 年。

黎松：《德性的"精神"气质》，博士学位论文，东南大学，2017 年。

李俊伟：《麦金太尔的实践概念》，硕士学位论文，华东师范大学，2009 年。

李敏：《武汉市基础教育学生评价的问题及其对策研究》，硕士学位论文，华中师范大学，2014 年。

李树培：《珍视不可测量之物》，博士学位论文，华东师范大学，2008 年。

梁红梅：《中小学生评价的伦理问题研究》，博士学位论文，东北师范大学，2014 年。

刘芳：《论德性养成》，博士学位论文，东北师范大学，2013 年。

刘志军：《发展性课程评价研究》，博士后研究论文，华东师范大学，2002 年。

牛海彬：《批判与重构——教育场域的教师话语研究》，博士学位论文，东北师范大学，2005年。

王罕哲：《马克思实践哲学研究》，博士学位论文，黑龙江大学，2016年。

王佳：《马克思"生产实践论"研究》，博士学位论文，吉林大学，2009年。

王凯：《发展性校本学生评价研究》，博士学位论文，华东师范大学，2004年。

王凯：《教学作为德性实践》，博士学位论文，华东师范大学，2008年。

王宁：《课堂教学中公平性学生评价问题研究》，硕士学位论文，渤海大学，2019年。

夏剑：《实践哲学视域下的教育实践论研究》，博士学位论文，南京师范大学，2017年。

谢婷：《思想品德课学生评价的实践研究》，硕士学位论文，苏州大学，2016年。

徐庆利：《功利主义与中国近代政治思想》，博士学位论文，吉林大学，2005年。

闫慧：《共享经济主体的德性研究》，博士学位论文，武汉理工大学，2018年。

杨杰：《实践的逻辑——在马克思实践哲学的视野中》，博士学位论文，中共中央党校，2016年。

袁凌新：《马克思实践哲学的科学范式》，博士学位论文，首都师范大学，2009年。

朱小虎：《基于PISA的学生问题解决能力研究》，博士学位论文，华东师范大学，2016年。

俎媛媛：《真实性学生评价研究》，博士学位论文，华东师范大学，2007年。

四 英文类

Ahmed F. , Ali S. , Shah R. A. , "Exploring Variation in Summative Assessment: Language Teachers' Knowledge of Students' Formative Assessment and Its Effect on their Summative Assessment", *Bulletin of Education and Research*, No. 2, 2019.

Akyol S. S. , Karakaya I. , "Investigating the Consistency between Students' and Teachers'Ratings for the Assessment of Problem-solving Skills with Many-facet Rasch Measurement Model", *Eurasian Journal of Educational Research*, 2021.

Archer J. , Mccarthy B. , "Personal biases in student assessment", *Educational Research*, No. 2, 1988.

Boysen, G. A. , "Using student evaluations to improve teaching: Evidence-basedrecommendations", *Scholarship of Teaching and Learning in Psychology*, No. 4, 2016.

Buyukkarci, K. , Sahinkarakas, S. , "The impact off or mative assessment on students'assessment preferences", *Reading Matrix: An International Online Journal*, No. 1, 2021.

Caulley, D. N. , "Book Review: Philosophy of Evaluation: New Directions for Program Evaluation. By Ernest R. House (ed.)", *American Journal of Evaluation*, No. 3, 1985.

Gronlund, N. E. , *Assessment of student achievement*, Boston: Allyn and Bacon, 1998.

Gullickson, A. R. , "Student evaluations and ards: A paradigm shift for the evaluation of students", *Prospects*, No. 2, 2005.

Jimenez, L. , "Student assessment during COVID-19", Center for American Progress, 2020.

J. N. Anthony, *Educational Assessment of Students*, New Jersey: Merrill

Prentice Hall, 2001.

Nekvasil, E. K., Cornell, D. G., "Student threat assessment associated with safety in middle schools", *Journal of Threat Assessment and Management*, No. 2, 2015.

Pekruna, R., "Commentary: Self-report is indispensable to assess students'learning", *Frontline Learning Research*, No. 3, 2020.

Rees, C., Farrell, P., Rees, P., "Coping with Complexity: How Do Educational Psychologists Assess Students with Emotional and Behavioural Difficulties?", *Educational Psychology in Practice*, No. 1, 2003.

Rogério Gonalves De Freitas, Chaves V. L. J., Nozaki H T., "Marginalisation in education systems: The Programme for International Student Assessment (PISA) and the failure discourse around the Italian education system", *Education Policy Analysis Archives*, No. 27, 2019.

Serafini, F., "Three paradigms of assessment: Measurement, procedure and inquiry", *The Reading Teacher*, No. 4, 2000.

Sparks, S. D., "Performance flat, but gaps widen in international assessments: "program for international student assessment results, 2018", *Education Week*, No. 16, 2019.

Wang, H. Y., Chen, S. M., "Evaluating students'answers cripts using vague values", *Applied Intelligence*, No. 2, 2008.

W. James Pophan, *Classroom Assessment: What Teachers Need to Know*, Boston: Allyn and Bacon, 2002.

五 网络报纸等其他类

《初中女生因成绩下滑遭老师掌掴》，东方网，http://news.eastday.com/s/20180326/u1ai11318652.html。

《大学教育的伪评价问题如何破?》，https://www.jiemodui.com/N/64076.html。

《教育部关于印发〈基础教育课程改革纲要（试行）〉的通知》，中国政府网，http：//www.gov.cn/xinwen/2019-02/23/content_5367987.htm。

《中共中央国务院印发〈深化新时代教育评价改革总体方案〉》，教育部官网，http：//www.moe.gov.cn/jyb_xxgk/moe_1777/moe_1778/202010/t20201013_494381.html。

《中国正式向"教育双轨制"宣战》，https：//www.sohu.com/a/473531125_121124333。

邓安庆：《危机之下人类还有未来吗》，《社会科学报》2020年5月28日第5版。

丰子义：《校正情感主义和功利主义的倾向》，《光明日报》2012年2月23日第7版。

梁红梅、栾慧敏：《改革开放以来我国中小学生评价制度的发展与反思》，中国教育学会基础教育评价专业委员会学术年会论文，2012年。

陆梓华：《学生成绩中等最易受老师忽视》，《新民晚报》2015年1月8日第8版。

潘璋荣：《教育惩戒是一门实践哲学》，《江苏教育报》2014年5月9日第4版。

辛涛：《评价结果怎么用才科学？》，《中国教育报》2014年3月4日第6版。

杨国荣：《谈实践哲学》，《中华读书报》2013年2月6日第10版。

张丽娜：《反思西方实践哲学》，《中国社会科学报》2020年4月14日第1版。

张子谕：《学生成绩差就辱骂？别拿"爱护学生"当借口》，《工人日报》2019年7月16日第3版。

郑臣：《实践哲学：中西哲学的交汇点》，《光明日报》2017年8月21日第15版。

后　记

　　从大学本科接触教育学以来，又经过三年硕士的教育学术训练，一方面越来越感觉到我们的研究所诉诸的教育理想总是与教育现实存在较大鸿沟，另一方面也认识到自己始终没有集中或感兴趣的教育研究领域而碌碌无为。直到能够有幸到河南大学师从刘志军教授攻读教育学博士学位，并在刘老师始终致力于教育评价研究的高尚学术品格熏陶下和高屋建瓴指导下，才逐渐发现并将自己的研究兴趣固定在教育评价领域，也开始从教育评价的视角来思考教育理论与教育实践相互脱离的形成之因与解决之道，所有的这些学习和思考都融入我的博士学位论文中，而这本《作为德性实践的学生评价》就是在我的博士学位论文的基础上修改而成的。

　　我的博士学位论文是在导师刘志军教授的悉心指导下完成的，从研究选题到框架构思，从内容写作到修改完成，无不体现着刘老师的全心付出和学术智慧。在老师的指导和引领下，使我明白，教育理论与教育实践相互脱离的原因有很多，其中学生评价是一个不可回避的重要因素，而且我们的教育理想或理论都是围绕更好地育人进行和发展，但教育评价的现实样态却是一种功利化的存在，正是这种功利化的导向使得教育理想难以在实践中推行。以往人们只是将学生评价作为一种甄别选拔的工具，并没有重视其自身的育人价值，而且学生评价不仅仅可以通过促进课程发展和教学改进间接实现育人，也能在学生评价的过程中直接实现育人。此外，人们谈及评价，便习惯性地想到量化、想到指标体系，这当然很重要，但对此过度的关注反而使我们忽视了学生评价育人的根本价值诉求。要真正改变学生评价的功利化样态，实现学生评价育人，就要从根本上促使学生评价成为一种德性实践。

正是在刘老师的指导下，我的博士学位论文才得以完成，才使今天这本书的形成得以可能。得遇良师，人生至幸。刘老师温文儒雅、光明正直，以渊博精深的学识和宽厚正直的为人，润物细无声般地感化着我们每一个学生。在学术方面，无论是学业和课堂上有疑问，还是每篇小论文的不断琢磨，抑或是大论文从选题到完成的次次打磨，刘老师都不厌其烦地给予高屋建瓴的指导和使人茅塞顿开的解释；在为人处世方面，刘老师坚持认真上完每一节课，坚决不拖欠每一节课，坚定不迟到每一节课，即便公务再繁忙，也能克服自身困难，以真诚负责之心对待每一个学生，这使我明白为学先为人，为人要真诚、端正、负责、严谨的重要性；在生活方面，刘老师时常提醒我们要坚持锻炼身体，这使我感受到身体是做学问之本，刘老师还时常关心我们的生活情况，并在我生活困难之时及时给予关爱和帮助，才使我得以顺利地完成学业。

在我硕士毕业以后，我的硕士生导师李森教授仍一如既往地关心我的学习和发展，尤其在我对博士生活混沌不安的时候，在我对毕业论文焦头烂额的时候，在我对毕业去向茫然无措的时候，李老师都能给予我真诚的指导和暖心的安慰。

本书之所以有出版的可能，还要感谢在我博士学位论文开题、预答辩到答辩全程中诸位专家和老师给予的指导与修改意见。同时还要感谢河南大学教育学部的精心培育，以及对本书出版的大力支持。此外，特别要感谢我的爱人陈瑞雪，感谢她的默默支持和包容体谅，感谢她替我行孝教子、担负家务，没有她的全力支持，就没有这本书形成的可能。最后，谨以此书献给我挚爱的父亲和我未来得及奉养的母亲，是你们毫无保留的奉献和倾尽全力的支持，才得以有我的今天。我也会带着你们的期望，继续前行！

徐　彬

2024 年 8 月于河南大学